U0074357

心一堂彭措佛緣叢書·索達吉堪布仁波切譯著文集

大圓滿前行廣釋（七）
附大圓滿前行實修法

華智(巴珠)仁波切　原著

索達吉堪布仁波切　漢譯及講解

Śūnyatā

書名：大圓滿前行廣釋（七）附大圓滿前行實修法
系列：心一堂彭措佛緣叢書 • 索達吉堪布仁波切譯著文集
原著：全知無垢光(龍欽巴)尊者
漢譯：索達吉堪布仁波切
責任編輯：陳劍聰

出版：心一堂有限公司
地址/門市：香港九龍尖沙咀東麼地道六十三號好時中心LG六十一室
電話號碼：+852-6715-0840　+852-3466-1112
網址：www.sunyata.cc　publish.sunyata.cc
電郵：sunyatabook@gmail.com
心一堂 彭措佛緣叢書論壇：　http://bbs.sunyata.cc
心一堂 彭措佛緣閣：　　　http://buddhism.sunyata.cc
網上書店：　　　　　　　http://book.sunyata.cc

香港及海外發行：香港聯合書刊物流有限公司
地址：香港新界大埔汀麗路三十六號中華商務印刷大廈三樓
電話號碼：+852-2150-2100
傳真號碼：+852-2407-3062
電郵：info@suplogistics.com.hk

台灣發行：秀威資訊科技股份有限公司
地址：台灣台北市內湖區瑞光路七十六巷六十五號一樓
電話號碼：+886-2-2796-3638
傳真號碼：+886-2-2796-1377
網絡書店：www.bodbooks.com.tw
台灣讀者服務中心：國家書店
地址：台灣台北市中山區松江路二〇九號一樓
電話號碼：+886-2-2518-0207
傳真號碼：+886-2-2518-0778
網絡網址：http://www.govbooks.com.tw/

中國大陸發行 • 零售：心一堂 • 彭措佛緣閣
深圳地址：中國深圳羅湖立新路六號東門博雅負一層零零八號
電話號碼：+86-755-8222-4934
北京流通處：中國北京東城區雍和宮大街四十號
心一店淘寶網：http://sunyatacc.taobao.com/

版次：二零一五年五月初版，平裝

定價：　港幣　　　一百四十八元正
　　　　新台幣　　五百九十八元正

國際書號 ISBN 978-988-8316-52-6

目錄

大圓滿前行廣釋（七）附大圓滿前行實修法

目
錄

第一百零五節課

前文已介紹過「願菩提心」的學處，即自他平等、自他交換、自輕他重。今天開始講「行菩提心」的學處。

行菩提心一旦在相續中生起，功德就會日日夜夜增上。如《入行論》第一品中云：「即自彼時起，縱眠或放逸，福德相續生，量多等虛空。」生起行菩提心以後，從那時起，即使在某些時刻你並未憶念利他，比如睡眠或放逸時，但善根福德仍會不斷增上，其量無有邊際，猶如虛空。

學過《入行論》的人，相信都發起了願行菩提心。而行菩提心的實踐，就是實地行持六度萬行，度化眾生。六度是佛陀度生的唯一方法，不單單是釋迦牟尼佛，無量佛陀都是依靠它而利益有情的。下面，我們就開始講行菩提心的學處。

戊二（行菩提心學處）分六：一、布施；二、持戒；三、安忍；四、精進；五、靜慮；六、智慧。

己一（布施）分三：一、財施；二、法施；三、無畏施。

庚一、財施：

財施，有普通布施、廣大布施、極大布施三種。

普通布施

普通布施要注意的問題

普通布施，是指把大大小小的身外之物，乃至一把茶葉、一碗青稞，或者一碗米、一包麵、一件衣服、一毛錢……都施給其他眾生。

布施的時候，首先，自己的意樂一定要清淨。若能如此，即使財物不多，功德也相當大。倘若意樂不清淨，就算施出去的錢財再多，功德也仍然寥寥無幾。所以，布施的財物並無大小、多少之別，關鍵要看自己意樂是否清淨。假如以貪心、嗔心、吝嗇心、競爭心去布施，心態就肯定不清淨，功德也不會太大。

同時，施物也一定要清淨。《寶鬘論》中講了，倘若布施煙酒、武器等傷害他人之物，此舉不但沒有功德，反而有極大過失。包括買肉布施給眾生，除了極個別特殊情況以外，這也是不合理的。所以，一個簡單的布施，其中也有許多差別。

若能做到清淨布施，哪怕我們在吃飯時，施一口給旁邊可憐的貓狗，如《三十五佛懺悔文》①所言「乃至施與畜生一搏之食……」，並將善根如理迴向的話，這個功德也無法衡量。《大莊嚴論經》亦云：「不以錢財多，而獲大果報，唯有勝善心，乃得大果報②。」

---

① 《三十五佛懺悔文》：出自於《大寶積經（90卷）》。經中告誡佛子應如何在三十五佛面前，對所造的罪業不隱瞞、不覆藏，全部發露一一懺悔。
② 經中原文是「大畏報」，但結合前後文來看，似乎應為「大果報」，請讀者詳察。

所以，布施果報的大小，不在於表面的形象。有些人給僧眾供養幾十萬，或者去印度或拉薩的時候，把幾十萬的百元大鈔，一張一張撒在路上，讓乞丐和行人歡喜若狂。表面上看，

他的功德應該很大，但實際上若以炫耀心攝持的話，布施再多也沒什麼意義。反之，有些人因為條件所限，只能布施一點點財物，但他若是源於菩提心或善心，這個功德就遠遠勝過了前者。

尤其在布施完以後，大家別忘了還要迴向，若能迴向無上菩提，任何布施的功德都將變得不同。比如法布施的話，不管是自己講經說法，還是別人聽經聞法，最後都應將此功德迴向；無畏布施——放生的話，後面也要念個迴向偈。同樣，我們作財布施，不能把東西給別人就完了。現在有些人搞慈善活動，只是把整個過程，拿個照相機拍一拍、抬架攝像機攝一攝，然後連一句迴向偈都沒有，這是相當可惜的。

當然，對非佛教徒來說，不懂這些也情有可原。但我們作為大乘佛教徒，行善後要迴向就不能輕易忽略了。這在以前講的《三殊勝》中也再再強調過，希望大家務必要重視！

通過咒語加持而布施

在這個世界上，佛陀是善巧方便與大慈大悲的主尊，他依靠無礙的智慧，為我們留下了許多陀羅尼咒③

，如觀音心咒、釋迦牟尼佛心咒、大悲咒、楞嚴咒，以及《百咒功德》中的很多咒語。這些咒語，每個都有非常巨大的威力，依靠它的加持，哪怕僅僅布施一滴水、一粒米，也能饒益恆河沙數的餓鬼、非人、羅剎、夜叉等，讓它們得到真實的利益。

所以，我們可以站在河邊，對著一杯水念些咒語，然後倒入河中；或者，在海邊對著一些米，念觀音心咒等功德極大的咒語，之後再撒到海裡。這樣的話，水裡的很多水生動物、水神，以及此水域所遍及的眾生，直接或間接都能得利。當然，具體是哪個眾生得到了何等利益，這唯一是佛陀的境界，不但我們凡夫人無法了知，甚至阿羅漢、菩薩也很難以抉擇。

尤其是做素煙、葷煙④等佛事，能對空遊餓鬼有極大的幫助。這種佛事，也就是我們常說的燒焦煙或火施。如今在漢地，不少人總把「火施」與「火供」混為一談，其實這二者有很大差別。火供，是通過燃燒供品來供養諸佛菩薩，一般在密宗的薈供等儀軌中有。以前上師如意寶在尼泊爾，取了「項袋金剛橛」的意伏藏。這個伏藏中專門有個火供儀軌，當時沒有取出，後來到了印度北方，突然從上師的智慧中流露出來了，當場由一

---

③陀羅尼：總持，執持。以持久不忘諸法詞義的念力和神驗莫測的智力為其體性，以受持善法、遮止不法為其功用。
④素煙、葷煙：焦煙，舊俗布施給一切「中有」鬼物的糌粑火煙。焦煙分為素煙與葷煙二種：素煙，即混有乳、酥三素的糌粑火煙；葷煙，即混有血、肉、脂三葷的糌粑火煙。

位法師記錄下來，這就是火供儀軌。

火供，主要是用於上供；而火施，則是用於下施。我們通常作的，一般都是火施，而不是火供，即將食品燒掉之後，用來布施空中的餓鬼和非人等。

現在有些藏地的上師到漢地，很喜歡集聚許多居士，在城市邊上作「火供」——當然，這並非真正的火供，充其量只能叫火施。結果他們燒著燒著，就引來了消防隊。聽說上海就有個人，找不到合適的地方燒焦煙，於是在幾十層的高樓頂上燒。大家都以為發生火災了，滅火人員也不敢上去，只好把消防車開到樓下，開始往上噴水。但他們的水，也不可能噴那麼高。

其實這是不合理的。昨天我也說了，作任何一種佛教儀式，必須要符合當地的民俗習慣，如果在大城市裡條件不允許，那象徵性表示一下就可以了，不一定非要去做。

假如你非要燒焦煙，則可在一個小盆裡，或在電爐上燒點食物，稍微冒出煙以後，念念儀軌觀想利益眾生就行了，沒必要弄得濃煙滾滾。有些人認為，煙越大就越成功，再加上旁邊有敲鼓吹螺的聲音，馬上就淚流滿面：「上師真了不起！這個火焰這麼大，說明上師肯定是高僧大德，是諸佛菩薩的化現！」

當然，我這樣講並不是否認這些，認為這樣做沒有意義，而是提醒大家：做有些事情一定要恰當，否則就

大圓滿前行廣釋（七）附大圓滿前行實修法

會過猶不及。其實，作火施是很有功德的。倘若你在修行的過程中，身體不好、做惡夢、感覺有非人加害，這時候就可以作這些儀式。不過，你不一定要請上師來念，自己念就可以，這不像有些戒律，必須要出家人傳，在家人沒有資格，而諸佛菩薩的名號和咒語，誰念的話都會得利。

總之，我們不能墮入兩邊，要麼認為這些完全沒必要，要麼整天做這些而不聞思修行，這都是不合理的。從蓮花生大士的傳記來看，薈供是有必要時才會做。按照寧瑪派的傳統，每個月的10號和25號舉行薈供，這對一個寺院來講，也是最多的次數了。但我聽說學會裡的極個別人，每個星期天都作薈供。說是「薈供」，實際上是依靠這種方便，想多吃些水果、多喝點飲料，後來我也發現了他們背後的「秘密」。（眾笑）

火施如何利益眾生

本來有些厲鬼、非人天天殺生，以有情的生命為食，但我們若能通過作火施，讓它們享用焦煙味，它們暫時也能得到滿足。同時，我們依靠念誦儀軌等法施，令其相續獲得解脫，從而不再損害有情，解除了許多眾生死亡的怖畏，這也是一種無畏施。

因此，燒焦煙已經具足了三種布施：燒食物是財布施，念儀軌是法布施，以此加持它們不殺生是無畏布施。既然作火施的功德這麼大，而且它和水施一樣，也是簡便

易行、事半功倍之法，那麼，我們每年進行水施十萬遍，平時也不間斷作水施和火施，這一點相當相當重要。

尤其是火施，最好每天下午念一下。因為下午是鬼神、非人集聚的時間，一些閉關修行的要訣中也說，到了下午，尤其是太陽落山的黃昏時分，念這個儀軌最好不過。

念的時候，首先要準備餅乾（或糌粑、麵粉）、水兩樣東西，在食物上澆點水，然後念加持咒「納美薩瓦達塔嘎達阿瓦洛格得嗡桑巴桑巴吽」七遍。接下來是四位如來的名號：

「南無多寶如來」，念此名號能摧毀餓鬼的吝嗇惡業，使之福德圓滿；

「南無妙色身如來」，念此名號能破餓鬼的醜陋身形，得妙相具足；

「南無廣博身如來」，念此名號能令餓鬼咽喉寬大，隨意享用所施之食；

「南無離怖畏如來」，念此名號能滅除餓鬼的一切恐怖，遠離惡趣之苦。⑤（有些人若整天沉溺於焦慮和恐懼中，也可念此如來名號。）

這四位如來的名號，在燒施儀軌中也有，用藏文念

---

⑤《佛說救拔焰口餓鬼陀羅尼經》云：「由稱多寶如來名號加持故，能破一切諸鬼多生已來慳吝惡業，即得福德圓滿；由稱妙色身如來名號加持故，能破諸鬼醜陋惡形，即得色相具足；由稱廣博身如來名號加持故，能令諸鬼咽喉寬大，所施之食恣意充飽；由稱離怖畏如來名號加持故，能令諸鬼一切恐怖悉皆除滅，離餓鬼趣。」

的話，是「得因夏巴仁欽芒拉香擦洛，得因夏巴熱賊丹巴拉香擦洛，得因夏巴格嘉利拉香擦洛，得因夏巴傑巴檀嘉永色抓沃拉拉香擦洛」。這個儀軌有很大功德，大家以後有條件的話，應該經常念。

斷除吝嗇而行布施

現在有些人，擁有一點財產便死執不放，捨不得用在對今生來世有意義的事上，從來都不願意布施，也捨不得自己用，還經常跟別人哭窮，說些可憐兮兮的話：「我實在沒有錢，太窮了！」這樣的人雖然不叫餓鬼，但實際上已經在感受餓鬼的果報了。

從前有一則寓言：兩個小鬼要到人間投胎，閻羅王對兩個小鬼說：「讓你們去做人的話，一個要一生布施東西給別人，一個要一生從別人那裡獲得東西，你們願意做什麼樣的人？」

小鬼甲一聽，趕緊跪下來說：「閻王老爺，我要做一生從別人那裡獲得東西的人。」小鬼乙則默默無言，靜靜聽候閻羅王的安排。

閻羅王把撫尺一拍，判道：「令小鬼甲投胎到人間做乞丐，可以處處向人乞討東西；小鬼乙投胎富裕人家，時常布施周濟別人。」兩個小鬼聽後，愣了半天，無言以對。

這則寓言，也反映了「捨」與「得」的微妙關係：總是叫著「我要、我要」的人，往往什麼都得不到，

最後一貧如洗；而總是慷慨布施的人，有「捨」才有「得」，財富會自然而然湧現。

然而，不懂這個道理的人，縱然腰纏萬貫、富可敵國，死後也會非常可憐。《增一阿含經》裡就講了一個大富翁，他叫婆提，特別特別有錢，但因為沒有子嗣繼承，死後財產都被充公。為此，波斯匿王專門風塵僕僕地去拜見佛陀。佛陀問他發生了什麼事，一大早就趕過來，國王說了婆提財產充公的事，並說：「我去沒收財產時，發現不說其他的，單是純金就有八萬斤。但他生前吃的是粗陋飲食，穿的是污垢衣服，乘的是瘦弱老馬。」佛陀告訴他：「這是因為婆提在世時，心被吝嗇所控制，不知布施。」

波斯匿王就問：「那他命終後會轉生何處？」佛陀回答：「他善根已斷，現生於涕哭大地獄。」

波斯匿王又問：「難道他沒有一點善根嗎？」佛陀說：「沒有。他這一世用盡了往昔的所有善根，卻又未造新的，所以現在無有絲毫善根，只有在地獄中受苦。」

同樣，現在有些人因為前世的福報，擁有一點錢財和快樂，但即生若沒有積累福德資糧，後世也會像婆提一樣，善根用盡後只有墮落。就像我們手機裡的電，今天用的，是以前充的，這個一直用用用，到最後電全部沒有了，再不充的話，明天就沒辦法打了。所以，我們

大圓滿前行廣釋（七）附大圓滿前行實修法

為了來世的安樂，今生務必要積累資糧，否則，一點資糧都沒有的話，佛陀也沒辦法救護你。

我有時候遇到一些人特別有錢，他們認為自己很了不起，卻不知錢財就像水泡、就像夏天的彩虹，很快便會消失了。你今天有的，明天或許就沒有了，而且就算你積累得再多，死時一針一線也帶不走。

要知道，我們所有人終歸一死，死期也是不定的。如果說你再過兩三百年、五六百年才死，那為今生而盤算一點也可以，但實際上，我們的壽命甚至比不上一件衣服長，這脆弱的生命一旦終結，世上的一切都不會跟隨自己，只有善業和惡業才如影相隨。

因此，我們萬萬不要像婆提那樣吝嗇，而應盡己所能上供三寶福田、下施貧窮乞丐，如米拉日巴尊者所說：「取出口中之食而作布施。」比如你在飯店吃飯時，旁邊來了一些乞丐，對你豎著大拇指一直念「嗡瑪呢巴美吽」、「南無阿彌陀佛」（藏地的乞丐是這樣，但漢地的不念佛號），按照米拉日巴尊者的教誨，你就應該把盤裡的部分食物分給他。

《摩訶迦葉度貧母經》亦云：「若能減身口，分銖以為施，長夜得解脫，後生得豪富。」意思是說，如果我們能減省自己的受用，分出一點點施給眾生，以此善根，長遠來說，自己可從輪迴長夜中獲得解脫；暫時而言，生生世世會成為富豪，不受貧窮之苦。

如今我們看到的乞丐或窮人，其實就是前世未造善根，才成了今天這個樣子。所以，當我們稍微有點福報時，應該在自己享用的同時，分一些給其他可憐眾生。否則，始終圍繞著自私自利的心，受它控制，那即使一個人擁有整個南贍部洲的所有財富，也不會感到滿足。

現在有不少這樣的人，有了一千萬就想：「上師三寶加持，等我賺到三千萬，一定作供養、布施！」但真的賺了三千萬，又想等到賺六千萬再好好做功德。他們一直發願卻不見行持，不肯從腰包中拿出分文來上供下施，常常抱著「我以後得到更多財富時再作供施」的念頭，這也可以說是許多吝嗇者的通病。

出家人如何看待別人的供養

一般來講，以財物作布施，主要是對在家菩薩而言的。《大智度論》⑥中也說：布施有法施和財施兩種，出家人主要是法布施，在家人主要是財布施。當然，這也是就多數而言的，如果有些在家人沒有錢，那也可以學習出家人，從法布施上入手。而作為出家人，唯一要修學知足少欲，住於深山靜寺，歷經苦行實修聖道三學。

但現在已經有了顛倒的跡象。有些出家人天天到處去化緣：「我要供養，我要做功德，求求大家一定要給我錢……」在這個過程中，經常發生一些不好的現象，

大圓滿前行廣釋（七）附大圓滿前行實修法

---

⑥《大智度論》云：「聞佛法有二種施：法施、財施。出家人多應法施，在家者多應財施。」

因為他們完全不是在利益眾生，好多摻有自私自利的心。而有些施主也特別笨，一直非常信任他，把自己所有的財產都給他不說，還勸其他人也紛紛解囊。直到有一天知道了真相，又開始為了錢把上師告上法庭，此時自己也特別煩惱和痛苦。

其實不應該這樣。佛教中的信心，必須以長期觀察為前提。就像世間的孩子找老師，明智的父母絕不會草率，而會先打聽好這個老師的德行怎樣？教學質量如何？……我們依止上師也是如此，如果事先根本不作觀察，僅憑一時衝動就供養了全部財物，以後見到上師的過失，若能不生後悔，安住在大圓滿的境界中當然很好，但一般凡夫人肯定做不到。

不過，如今這種情況稍微好一些，不少人通過學習懂得了很多道理，也就不那麼容易上當受騙了。其實，現在漢地的這種狀況，跟以前藏地有點像。當年阿底峽尊者來藏地之後，藏人很喜歡供養印度僧人，雖說藏地並不富裕，但從歷史上看，應該比印度強。當時只要是來了個印度人，藏人就拿金子、糧食去供養，也不知道要觀察上師，對此阿底峽尊者在不同論典中都呵斥過。

當然，真正的供養，還是非常有功德的。現在漢地許多人的信心很清淨，為藏地學校和寺院做了不少幫濟，這一點相當好。但也有人事後心生後悔，這方面我也聽過一些「故事」。不過，就像我常說的，某些不如

法的現象，不能歸咎於藏傳佛教，也不能歸咎於漢傳佛教，佛教本身是純潔的，只不過極個別人的行為過分而已。

我曾在《藏密問答錄》中也講過，之所以出現這種現象，原因應該有兩方面：一、這個出家人自身的行為不如法；二、在家人欠缺智慧，不作觀察就供養。儘管供養出家人本來很有功德，但你碰上的若是個假出家人，那供養得再多，對自他也無利。所以，大家需要學習佛法以懂得基本取捨，否則，作了布施卻沒有意義的話，這是非常遺憾的。

現在有些出家人，放棄本該行持的善法，整天周旋於經商、務農等俗事中，通過欺騙的手段和方式賺錢，然後再去上供下施。他們自以為是在做功德、修善法，但實際上，發心不是為了利益眾生的話，這種做法沒有任何實義。

尤其是打著佛教旗號，把佛法當成買賣品，這只能造下萬劫不復的惡業。單巴仁波切也說：「若不如法而行法，正法反成惡趣因。」這是我們最要謹慎的地方！比如一個人化緣修佛塔，目的並不是想修塔，而是想以此名義藉機斂財，這就特別可怕了。這種人在居士中有，出家人中也有。他們之所以這樣做，也許是不了解佛教，也許是了解一點但不在乎因果，甚至剛強難化的人覺得什麼都無所謂，下地獄就下地獄吧，誰也拿他沒

大圓滿前行廣釋（七）附大圓滿前行實修法

辦法。這樣一來，由於沒有智慧、不知辨別，正法便成了自己墮落的因。

其實，人們造業無非為了點財產，但這些世間財產即使堆聚如山，也還是無常的，為什麼要為它而造這樣的惡業呢？誠如《正法念處經》所云：「世間財如山，一切皆無常，云何為財物，如是作惡業？」所以，以三寶為對境所得到的財物，一定要謹慎取捨，切莫隨心所欲。比如有些信眾供養的財物，必須要專款專用，不能想什麼就做什麼。如果是發心印經書的，就一定要用於印經書；如果是修佛塔的，就一定要用於修佛塔……不然，你把修佛塔的錢拿去建房子，即生也許沒有馬上現前果報，但來世乃至生生世世，肯定要用自己的血肉償還的，這方面的果報特別可怕。

總之，作為一個出家人，最大的功德就是知足少欲、聞思修行，有能力就去作法布施，用自己所得到的佛法利益眾生。而不要天天化緣募捐，見別人一句佛法也不講，張口閉口就是「人民幣」，來一個要錢，再來一個還是要錢，這樣對佛教有極大危害。對很多人來說，一見面就提錢的話，想弘揚佛法是非常困難的，這也是我們多年來的經驗。雖然用錢做功德的地方是有，但在家居士供養應出於自願，最好不要有吝嗇心。有些人也不應該強迫別人：「你非要捐啊！拿來拿來，全部拿來我去供養……」哪有這樣的！每個人應該用自己的

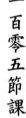

14

心去掂量，即便是行善，也要給人家自主的空間。所以，現在很多不如法的行為，一定要改過來！

廣大布施

廣大布施，是指將自己擁有的駿馬、大象或轎車、飛機，以及兒女等最為愛執之人、珍貴稀有之物施予他眾。

這種布施，佛陀在因地時經常行持，像義成王子的公案中就講了很多。

不過，有些經典裡也說，要布施兒女的話，除非有特殊密意，否則一定要兒女願意，這樣才可以進行布施。

極大布施

極大布施，是指布施自己的身體、生命、四肢、頭目腦髓等。比如，大勇王子將自己的身體布施給母虎、龍猛菩薩將頭布施給樂行王子、蔓德賢公主將身體施給母虎等等。

（這種布施，《入行論》說是一地菩薩以上的境界，我們凡夫人很難做到。不過現在的器官捐獻，也算是一種極大布施。）

大勇王子，是釋迦牟尼佛的一個因地。他捨身飼虎的故事，在《白蓮花論》、《賢愚經》、《菩薩本生鬘論》中都有宣說。故事情節是這樣的：

大圓滿前行廣釋（七）附大圓滿前行實修法

一天，釋迦牟尼佛來到一座森林中，對眾眷屬說：「你們是否想見我因地苦行時的稀有舍利？」眷屬們說：「想見。」佛陀就以手壓地，大地六種震動後，湧出一座七寶佛塔。佛陀起身作禮右繞寶塔，並讓阿難開啟塔門，取出一個七寶函，函中有潔白的舍利。佛陀將舍利拿給眷屬看，並說偈云：「菩薩勝功德，勤修六度行，勇猛求菩提，大捨心無倦。」

眷屬們問：「佛陀您勝出三界，為何右繞此舍利？」佛陀回答：「這次因地的行持，對我成佛有非比尋常的意義，為了感念其恩德，所以右繞致禮。」之後，僧眾祈請佛陀宣講因地的故事。

佛陀說：在無量世以前，有一位國王生有三個王子。一天，三個王子到森林中遊玩，見到一隻飢餓難耐的母虎。大王子說：「這隻母虎因守護七隻小虎，不能尋覓飲食，已經奄奄一息，會不會吃掉小虎？」二王子說：「母虎很快就要死了，怎麼能救牠一命呢？」這時小王子萌生捨身飼虎之念，便對二位王子說：「兄長們請先去，我隨後便到。」

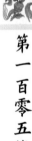

送走兩位兄長以後，小王子以悲願力增益其心，脫去衣服掛到樹上，躺到母虎旁邊，把自己的身體餵給牠吃。但母虎因飢餓過度，根本沒有吃的力氣。於是王子用乾竹刺破自己脖頸上的血管，讓母虎舐血以恢復體力。這時大地六種震動，天上降下種種妙花及妙香。母

虎喝過血後力氣稍長，將王子身上的肉吃光了。兩位王子返身尋找小王子時，那裡只留一堆遺骨，身肉已經布施乾淨了。

佛陀說：「那位小王子大勇菩薩，就是我的前世；兩位兄長，一位是彌勒菩薩，一位是文殊菩薩。」

佛陀捨身飼虎之地在尼泊爾，現在叫「老虎洞」。以前我隨上師如意寶到過那裡，在佛塔旁邊，老人家的覺性智慧中，流露出一些偈頌和教言，我親自記錄了下來。內容不多，但加持力非常大，我本想翻譯出來，但一直沒有機會。如今二十年都過去了，有時候人生過得特別快。

大勇王子捨身的地方，就在佛塔的附近，洞裡有一些壁畫。你們以後若去尼泊爾朝拜，也應該去那裡看看。記得從加德滿都的夏絨卡秀大塔到那裡，只要三個多小時的車程。以前還是土路，彎彎曲曲不好走，但聽說現在已有了水泥路。從「老虎洞」直接可以到洋列秀的阿斯山洞，也就是蓮花生大士閉關、法王如意寶取金剛橛伏藏的地方；回來的路上，還可以看到一座山，那是當年王子皇宮的所在地。

這段歷史是在久遠劫之前發生的，也是釋迦牟尼佛因地的真實故事。據歷史記載，大勇菩薩當年的遺骨，被燒成骨灰之後，一部分造了現在的佛塔，一部分就是釋迦牟尼佛後來給眾人看的舍利。

試想，佛陀在因地時看見動物快餓死了，就把身體布施給牠，而我們有些大乘行人，竟然對一些可憐之人又恨又打，這實在是難以想像。對比佛陀因地的感人故事，我們作為後學者、作為大乘修行人，確實應該感到慚愧。

上師如意寶在1986年曾講過《賢愚經》，裡面的這則公案，給大家的感受最深。當時我默默發願，希望以後能到佛陀捨身飼虎的聖地，後來果真如願以償了。這個地方，只是森林中的一個山洞，現在它已成為歷史，並作為聖地為後人所銘記。聽說噶瑪巴的上師創古仁波切，在那兒附近建了一座莊嚴的寺廟。以後你們去尼泊爾，一定要去「老虎洞」。三個多小時的車費，對朝拜印度的人來講，應該沒問題。世間人常愛去皇宮、博物館參觀文物，對於這些，我們佛教徒不見得有興趣，而佛陀親自加持過的地方，去朝拜是非常有意義的。

以上廣講了釋迦牟尼佛因地時的極大布施。龍猛菩薩施頭顱給樂行王子、蔓德賢公主施身給母虎的公案，在《入行論》的講記中都有，這裡就不展開講了。

當然，這些行為除了得地菩薩之外，凡夫人一般不能直接行持。但我們現在可以在心裡觀想：將身體性命及一切受用，無有貪執地施給眾生。尤其在生病時，可以觀想將身體、善根等一切，只要眾生需要，自己全部布施，並念誦古薩里的偈頌來修持。這對我們而言，也

第一百零五節課

算是一種身體布施。

同時，我們還應該盡量發願：「現在我不能布施身體，以後一旦有足夠的修行，我也要像釋迦牟尼佛、文殊菩薩、彌勒菩薩、龍猛菩薩那樣，將身體直接布施給眾生，毫無貪求與執著。」以如此方式修行，是《入行論》中所強調的。

但不管怎樣，我們就算沒有獲得上述境界，也不能為了自己而殺害眾生，這不是佛教徒的行為，大家至少要明白這一點。然後盡量地不殺害眾生、不損害眾生，在力所能及的範圍內幫助眾生。

幫助眾生，最能體現一個人的修行。我們不應該高高在上，認為「我是修行人，我是上師，不能做這些」，其實佛菩薩的真正行為，就是視眾生無有高低之別，平等地給予幫助。比如你在路上遇到一個老年人，他實在走不動了，你就應該去扶一把。這時候不要找一些理由：「我是什麼身分！出家人怎麼能扶在家人？」其實我們最恰當的身分，就是「眾生的僕人」，是真正的僕人，不是口頭上或名義上的。當然，這種幫助也不是做給人看的，如果上師看見、管家看見、別人看見，我能得到表揚，就去幫一幫；如果誰都看不見，我才不願意去做，不能這樣。只要對眾生有利，哪怕是一點一滴，我們也要去做，這才是大乘菩薩的行為！

第一百零五節課

第一百零六節課

前文講了三種財布施，即普通布施、廣大布施、極大布施。今天開始講法布施。

庚二、法施：

所謂的法施，就是為他眾灌頂、傳法、念傳承等，想方設法令他們相續奉行善法之舉，也就是說，以前不信佛的讓他信佛，信佛的讓他增上，總之給他播下善根，令其懂得佛法的甚深意義。

我在不同場合中，也一而再、再而三說過，光是形式上皈依發心、燒香拜佛，是沒有多大意義的，學佛最根本的，就是要懂得釋迦牟尼佛教法的涵義，這樣才會取捨善惡、實地修持，最終令自他離苦得樂。所以，大家以後因緣具足時，一定要弘揚佛法，若能講經說法或聽經聞法，這種功德非比尋常。

講聞佛法的功德

嚴格意義上講，說法者必須具備相應的法相，而且最好是出家人，這種界限很高。但從現實角度來看，這個世間需要善知識，如果找不到出家人，自私自利心不強的居士也可以。當然，完全斷除自私自利，在凡夫階段是很難的，但若傳法不是為了自己，法義也能明白十

之八九，這樣的人以清淨心去講法，不但沒有過失，而且有很大的功德。

《摩訶僧祇律》中講過：「百千閻浮提，滿中真金施，不如一法施，隨順令修行。」意思是，在百千座南贍部洲中裝滿真金，以此布施一切眾生，不如宣講一個偈頌，讓別人明白法義並隨順修行的功德大。《大寶積經》中也有類似闡述⑦：用七寶供養三千大千世界的諸佛，比不上受持及宣說一個偈頌的功德大。

所以，長期講聞佛法非常重要。如果你有因緣，可以到一些上師或法師面前聽法；沒有這個條件的話，也可以借助光盤等設備，接受具足法相的善知識開示。

如今許多大城市裡的眾生，每天都在忙碌，忙碌什麼呢？忙碌於眼前的生活。每天都很辛苦，辛苦什麼呢？辛苦於今生的瑣事。真正為生死大事、為來世努力的，可謂極為鮮少。而若想轉變這種心態，就一定要長期聽聞並思維佛法，這一點是相當重要的！

佛法的真實利益

佛法的加持不可思議，因此我在講課時，主要闡釋佛法的直接意義，引用的也是佛經及前輩大德的教言。我知道現代人喜歡時興話題，像國內外的新聞、現實生

第一百零六節課

---

⑦《大寶積經》云：「若有善男子善女人等，具足七寶，施滿三千大千世界諸佛如來。若復有人，能受持此無畏德菩薩受記法門一句一偈，聞已受持，得福過彼。」

活的問題，而對可靠的教證公案、傳統的講解方式，有些人比較難以接受。但不管怎麼樣，大家既然是佛教徒，是修行人，最好還是直接了解佛法的教義。哪怕你一天能明白一頌、一段或一層意義，當正見水滴慢慢匯聚成海，邪知邪見或非理作意也就自然消退了。

因此，我們在開示法要時，不能太世俗化。包括法師們以後也要注意，如果太世俗化了，暫時也許能引發一些好奇，但卻很難斷除人們煩惱習氣的毒根。所以，我每天在講課時，盡量會找一些好的教言或教證，都是具有無比加持的金剛語。如果你們能背誦，或者多讀幾遍，這些種子將來必定會有成熟的因緣，故希望大家以難得心、渴望心，來聽受每一堂課。

對一個修行人而言，佛法若能真正融入自心，那麼不論何時何地，自己遇到何種逆境，都能將這些轉為道用。近來阿秋法王示現病重，前天，慈誠羅珠堪布、丹增活佛和我，一起到亞青祈請法王長久住世。但在祈請過程中，法王根本不提身上的病痛，要麼講一些大圓滿覺性，要麼講我們怎樣共同弘揚佛法、利益眾生。試想，假如是一個世間人，這時肯定只會說「我這裡痛、那裡痛，我的飲食、睡眠怎麼樣」，而真正的修行人在病重時，一生的修行成果卻體現得淋漓盡致。

法王當時雖然答應住世，但也不好說，因為眾生的福報、佛菩薩的願力，何時成熟何種現象也不一定。不

過，你們不必跑來跑去，每個人都懂七支供，可以用裡面的方法，祈禱法王及弘揚顯密佛法的高僧大德長久住世。其實，這些大德都是生死自在的，就像藏地的無著菩薩，他在75歲示現圓寂前，有弟子問：「您要去往哪一個清淨剎土？」無著菩薩說：「如果能利益眾生，去地獄我也願意；如果不能利益眾生，即便是清淨剎土，我也不願意去。」

所以，高僧大德即便離世，也會在此方世界或他方世界，以不同的形象利益眾生。對他們自己來說，轉生何處差別不大，完全是以願力來支配。但對我們凡夫人而言，所仰賴的大德若前往其他剎土，心情是非常沉痛的。

對我來講，上師如意寶離世的那段時間，是一生中最難忘、最難熬的寒冬。在我的眼前，常常浮現上師最後離開學院的情景：那一天，因為僧眾列隊送上師，人實在太多，很難見到上師，我就和齊美仁真堪布走到居士林，在那裡等著，目送上師下山……那是我最後一次見到上師。在往後的日子裡，不管夢中還是醒著，這一幕都在我心裡錐心刺骨。

我個人而言，第一次見上師和最後一次見上師，是畢生中最難忘的畫面。儘管這輩子中有很多回憶，但對上師的記憶截然不同，因為上師所賜予的法恩，是世間一切都無法相提並論的。

作為一個修行人，其實表面形象並不重要，最重要的是，在短暫的人生中，能有一些修行上的收穫。可是修行並不容易，它不像背一部論典，幾個月花點功夫就行了；或者像精進持咒，每天使勁念的話，完成幾百萬的數字也沒問題；或者像寫幾本書、翻譯幾本書，只要多花點時間、多參考些資料也不難。對我們來說，最難的就是修行，就是減少貪嗔癡，乃至斷盡煩惱。這一點雖說不容易，但我們今生既然值遇了殊勝妙法，就應該把修行當作一件大事來抓。

畢竟人生只有幾十年，縱然你能活100歲，也不過3萬6千多天，但又有幾個人能活這麼久呢？所以，估算一下人生，它真的不是很長。在這樣的人生中，我們能修法到什麼程度，自己應該好好觀察一下。

當然，在所有的善法中，我始終覺得聽法、傳法，每天跟佛法息息相關，這就是很好的修行。否則，一旦脫離了佛法，自己是自己，佛法是佛法，最初你以為走上了「陽光大道」，但最終進入的，很可能是危險的「獨木橋」。因此最關鍵的，就是每天讓法入於心。而保證它的唯一方法，就是大家共同學修。

傳法者的資格

在共同學修佛法時，嚴格來講，傳法者必須是登地菩薩，或者要有一定的境界。這樣講主要有兩個原因：

大圓滿前行廣釋（七）附大圓滿前行實修法

一、《現觀莊嚴論》講傳法者的法相時，也說真正能轉法輪的是佛陀。假如沒有佛的境界，一地菩薩以上，也可以斷除眾生相續中的煩惱，將自相續中的正法之輪，轉入他相續中。而凡夫人傳法，只能給別人種下善根，相似性地壓服他們的煩惱，但不可能徹底根除。因此，傳法者最好是一地菩薩以上。

二、以前的藏地，不少人以傳法為藉口搞世間法，這樣一來，他們沒有從根本上盡除私心，就算表面上成辦利他之事，也只是影像罷了，不能真正利益眾生。故為了制止這種惡行，這裡特意提高了對傳法者的要求。

有一次，阿底峽尊者的弟子，也向尊者請教：「何時方可攝受眷屬？何時方可行利他之事？何時才可超度亡靈？」

第一個問題：何時方可攝受眷屬？

尊者回答：「證悟了空性並具足神通時，方可攝受眷屬。」

無垢光尊者在《禪定休息》⑧中也說：猶如羽翼未豐的鳥兒，不能自由翱翔於空中，同樣，不具足神通的菩薩，想利益眾生也非常困難。

有些道友經常說：「我想下去建個寺院，您看我什麼時候可以攝受弟子？」在這裡，阿底峽尊者已經回答

---

⑧《大圓滿禪定休息》云：「當今時惡眾蠻橫，靜處自修尤重要，如翼未豐不能翔，不具神通難利他。」

了：一是要證悟空性，二是要有天眼通、他心通等神通。當然這種要求很高，我們作為凡夫人，恐怕這輩子是沒辦法了。

第二個問題：何時方可行利他之事？

尊者答：「自私自利之心斷盡時，方可行饒益他眾之事。」

這是利他的最高標準，我們現在還做不到，但要想利益眾生，可以事先觀察自己：「今天我要做的事、要說的話，是為了自己？還是一心利他？」假如前前後後詳細觀察，都不是出於自私自利的發心，那在這種情況下，也可以去做利他之事。

第三個問題：何時才可超度亡靈？

尊者答：「獲得見道之後，方可超度亡靈。」

超度亡靈並非易事，必須要有得地的功德。不過大家也不必懷疑助念，道友們為亡者助念，即使不能完全超度，也可以幫助他脫離惡趣、得到人身，這方面有極大的利益。

前段時間，有個助念小組在為亡者助念時，明明是醫院出示死亡證明的人，卻突然起來吐了一口血，之後倒下去才斷氣。看到這一情景，居士們以為是「起屍」，從此再也不敢去給亡者念經了。不過，我覺得這應該不是起屍，只是亡者體內殘留的氣動了一下而已。

不過，類似的駭人事件，也是檢查「我執」的方

便。印度就有一種傳統：有些修行人覺得已斷除了我執，為了檢驗自己的境界，就會到恐怖或危險的地方，看「我」是否會突然出現。比如，有些持明者常去尸陀林，尤其是夏天，睡在腐爛膨脹的屍體旁邊，以此觀察「我」的活動情況。如果睡得特別香，沒什麼感覺，說明無我的境界很高；如果害怕或睡不著，那就說明我執尚未斷除。所以，有些人若是自認為修行很好，好像證悟無我了，現在完全沒有私心，統統都是利他心，那也可以用這種方法檢測一下。

昨天，我去給老鄉講課的路上，途經一座特別特別高的山，往旁邊一看是萬丈深淵，天又在下雨，車子滑來滑去、滑來滑去。當時我好像有種正在翻下去的感覺，恐懼感油然而生。等車子到了平地時，才突然醒悟過來，發現自己平時似乎不太執著「我」，但剛才「我」卻那麼明顯，實在慚愧！因此，修行人不要說大話，也不要傲慢。否則，真正為恐怖所逼迫時，自己的境界不一定有想像得那麼高。

話說回來，剛才阿底峽尊者說超度要得地，這是講真實超度的界限，並不是說助念小組的每個人都必須是一地菩薩，否則就沒有資格。我也常常告訴大家，學習佛法需要圓融，不然，斷章取義的話，拿一兩句的字面意思去遮止其他善法，這是很不如理的。

其實，經論以及大德們的教言，是針對不同眾生、

第一百零六節課

不同場合而言的，理解它必須要有善巧的智慧，否則，一看到尊者這句話，就到處宣揚：「阿底峽尊者說了，見道後方可超度亡靈，所以不要去助念，我們沒有資格！」這樣講就有失偏頗了。藏傳、漢傳都有助念超度的傳統，難道所有人都不懂這一點嗎？所以，佛法的真實意趣，一定要有深邃的智慧才能通達。

說到阿底峽尊者，我想起他的一位上師阿瓦德達巴。這位上師比較特殊，有時候阿底峽尊者請他傳法，他往往不傳；有時候沒有請他傳法，他反而主動給你傳。一次，他們師徒過一座特別狹窄的木橋，到了中間，上師突然回過頭來，對阿底峽尊者說：「弟子你知道嗎？修行中最關鍵的，就是沒有證悟無我空性之前，取捨因果一定要小心謹慎！」阿底峽尊者將這句教言銘刻於心，不僅自己終身奉持，而且處處以此教誡弟子。

但現在有些人卻恰恰相反，只是稍微聽聞過空性，聽到過一點密法，就馬上捨棄因果。曾經有個人編了很多「大圓滿」的書，上面標著自己的名字，結果我從不同側面了解，發現他根本不信因果，這是非常可怕的！

阿底峽尊者對傳法者的忠告

承接剛才所講的內容，阿底峽尊者對弟子又講了幾句教言：

尊者說：

「如今五濁之惡世，非為裝模作樣時，乃為策勵精進時。」

末法時代，重視形式過於內在。但修行人不應裝腔作勢，只圖人前好看，而應該時時策勵、勸勉自己，日日夜夜精進修行。

「非為尋求高位時，乃為置於卑位時。」

有些人通過傳法謀求名聲、地位，自認為如何了不起，這都是顛倒的。此時應該身處卑位，穿著一般的衣服，過節儉的生活，默默無聞地修持。

「非為攝受眷僕時，乃為依止靜處時。」

如果自相續絲毫未獲得佛法利益，千萬不可前往城市攝受眷屬。否則，結果往往有悖於初衷，不但於他人無益，自己反倒被「攝受」了。曾有一位國外的上師，流著眼淚說：「有個修行人，他一直希求格西學位。獲得了學位以後，他馬上進入城市攝受眷屬，但幾天之後便還俗，被紅塵給吞沒了。」這的確是最悲哀的事情。因此，修行人應該依止寂靜地方，這樣才能圓滿自相續的功德。

「非為調化弟子時，乃為調伏自心時。」

自相續尚未得到調伏之前，要調化弟子是很困難

第一百零六節課

的。因此，現在是調伏自己的時候，不是調伏別人的時候。

「非為隨持詞句時，乃為思維意義時。」

現在不是耽著詞句的時候，語言是否動聽並不重要，用心思維和修行法義才最關鍵。毫無修行的人，口頭上說得再好、形式上做得再如法，但相續若與法背道而馳，死時便無有指望之處了。

因此，我們如今應反反覆覆思維「人身難得」、「壽命無常」等每一個道理，若能如此，才會生起穩固的定解和境界。

「非為到處遊逛時，乃為安住一處時。」

個別修行人天天到處跑，今天朝印度，明天朝拉薩；去這個寺院，那個寺院；採訪這位上師，探望那位上師；在這兒受個灌頂，到那兒問點問題……這樣跑來跑去，跑習慣了以後，就不能靜下心來修行了。一旦哪天要離開世間、面對死亡，捫心自問，自己有沒有把握呢？

以前很多高僧大德，終生只依止一兩位上師，踏踏實實地修行，這是我們的典範。如果對自己的上師沒有信心、沒有清淨觀，那依止再多其他上師，也不一定有利。而且作為修行人，最好不要去城市，那裡蠱惑人心

的外境太多了，去了以後，能護持內心、精進修行的人極為罕見，所以大家務必要注意！

修行與傳法哪個重要

另外，三同門曾問仲敦巴格西：「在寂靜處修行與以正法饒益眾生，這二者哪一個更為重要？」

傳法後對自他無益

格西回答：「對沒有任何驗相及證悟的初學者來說，即使以正法饒益眾生，也不會有什麼益處。他們的加持猶如傾倒空器一般，從中不會得到任何加持；他們的竅訣就像沒有經過按壓的酒糟釀出的薄酒一樣，沒有任何純釀的滋味。」

很多初學者從來沒有修過法，甚至連因果正見也不具足，卻總喜歡到處給人講法，這對自他毫無利益。因為你的相續中沒有點滴功德，從未思維過甚深法義，講得再好聽也沒有意義。

就像老師帶學生，老師要有基本的資格，同樣，法師講經說法，也要具足相應的條件。倘若你沒有俱生功德，課前做好準備是必需的，否則，一堂課下來，只是浪費別人的時間而已。要知道，時間是很寶貴的，每個人的生命都有限，他們也不是沒事幹，如果在你的課上沒有收穫，那還不如去做更重要的事情。

所以，我從來不敢耽誤大家的時間。上課期間，除

第一百零六節課

了特殊情況以外，一般不會摻雜私人的事情，或其他分別念。而且對於所講的內容，我提前至少也要看一兩遍，否則，連看都沒有看，上課時只是照本宣科，就太不負責任了。

就像現在有些老師，晚上去酒吧玩到很晚，早上一直睡懶覺，等正式上課時，頭髮不梳就站在講臺上，拿著課本胡說八道一番。我確實見過這種人，感覺很悲哀。跟他們的行為比起來，儘管我們智慧有限，但從來不敢敷衍了事，對大家糊弄一下就過去了。可現在的世間上，有些老師不是這樣，本來9點上課，9點半才來，眼屎都沒擦，到那裡還——哎喲，不說了！

傳法後會利他損己

格西又說：「就算是獲得了暖相、但尚未穩固的勝解行修行人，也不能行利益眾生之事。他們的加持猶如傾倒滿瓶一樣，使別人滿滿充盈，自己卻變成空空如也；他們的竅訣如同將火炬傳遞給別人一般，使他人光明通亮，自己卻成為漆黑一片。」

這是中等者，能利益別人，但對自己無利。就像《大莊嚴論經》中所說：「譬如盲執燈，照彼自不睹。」如同盲人拿著燈，給別人照亮了，但自己卻看不見。不過，《華嚴經》云：「常欲利眾生，不求自安樂。」能利益別人也是非常好的。就像我講課，雖然自己修行很差，但所講的佛法本身極為殊勝，一定能給他

人帶來利益，如此一來，別人怎麼說我也無妨。有人說：「你修行很差！講得不好！」我聽了很高興，為什麼呢？因為他認識了我的本來面目。如果說：「您是大成就者，是大修行人！」我心裡反倒不舒服，因為他並沒有認清我。我的修行，自己最清楚，吹捧我的語言，並不符合我的本相。

總之，中等者以好心好意去傳法，對別人會有利益，但確實占用了自己的時間，也影響了自己的修行。而且別人得到的，可能只是部分利益，這是他們傳法的不足。

傳法後自他皆受益

格西最後說：「只有得地菩薩，才能真正成辦利益眾生之事。他們的加持猶如妙瓶的成就，既能成熟他眾，也不會使自己空空蕩蕩，而始終滿滿當當；他們的竅訣就像酥油主燈一樣，既能點亮其他油燈，也不會使自己有所障蔽。」

可見，一地以上的菩薩，是最佳的傳法者，這種傳法也是最有利的。

末法時期作為凡夫人，還是應盡量在寂靜處修慈悲心、菩提心，此時不是直接饒益眾生的時候，而是遣除自己煩惱的時候；比如說，不是斬斷名貴藥樹苗芽的時候，而是保護它的時候。名貴藥樹長成以後，才能實現它的最大價值，發心菩薩也是一樣，稍有點境界就馬上

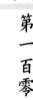

給人傳竅訣、作灌頂，這樣對自相續的功德增上很有影響。

因此，直接對眾生進行法布施，對我們現在來講比較困難。自己若沒有真修實證，卻為他人講經說法的話，對他人也起不到什麼作用。

莫將傳法當作商品

甚至，如果依靠傳法而謀取利養，那就成了印度單巴仁波切所說，將正法變成惡趣之因，就像為工資而講課的老師一樣，佛法只是他的交易品而已。所以，我們務必要斷除這種惡心，不管是出家人還是居士，千萬不要用佛法換取利養。

以前我剛來學院不久，跟隨法王去新龍。有一天，法王說：「之前我產生了一個惡分別念：這次去新龍傳法可能會得到一點供養吧。因為這個分別念，從現在開始，我傳法時連一根哈達也不接受。」此後，法王也常在課上講：「因為我當時生過這樣的分別念，所以，大家以後不要因傳法而供養我。」在以後的歲月裡，上師再也沒有接受過傳法所得的供養。

所以，一個人就算生活再艱苦，也千萬不要買賣佛法。《大寶積經》中說過：「汝當觀利養，猶如於糞穢，無以利養垢，染污清淨心。」他人的利養，應視為糞土，千萬不要邪命養活，不要被利養的污垢，染污了

自己清淨的心。《佛說華手經》亦云：「若人以利養，為大眾說法，依於世利故，則為法所害。」如果傳法者貪求利養，他的傳法不僅對他人無益，還會對自己有損。要知道，佛法是初善、中善、後善的甘露妙藥，本可饒益自他，但若是用錯了，既害了眾生，又害了自己，實在沒有必要。

因此，我們在自私自利的心沒有斷盡之前，不要急急忙忙去利益他眾，此時可在自己念經誦咒、讀誦佛經論典等時發願：「但願白法方面的鬼神們聽到這些後，相續得以解脫。」在念誦水施、施身等儀軌的結尾時，也要念：「諸惡莫作，諸善奉行，自淨其意，是諸佛教。⑨」唯一作這種法布施，就可以了。

何時可用正法利他

一旦你的私心雜念完全斷盡，此時一剎那也不要處在安閒寂樂的狀態中，這說明，一心一意利益他眾的時刻已經到了。

不管別人想什麼、說什麼，毀謗也好、打擊也好，白天晚上都要去利益眾生。利他心特別強的人，根本不會在乎這些，因為在他的心目中，眾生才是最重要的，自己怎樣都無所謂。菩薩的所作所為就是維護眾生，即

---

⑨這涵攝了釋迦牟尼佛的所有法要，在《別解脫經》及《大般涅槃經》中都有宣說。

第一百零六節課

使生死關頭也不考慮自己，只是想著佛法、想著眾生。自古以來，諸多高僧大德的傳記中，都印證了這一點。而一般的世間人，根本不在意他眾，一心只想著自己。這就是凡夫與菩薩的主要差別。

庚三、無畏施：

所謂無畏施，就是解除眾生的怖畏與恐懼。對於無有救護者的眾生，作為他們的救護者；無有怙主的眾生，作為他們的怙主；無有親友的眾生，作為他們的親友……

尤其是世尊曾說：一切有為的善法中，救護有情的生命，功德利益最大。所以，當眾生的寶貴生命遭到威脅時，我們應全力以赴地施以救護。龍猛菩薩在《大智度論》中也說：「諸餘罪中，殺罪最重；諸功德中，不殺第一。」善法有很多種，比如七支供的頂禮、供養乃至迴向，其他像轉繞、念經、參禪等，但在這一切善法中，救護眾生的功德最大。

早在二十年以前，我就開始重視放生了，自己始終覺得，哪怕一生中只能救護個別眾生，也要竭盡全力。在座各位從小因受環境及教育的影響，肯定造過很多可怕的殺業，有些可能至今還歷歷在目。為了懺悔這些罪業，我想給大家一些建議：

一、懸掛印有金剛薩埵心咒的經旗，或印有觀音心

大圓滿前行廣釋（七）附大圓滿前行實修法

咒的經旗。

二、念誦金剛薩埵心咒和百字明。

三、以前你如果殺過青蛙，以後就多放青蛙；以前吃過很多海鮮，有生之年就多放海鮮。倘若你沒有太多錢，也可以勸別人放，數量上盡量超過你所殺害的數目，這是生命的一種補償。比如，你曾殺過兩隻狗，今生至少要放生兩隻以上。這種補償方式能否完全抵消罪業，我不敢說，但這的確是一種很好的懺悔方法。

既然放生功德如此之大，希望有權有勢的人，應該下令禁止漁獵。其他人也要隨心隨力救護那些被帶到屠場的牛羊，瀕臨死亡的魚兒、蟲蠅等等。

確實，救護眾生一命，這種恩德特別大，有時候還能即生感果，唐山地震中就有一則狐狸救人的故事：有個人曾放過一隻狐狸，唐山地震前，1976年7月28日凌晨3時左右，那隻狐狸突然來抓他的門。他起床來看，狐狸咬住他的鞋幫，拉他出去。當他隨狐狸來到院子時，大地震發生了……這個人永遠感激那隻狐狸，他常說：「地球就是個大家庭，大多數的動物與人類息息相關。動物們儘管不會言語，卻也有著同樣的思維、靈性和良心。」

當然，我們並不希求動物報恩，而應把放生當成一種責任，在自己的有生之年，如果有條件、有因緣，每年都應該放一些生。其實，有時候放生也不需要錢。比

如下雨了，路上有幾條蚯蚓，或者天氣燥熱時，有些小蟲馬上要被曬死了，這時你把牠們放到清涼安全的地方，這也是一種放生。

在我們藏地，人人都非常珍視生命，每當看到有眾生很可憐，大家就會流露出哀憫之情，這即是佛教慈悲的體現。希望大家以後也能如此，不管在任何場合，只要看到一個生命受到危害，就應想方設法去救護牠，這是大乘佛子應有的責任。

以上所講的幾種布施，也是密宗三昧耶戒最主要的部分，如《受持五部律儀續》云：「寶部三昧耶，恆行四布施⑩。」明白這些道理以後，我們要在實際行動中，千方百計、不遺餘力地利益眾生！

---

⑩四布施：財布施、法布施、無畏布施、慈心布施。

第一百零六節課

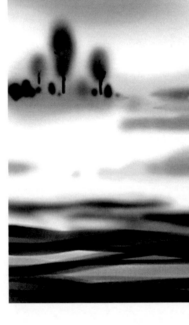

第一百零七節課

行菩提心的學處，就是六度。前面已講了布施度，今天講持戒度，也叫尸羅波羅蜜多。

尸羅，譯作戒，戒是一切功德之本，有大小乘之分。大乘的菩薩戒，須以小乘別解脫戒為基礎，阿底峽尊者在《菩提道燈論》⑪中也說：若具有七種別解脫戒的任何一種，方有菩薩戒，否則菩薩戒便無依處。

如今有些人，對戒律有諸多誤解。個別學密的人不重視戒律，說修大圓滿、大威德不必執著，什麼都可以隨心所欲。其實這是錯的，因為在你接受灌頂時，首先受的就是別解脫戒。

也有淨土宗的個別法師認為：只要你念佛就行了，念佛本身就具足皈依與戒律，所以不必單獨受戒，戒只是佛教的一種形式。這種說法也不對，學淨土的也要以戒作基礎，如《觀經》云：「受持三歸，具足眾戒，不犯威儀。」

可見，戒是一切功德的基礎。龍猛菩薩在《親友書》中說：「戒如動靜之大地，一切功德之根本。」此義其實源於《華嚴經》，如云：「如諸眾生及草木，一切生長咸依地，世及出世諸善根，皆依最勝尸羅地。」意思是說，就像眾生與草木都要依地而住一樣，世出世間的一切功德

⑪《菩提道燈論》云：「若常具餘七，別解脫律儀，乃有菩薩律。」

大圓滿前行廣釋（七）附大圓滿前行實修法

與善根，也必須依賴於戒律的基礎，才能得以增長。

因此，不論學習顯宗還是密法，都不能輕視戒律，離開了戒律，也就失去了功德的所依。即使你是在家人，學佛也要從三皈五戒開始。倘若受持五戒有困難，那皈依戒也一定要受，否則，來世便無法獲得人身。

己二（持戒）分三：一、嚴禁惡行戒；二、攝集善法戒；三、饒益有情戒。

庚一、嚴禁惡行戒：

嚴禁惡行戒，是指斷除身語意三門所有於他不利的十不善業，就像拋棄毒藥一般。

拋棄毒藥，是害怕它傷害身體；而身語意上的十不善業，因為對他眾不利，從而會損傷菩薩戒，因此要一律斷除。

庚二、攝集善法戒：

攝集善法戒，是指隨時隨地、全力奉行一切善事，包括微乎其微的善根。

隨時隨地，意思是要長期行持，不是一天兩天。有些漢地居士平時什麼都不念，但開法會時拿個念珠，在上師面前一直念個不停，轉經輪也轉個不停……這可能只是表演，是暫時的行為，而菩薩的行善，是不分時間和地點的。

第一百零七節課

取捨善惡要從「小」抓起

藏地有句俗話：「順口順手也可行善事，隨行隨住也會造惡業。」其實，一個人若想行善，言行舉止中都是善法，走也好、坐也好，都可以念咒、觀修，說話也是慈愛的語言，即使是一起吃頓飯，他的話也能利益別人，增上修行。而滿身惡習的人正好相反，身口意都是不善，同樣是吃頓飯，罵這個、罵那個，心裡是貪婪、嗔恨、嫉妒，行為更是不如法，短短時間就造下無量罪業。

人和人的這種差距，表面上可能看不出來，因為誰都有兩個眼睛、兩個耳朵，一對一對的，似乎大家都一樣，但實際上完全不同。不過，人為什麼長成這樣呢？國外有種說法是，提醒我們做人要懂得平衡，不可偏墮、極端。而嘴巴只有一個，是指說話最需要注意。

既然一個人行善容易，造惡也容易，真正有智慧的人，就會隨時隨地以正知正念來觀察自己：「我在做什麼？在說什麼？在想什麼？」認真努力地取捨善惡。否則，平時不注意的話，僅僅在遊戲中、聊天中，也能積累下許多嚴重的罪業。

現在人為什麼造業比較多？就是因為他們從小沒受過這種教育，根本不知道如何取捨。所以我始終認為，學校裡最需要佛法，最需要心靈教育。如果沒有這一塊，孩子們就不懂得約束自己，遠離善的追求，那麼長大以後，只會將幸福乃至一切寄託於物質。這樣一來，

大圓滿前行廣釋（七）附大圓滿前行實修法

除了長相不同以外，人與旁生又有何差別呢？旁生一輩子只是吃草、喝水，滿足身體的需要；而我們人類，除了從物質中獲得滿足以外，若沒有更高的理想，那從生命價值上看，與旁生其實是一樣的。所以，作為一個人，務必要懂得取捨。

不過，有些人雖知道要防護大罪，但卻輕視小惡，比如殺蟲子、說過失、行為粗暴、嫉妒、嗔恨，認為這些並無妨害，其實這是不合理的。《賢愚經》中云：「莫想罪微小，無害而輕蔑，火星雖微小，可焚如山草。」《出曜經》也有一類似的教證：「莫輕小惡，以為無殃，水渧雖微，漸盈大器。」因此，我們在生活中應當謹慎取捨因果，不能將一些小錯視作正常，只有從一點一滴上改過行善，才能最終轉凡夫而為聖者。

懂得行善的人，隨隨便便中也會積累不可思議的善業，甚至看到路旁刻有觀音心咒的石堆，也立即脫帽、恭敬右繞而行，並以三殊勝⑫來攝持，這樣一來，就成了圓滿無上菩提的無倒之因。

藏地行善的對境非常多，佛塔、佛像、寺院、出家人、瑪尼堆、經旗隨處可見。但在佛教不興盛的地方，到處是賺錢、吵架、殺人、堵車，至於三寶所依，則相當罕見。一旦你們遇到了，也應像藏人那樣，立即生起信心，摘帽致禮。

⑫指最初發菩提心，中間一心轉繞，最後迴向一切眾生。

不過，藏地的良好傳統，也只能在老一輩人的身上看到了，如今多數年輕人都被漢化了。以前我在一篇文章中也提過，這些年輕人基本上不信仰佛教，到城市讀完四年大學回來後，對三寶毫無恭敬心，實在變得太快了。

但不管怎麼樣，真理是不會錯的，善行也應得到繼承。誠如《正法念處經》所言：「善行則應行，不善業應捨，善行受勝樂，不善行受苦。」而且在行善的過程中，我們不要輕視小小的善根，以為這些沒有意義。《賢愚經》云：「莫想善微小，無益而輕視，水滴若積聚，漸次滿大器。」《出曜經》亦云：「莫輕小善，以為無福，水渧雖微，漸盈大器。」

所以，對微乎其微的善根，理應值得重視。我看到個別法師和居士，長年都手裡拿著念珠持咒，十年前如此，現在也是這樣，這就是不輕小善。但是有些人，兩三天還可以，心情好的時候，便「嗡嗎呢叭美吽」一直念，但過段時間就不行了，念珠也丟得不見蹤影了。這些輕視小善的人，只會談些大法、說些大話，慢慢地行為失去了約束，結果是非常可怕的。

小善成就大果的兩則公案
華傑施主出家的因緣
往昔佛陀在世時，老年的華傑施主想出家，但眾阿

羅漢以神通觀察，不見他有出家因緣，所以都不予剃度。老人傷心地去找佛陀，佛陀一觀察，照見了他在久遠劫前的善根：

酷熱的一天，一頭豬被狗追趕著，一邊搖著尾巴，一邊「呼呼呼」地跑，不經意間右繞了佛塔一圈。當時，豬並沒有繞塔的意樂，但無意中的這個善根，卻種在了牠的阿賴耶上。這頭豬就是華傑施主的前世。佛陀因此為他剃度，他出家以後，很快就獲證阿羅漢果。

也有經論中說，他前世是以一稱「南無佛」的善根，成就了解脫之因。但不管怎樣都說明，緣三寶所造的善業，轉繞也好、稱念也好，即使是無心的，也有極大果報。

有些人覺得：「我的心很亂，看佛像不一定有功德。」其實也不是。雖然你的心亂，但看佛像還是會有功德。既然無心、亂心都有功德，那麼心存善念的話，功德肯定就更大了。

預試七人的前世

還有一個公案：昔日蓮花生大士在藏地時，藏王為了觀察藏人能否出家，特請靜命論師選出七人測試，這就是「預試七人」。這七人中，像貝若扎納，對佛教作出了非常巨大的貢獻。那麼，他們前世又有怎樣的殊勝因緣呢？

在久遠劫前，有七隻蟲從樹葉上落到水中，牠們隨波逐流，右繞水中的佛塔七圈，以此成就了解脫之因。這即是「預試七人」的出家因緣。

我們平時繞壇城、用轉經輪、念咒語，其實遠遠超過了小蟲的發心，畢竟自己至少知道那是功德的對境。所以，我們有理由相信，果報也一定是不可思議的。

以上兩則公案都提到了繞塔。或許有人認為：「《右繞佛塔功德經》中講了繞塔的功德，但不知繞佛像是否有功德呢？」其實是一樣的，佛經裡處處有「繞佛三匝」等詞句，如今佛陀的真身雖已隱沒，但佛像就代表了佛陀，所以，繞佛像也同樣是有功德的。《波斯匿王教誡經》中也說：「若人以淨心，繞佛塔佛像，來世怨敵敬，具德成法器。」如果有人以清淨心轉繞佛塔、佛像，即生一切快樂、一切如願以償不說，來世即使是怨敵也會恭敬你。並且你具足功德，不論聽聞何種法要，都將堪為法器。

其實，「堪為法器」是一項很重要的功德。就像煮牛奶，假如壺裡生銹了，牛奶雖是好牛奶，但煮出來後不能喝。接受佛法也是同樣，一個人若不堪為法器，就算聽聞殊勝的顯密法要，也得不到絲毫利益，甚至反而會損害自己。所以，這不是法的問題，而是人的問題。有人認為「是上師的過失」，有時候或許會如此，但我敢保證，法沒有任何過失。

因此，大家理應轉繞佛塔和佛像，以使生生世世堪為法器。

斷一切惡，行一切善

懂得以上道理之後，不論何時何地，我們一定要盡最大努力，斷除一毫一厘在內的所有惡業，積累一絲一毫在內的一切善業。也就是說，只要是善法，就一點一點積極參與；只要是惡業，就一分一分謹慎斷除。

當然，凡夫人斷惡是很困難的，有時候明明知道不對，卻也難以控制自己，語言和行為常常出現過失。但不管怎樣，我們今生有幸遇到佛法，依止了善知識，就一定要精進行持善法，這才是智者所為。如《大寶積經》云：「智者常精進，勤修清淨道，離苦得安樂，諸佛所稱歎。」

總而言之，作為大乘修行人，務必要斷一切惡，行一切善，並迴向利益眾生，這就是攝集善法戒。實際上，它涵蓋了菩薩的所有學處及律儀。

庚三、饒益有情戒：

當我們從根本上斷盡了自私自利心時，就應勤勤懇懇地依靠四攝⑬，直接成辦利益眾生的事業，這就是饒益有情戒。

⑬四攝：指布施、愛語、利行、同事。

當然，作為得地菩薩，修行境界很高，以四攝直接饒益有情，不會有絲毫問題。但對初學者而言，儘管沒有完全斷盡自私自利，可是在任何一個場合斷惡行善時，若以三殊勝攝持而迴向一切眾生，也可以算是饒益有情。

本來前面說了，嚴格要求的話，饒益有情一定要得地，但在這裡，「政策」稍微放寬了一點，只要以三殊勝攝持的善根就可以。否則，非要有一地菩薩才能傳法，很多人今生恐怕就沒有機會了。現在這個世間上，不要說一地菩薩，就連資糧道、加行道的也很難找。不要說資糧道、加行道，即使是一個比較完美的上師——戒律清淨、聞思精進、人格好又隨順眾生，找這麼一個好人傳法也不容易。

因此，前文所講的密意，是讓大家不要以佛法為藉口謀求私利。儘管真正能利益眾生的，肯定是一地以上。但作為一個初學者，只要發心清淨，在自己聞思修行之餘，也可以講經說法去饒益有情。

己三（安忍）分三：一、忍辱他人邪行之安忍；二、忍耐求法苦行之安忍；三、不畏甚深法義之安忍。

庚一、忍辱他人邪行之安忍：

別人當面對自己拳打腳踢、強搶硬奪、惡語中傷，或者暗中說些難聽刺耳的話等，我們不但不該滿懷嗔

怒，反而應生起慈悲之心饒益他們。這就是一般所謂的忍辱。忍辱是不容易修持的，但儘管如此，學過《佛子行》的人都知道，它是菩薩的殊勝學處。佛陀在經中也說：「學習大慈大悲者，要忍受他人打罵，能生如是之心者，即是我的弟子，我是他的本師。」因此，我們在遭受他人的謾罵攻擊時，一定要盡量安忍。否則，別人稍微說一句就受不了，一直喘著粗氣，「你幹啥！你來這裡……真是！」（眾笑）

嗔心的嚴重過失

《大智度論》云：「嗔為毒之根，嗔滅一切善，殺嗔諸佛讚，殺嗔則無憂。」這個偈頌很好。有位前輩大德收集了一百多個好教證，這一句也在其中，當時我記到筆記本上了。它的意思是說，嗔恨如毒，是一切惡的根源，能摧滅一切善法，有誰能殺掉嗔恨，則為諸佛所讚，他自己也會快樂安逸。可是有些人，該殺的嗔恨不殺，不該殺的眾生、金剛道友，卻惡狠狠地嚷著：「我要殺了你！」但殺人也不是那麼容易的，有時候一直想著害別人，自己到頭來會不會犧牲了也很難說。

對一個大乘行人來講，嗔恨是最可怕的心態。如果被嗔恨心所轉，就會導致「摧毀千劫之資」的下場。《入行論》云：「一嗔能摧毀，千劫所積聚，施供善逝等，一切諸福善。」一剎那的嗔恨心，便能摧毀一千劫

所積累的布施眾生、供養佛陀等福德。不過，有些人嗔恨起來不是一剎那，而是好幾天。他們心裡的積怨，

就如冬天的冰一樣消不下去，就像毒蛇一樣時時散發毒氣。因此，我們一定要修習對治方法，否則，一旦受到危害生起了嗔心，自相續的眾多功德就會被摧毀。

在這個世間上，一怒之下釀成悲劇的，可謂比比皆是。2005年，遼寧撫順有一則新聞：一個23歲的姑娘駕駛奔馳進入一小區，在路過修車攤位時撞倒一輛自行車，自己的車被刮了。姑娘很生氣，下車要求50多歲的修車師傅賠償。老師傅據理力爭，說責任主要在她。姑娘更生氣了，推搡著老師傅，非要讓他賠錢。老師傅揮手阻攔，碰巧弄髒了她的名牌衣服。姑娘不依不饒，說車的事再說，先賠3000塊衣服錢，並打電話叫來父母。

她的父母，就住在對面的貴族社區。過來以後，父親氣勢洶洶，掄起打氣筒朝老師傅的頭上砸去，老師傅頓時頭破血流。母親則站在一旁，破口大罵那些為老師傅說話的圍觀者。女兒好像沒事一樣，一直坐在開著空調的車裡，得意洋洋地看著眼前的一切。

老師傅不斷哀求，但那個父親讓他必須賠錢。老師傅憤怒了，掙扎著從地上爬起來說：「好，我賠，我去拿錢。」然後他回到貧民區的家裡。回來的時候，從懷裡掏出的不是鈔票，而是一把利刃。他先向那個父親捅了三刀，又捅了那個母親兩刀，最後把嚇傻了的女兒拽

下車來，也捅了數刀。母親和女兒當場死亡，父親傷勢嚴重，胃、腸、肝臟破裂。後來老師傅自首，被判了死刑。

這起血案其實只源於一件小事，當時的報紙有許多評論，包括對教育、對人心，但寶貴的生命被憤怒葬送了，這是不爭的事實。所以，若沒有正知正念攝持，一時的瞋恨，不說摧毀多生累世的善根，當下還會引發不明智的行為。前段時間在我的家鄉，一個出租車司機把另一輛出租車的前燈不小心碰破了，結果兩人打架，一個人當場被捅死。所以，眾生被一念瞋心驅使，做過無數可怕的事情，為了自他的安樂，大家務必要修安忍。

當然，修習安忍是很難的。在所有罪業中，沒有比瞋恨更嚴重的了，而在一切苦行中，也沒有比安忍更難行持的了。寂天論師也說：「罪惡莫過瞋，難行莫勝忍。故應以眾理，努力修安忍。」有些人寧願背一百斤的石頭爬山，也不願忍受屈辱。因此，要修習安忍的話，一定要借助道理勸說自己。

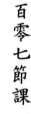

第一百零七節課

這種道理，在佛教中有很多。比如，應了知瞋恨的過患。對慣於生瞋的人來講，要壓制煩惱非常不容易，但再不容易你也要知道，一旦生起瞋心，決定是惡的，肯定會引發重大罪業，誠如《中觀四百論》所言：「瞋恚極堅固，定惡作大罪。」

還有，可以用空性或如幻的道理調伏自心。如印度

52

單巴仁波切說：「嗔敵乃是業力迷亂現，當斷嗔恚惡心當熱瓦。」

此外，我們還要了解到，嗔恨傷害自己的人是不應理的，因為他是成就自己修安忍的對境。阿底峽尊者曾親口說過：「不嗔作害者，若嗔作害者，如何修安忍？」寂天論師也說：「若無生嗔境，於誰修安忍？」畢竟，安忍是在別人害你時修的，不是在你毫髮無損時修的。特別是有人對你出言不遜、無辜加害時，如果你能斷除嗔怒之心，定可淨除諸多罪障，依此圓滿廣大資糧。因此，對真正的修行人來說，應將加害者看成上師一樣。朗日塘巴在《修心八頌》中也說，要把害自己的眾生視為如意寶。

當然，這都是菩薩的見地。作為菩薩，面對他人的傷害、攻擊，絕不會抱怨：「唉，又出現違緣了。」相反他會特別歡喜，知道這是很好的修行機會。阿底峽尊者為什麼偏要把一個脾氣不好的侍者帶在身邊？就是因為有機會可以修安忍。

所以，找人發心，不要找性格好的，應該找跟你合不攏的，你說一，他做二，天天跟你唱反調。這樣的話，你早上、中午、晚上都有修安忍的機會。這種機會，對大菩薩來講是非常難得的。（眾笑）

大圓滿前行廣釋（七）附大圓滿前行實修法

嗔心大不是好上師

常有人說：「某某是一位好上師，只是嗔恨心很大。」但在世界上，沒有比嗔恨更嚴重的過失了，怎麼會有人在嗔恨心大的同時，又是一位好上師呢？

嗔心大，絕對修行不好。嗔心的過失特別嚴重，一方面會毀壞善根，一方面天天讓旁邊的人心懷恐懼，沒有安全感，這肯定不是好上師。有些人認為：「不示現忿怒相，就無法調伏弟子。」但如果你修行好、德行好，也不一定非要用忿怒相，否則，忿怒相一旦示現不好，自他的功德都會被燒毀。

單巴仁波切說：「百種貪心之業，不及一剎那嗔心罪業大。」小乘行人最謹慎防範的是貪心，因為一念貪心本身是罪業不說，還會引發破戒等惡行，有許多過患。而在大乘菩薩戒中，一百種貪心的罪業，還不及一剎那嗔心大。為什麼呢？因為自己生貪心，一般不會傷及眾生，但在嗔心的誘發下，很可能導致行為或語言上對別人打罵傷害。傷害眾生，正是菩薩戒中最嚴重的罪業。所以，單巴仁波切才如是強調嗔心的可怕。

反之，懂得安忍、法融入心的修行人，行為、語言和內心都非常調柔，就像踩在棉花上一樣柔軟；或者像米粥裡加入酥油一樣柔軟、調和。這樣的人，無論何時何地，不但讓身邊的人很舒服，他自己也始終處於快樂之中。誠如《正法念處經》所云：「若人修行忍，捨一

第一百零七節課

54

切嗔恚，現在及未來，常得安隱處。」

這方面，釋迦牟尼佛就是最佳的典範。據《經律異相》記載：曾有一婆羅門，先以五百事謾罵佛陀，佛陀毫無慍怒之色；婆羅門見了很生信，又以五百事讚歎佛陀，佛陀也沒有歡喜之色。由此可知，佛陀確實住於不喜不怒的境界中。⑭

不過，我們的境界並非如此。有些人聽到表揚就欣喜若狂：「哇，誰讚歎我？這人真好！」被人指指點點，又會半天悶悶不樂。還有些人，剛開始別人說他過失，他好像沒什麼感覺，似乎忍辱修得不錯，但漸漸地，大約兩分鐘左右，他才反應過來，然後火冒三丈：「誰說的！」

佛陀的境界，我們凡夫人是裝不出來的。別人讚歎我，我先是如如不動，但一會兒就開始偷著樂了；別人謾罵我，我先是裝著無所謂，但心裡已憋出了內傷，惱怒慢慢就顯露出來了。所以，凡夫人再怎麼裝，也掩蓋不了自己本來的面目。

有些人成辦區區善事或護持一分淨戒，就自認為如何如何了不起，常常充滿我慢。別人言詞稍有不當，便說：「他輕視我、侮辱我！」心中憤憤然、氣沖沖，臉色也變了，進而反唇相譏，這說明正法與自相續已經脫

---

⑭《經律異相》云：「一婆羅門惡口，一時以五百事罵佛，佛無慍色。婆羅門心乃歡喜，即復一時以五百善事讚歎於佛，亦無喜色。當知佛煩惱習氣盡，故好惡無異。」

大圓滿前行廣釋（七）附大圓滿前行實修法

離，是自心絲毫沒有得受法益的標誌。

就像金厄瓦格西所形容的：「我們越聞思修行，我執越重，忍耐力比新肌⑮還弱，比心量狹小的衛藏厲鬼⑯更加暴躁易怒，這是聞思修已經顛倒的標誌。」

這個比喻非常貼切。有些人初學佛時，多少有些自控，但聞思久了以後，我執本該越來越少，但因為法不入心，我執卻越發加重了，乃至小小觸犯都忍受不了，被別人稍微碰一下就哇哇大叫；心胸也日益狹窄，他人有稍許冒犯，便會暴跳如雷。

所以，修行人的心態應該寬容，越修行越柔和，而不要越聞思我執越重。有些人認為：「反正我是凡夫人，修行不好有什麼！我下地獄關你啥事？」人要是這樣，那誰也沒辦法。這麼多年來，我的確感受到了佛法的偉大，雖然自己修得很差，但很想把它與大家分享。作為一個傳法者，儘管我希望每個人都有進步，但你如果覺得無所謂，別人也無計可施。

修行的無誤要點

真正的修行人，應該怎麼樣修行呢？華智仁波切告訴我們：「隨時隨地都要謙虛謹慎、身居卑位、身著破衣、恭敬上中下所有的人，以慈悲菩提心作為基礎，以

---

⑮新肌：傷口或瘡口瘉合時所生嫩肉。
⑯衛藏厲鬼：當地一種鬼神，據說心胸狹窄嫉妒心極強，對其稍有不滿便立即製造違緣。

正法調伏自相續，這才是修行的無誤要點，它遠勝過無益於自心的高高見解及甚深修行。」希望大家把這段話銘記於心！

當然，「穿著破衣」是以前條件有限，現在不一定非要如此。有些年輕人為了時髦，故意在膝蓋處打個補丁；有些出家人穿百衲衣，也弄塊補丁貼到法衣上，這樣穿「破衣」是沒有必要的。

修行最根本的，是修慈悲菩提心，讓心調柔。《大寶積經》中云：「具足柔軟心，常樂行慈悲，若與眾生語，謙下心和悅。」這也是我很喜歡的教證。真正有修行的人，心一定很柔軟，不會特別剛強，而且常懷慈悲心，與眾生交流時，姿態也非常謙卑、和悅，不會為了一點點小事，就讓大家彼此不開心，甚至讓周圍的人也特別痛苦。

總之，大家今生有了難得的人身，又值遇佛法，這是自己的福報，也是三寶的加持，這種緣分何時滅盡，誰也不好說。所以希望你們要珍惜眼前，在修慈悲菩提心的基礎上，好好調伏自心，這就是真正的佛法。

其實《大圓滿前行》的每一句，讓我廣講的話，都可以講很長時間。像這一句，完全指出了修行的要點。這種要點，遠遠超過了口頭上講本來清淨、大中觀、明心見性，這些高高的見解即使講得再好，如果自己根基不到位，也還是毫無實義。倒不如我們先調柔相續，不

大圓滿前行廣釋（七）附大圓滿前行實修法

要跟眾生發生很多矛盾；如果不小心起了矛盾，就好好祈禱上師三寶，息滅自己的嗔心。其實，大圓滿傳承祖師的加持不可思議，護法神的力量也不可思議，一旦你在修行中起了惡念，就應該馬上祈禱、懺悔，盡量跟大家和睦相處，這也是菩薩的行為。

要知道，菩薩是不會傷害眾生的。《入行論》中也說，只有取悅眾生，才會令諸佛菩薩歡喜⑰。對我們而言，就算不能取悅眾生，也不應以嗔心相對，每天眼珠子紅紅的，跟誰都結怨，這又豈是大乘佛子的行為？

因此，大家要以慈悲菩提心、以柔和的心、以謙虛的心，來對待眾生。這一點能修就修，實在修不了，也不要讓眾生苦惱，你就天天睡懶覺吧。以前上師如意寶說過：「在我們的修行道場中，金剛道友之間不要發生矛盾，理應和睦相處。因為我們追隨佛陀，而佛陀所做的一切，就是隨順眾生。」

所以，我們修學大乘佛法的人，應該與世間人有所不同。其實在這個世間上，有些人的心胸都非常寬廣，我們為什麼不行呢？

第一百零七節課

⑰《入行論》云：「悅眾令佛喜。」

第一百零八節課

現在正在講行菩提心的學處——六度，即布施、持戒、安忍、精進、靜慮、智慧。六度當中，下面講安忍度中的第二種安忍。

庚二、忍耐求法苦行之安忍：

為了成就正法，必須要不顧一切艱難困苦、嚴寒酷暑來修行，這也是一種安忍。如續部云：「越過刀山與火海，捨身赴死求正法。」為了求得正法，菩薩可以上刀山、下火海，乃至捐捨珍貴的生命。《菩薩善戒經》亦云：「渴法情重，不惜身命。」

世人為了世間的目標，尚且願意付出精進與勇氣，那我們為了正法為什麼不能呢？在求學正法的過程中，遇到困難是很正常的，此時不能脆弱，更不能退失信心，而應該依止「四依」來修行。

修出世間法所應經歷的苦行

往昔諸噶當派大德，有所謂的四依處：「心依於法，法依於貧，貧依於死，死依於乾涸之壑。」這是噶當大德留給後學的精華竅訣。

一、心依於法：心依於解脫法，而不是世間法。

二、法依於貧：修解脫法依於簡單的生活。古來大

大圓滿前行廣釋（七）附大圓滿前行實修法

德都是如此，是簡單生活成就了他們的修法之旅，而非豐富的物質條件。

三、貧依於死：過這種簡單生活直至死亡，不是求法時比較貧窮，成名後就開始過另一種生活。

四、死依於乾涸之壑：保證貧窮一直到死，一定要死在山溝裡。

這是上等修行人的修行準則。

修行人是分等次的，過去、現在、未來都是如此。像米拉日巴尊者，像噶當派諸位大德，像禪宗的眾多高僧，他們都是或居於山洞，或住在森林，或修建茅棚，一輩子都在修行，這就是上等修行人。他們的目標只有解脫，不理會世間瑣事，放棄一切，為求種種法，無怨無悔、永無疲厭地苦行，正如《華嚴經》所云：「頭目及手足，肌肉施無悔，求種種經書，心無有疲倦。」

像唐僧取經，也是以超乎常人的頑強毅力，經歷了九九八十一難，最終求得了正法。所以，如果我們要做上等修行人，就應放棄一切，一輩子都住在山裡。據說，如今在漢地的終南山、雲居山等地，就有許多這樣的修行人。藏地桑耶附近的山洞裡，也有許多隱士。我家鄉就有一個，他離家二十多年了，一直在桑耶修行。去年他母親死了，他回家超度。家人讓他住滿七七四十九天，他說：「我還是只待七天吧。」七天以後，他又回到了山洞。家人也不攔他，早就當他死了，

而他也從不聯繫他們。這就是上等修行人。

但很多人起初是上等修行人，放下一切，從來也不聯繫家人。可是過了兩三年後，關係就越來越密切了。不像真正的上等修行人，死時也死在山溝裡，如同米拉日巴尊者所說：「死時無人探望我的屍體，瑜伽士我就心滿意足了。」

不過，死後屍體無人掩埋，或許世間人覺得太淒慘。但實際上，人死後屍體怎樣處理都可以，根本沒有什麼差別。今天很多年輕學者去尸陀林看了，回來後有人說：「屍體被砍成一塊一塊的，再餵給禿鷲，太殘忍了，我死時可不願意這樣！」其實，天葬殘忍的話，火葬也好不到哪兒去。當屍體被烈火焚燒時，肉都被燒得嗞嗞響，一會兒工夫，就只剩下一點灰了，這豈不是更殘忍嗎？

其實，屍體送去尸陀林天葬，可以圓滿極大布施的資糧。很多人布施了一輩子，在生命完結之後，還用身體再作一次大布施，邀請那麼多禿鷲⑱來享用，這確實有很大的功德。所以，尸陀林的甚深意義，務必要深入學習才能了解，而不是用好奇心拍個照，就自以為是權威了。

這些現象，其實只是你們以前沒有關心過而已，若去關心的話，就會發現它有它的學問。像在古印度，有

⑱禿鷲在斷法中被視為空行母的化身。

大圓滿前行廣釋（七）附大圓滿前行實修法

許多密教隱士在八大尸陀林修行，這方面有很多精彩故事，以此可以了解印度文化、藏地文化，乃至佛教與生活相結合的方方面面。

世間法、出世間法不可兼得

如今有些人覺得，修法不需要絲毫苦行，在成辦今生俗事，享受幸福、快樂、名譽的同時，也能修成正法。甚至還有人說：「你看我上師就是最好的例子，不要說修行境界很高，對世間法也相當在行。不論是做慈善還是攝受弟子，什麼都圓融無礙，吃頓飯也能體現各方面的能力，太圓滿了！」

其實，怎麼會有如此兩全其美的好事呢？對每個人來說，出世間法好的，世間法肯定不好；世間法好的，出世間法肯定不好。自以為二者兼而有之的那些人，不管是你的上師、同修或是其他什麼人，只是世間法比較突出而已。

如果你覺得他各方面都很棒，那他也只是隨順你、隨順世間而已。但過於隨順世間的話，不可能具備真正的出世間法功德。凡是想世出世間法一舉兩得的人，就好像認為有兩個尖端的針可以縫紉；或者水火可以放在同一容器內；以及可同時乘騎向上向下行馳的兩匹馬一樣，顯而易見，這種情況是根本不可能實現的。

在這個世界上，不論從智慧、悲心、人格乃至各方

面考察，沒有任何一位補特伽羅，能勝過我等大師釋迦牟尼佛。但佛陀也沒有想出世出世間法同時成就的方法，因此猶如丟唾液般捨棄了轉輪王的國政，離開皇宮來到尼連禪河畔，在六年裡歷經苦行精進修行，期間每一年只喝一滴水，只吃一粒米⑲。佛陀還說過：「我於無量劫，具足修苦行，清淨諸業障，得勝智功德。」佛以自己的行持告訴我們：證悟絕非輕而易舉，想一邊享受世間，一邊獲得出世間成就，是不現實的。

既然佛陀都不能兼顧，那誰又有能力兩全呢？所以，作為修行人，我們不要太放逸，也不要太傲慢，自己應該知道自己的根基。

有些居士聽後，可能憂心忡忡：「如果世出世間法不能兼得，那我不放棄家庭和工作，是不是就永遠沒機會修行了？」

這倒也不是，我剛才所講的，是上等修行人。你做不到的話，也可以用次一點的標準要求自己。像昨天在論壇上，有些大學生很羨慕出家人捨棄一切，多年來在寂靜地聞思修行，作為一個居士，可能做不到這種上等修行，更做不到佛陀那樣的苦行。但我覺得，一邊學習、工作，一邊修行，也已經是難能可貴了。

不過，有些人不喜歡做下等修行人：「如果做不成上等，那我中下等的也不做，乾脆不修行了！」這種說

---

⑲《太子瑞應本起經》中講述了整個過程。

大圓滿前行廣釋（七）附大圓滿前行實修法

法有些偏激。就像做人，你若做不成最好的人，又不願做中下等的，那是不是人都不做了？或者像讀書，你讀不到前三名，就書都不讀了？很顯然，這種選擇是錯誤的。不能名列前茅，至少也要完成學業；做不了最好的人，做個差不多的也可以。修行也是如此，把能做到的做好，這才是最重要的。

還有人可能問：「世出世間法不能兼得，那怎麼理解六祖的『佛法不離世間覺』呢？」

其實，這句話可以從兩方面解釋：對上等修行人而言，他們獲得成就，並具有極高境界，雖已看破一切，但因悲心推動，還會以世間法度化眾生，這是菩薩的不離世間法；而我們凡夫人修行，因為不能純粹地修出世間法，所以在做中下等修行時，仍可以兼顧一部分世間法，儘管不一定能即生成就，但也會為來世積累資糧。

因此，對這些道理，大家需要多方面觀察。其實，對從小就學佛的人來說，一般不會有很多矛盾。但後來才遇到佛法的人，在原來固有的信仰上接受佛法，還是會經常冒出各種疑惑。在這個時候，系統聞思就顯得尤為重要了。

以米拉日巴尊者為例，說明世出世間法不能兩全

昔日，藏地的米拉日巴尊者，修行時口中無食、背上無衣，僅僅依靠蕁麻充飢。到了最後，他整個身體形

似骷髏，身上綠毛叢生，長滿吸血蟲，以致別人看到他時，都認不出是人是鬼。

尊者身上的綠毛，是吃蕁麻的結果。蕁麻，不知道你們吃過沒有？我小時候放牛經常見到，非常好吃。不過上面有刺，不小心扎到手很疼。尊者修行的地方蕁麻很多，吃完最初帶來的糧食後，他沒有再去化緣，好幾年中就吃這個。時間久了以後，他的衣服爛了，一片也不剩，毛孔和頭髮都變成了綠色。

有一天，一群獵人來到他的山洞前，被尊者的樣子嚇了一跳，大叫：「你是人是鬼？」尊者回答：「我是人，一個修行人。」獵人們幾天沒打到吃的，準備搶他的食物，但進洞裡一看，只有蕁麻，其他什麼都沒有。他們問：「你修行的糧食在哪兒？」尊者答道：「我的糧食早就吃完了，一直吃蕁麻，暫時還沒有得到別的供養。」

一個獵人問：「供養修行人有什麼好處？」尊者說：「可以給自己帶來福氣。」獵人輕蔑地笑道：「好，那我就供養你一次吧。」說完，他把尊者抱起來摔在地上。尊者本來就骨瘦如柴，這一摔讓他非常痛苦，但他還是對獵人生起悲心，不住地流下眼淚。

另一個獵人很同情尊者，勸那個人說：「你不要這樣做，你看他真是一位苦行者。即使不是，我們挨餓也跟他無關，你這樣對待他算什麼？」然後，這一群獵人

大圓滿前行廣釋（七）附大圓滿前行實修法

就離開了。

　　他們走了以後，尊者並沒有念惡咒，但也許是護法神的懲罰，或者是作惡的業報現前，不久以後，那個欺辱尊者的獵人因為一件事，被法官判處了死刑。除了那個好心的獵人外，其餘人也都受到了很重的處罰。

　　可見，因果確實是不虛的。你幹了壞事，當下不一定會感果報，但它已經埋藏在你的「基因」上了，這就是所謂的「業」。一旦這種業力成熟，必定會給你帶來痛苦。

　　因此，希望大家不要在因果面前充英雄：「無所謂，我來偷盜！我來殺生！」就像一個人主動吃毒藥一樣：「沒事沒事，我來吃！」等你吃完了以後，就算暫時無恙，但毒性一發作，也只有獨自承受了。實際上，因果真的很可怕，但很多年輕人，甚至包括修行人，還不明白它的厲害。

　　當然，這裡不是講因果不虛，而是講米拉日巴為了獲得出世間成就，怎樣捨棄世間一切，堅定不移、飽經滄桑精進修法。如《大莊嚴論經》云：「不作難苦行，不得一切智。」這個公案也說明了，世間法與出世間法不能同時成辦，不然，像米拉日巴尊者那麼聰明的人，以前學惡咒一學就靈，如果真有兩全之策，他又怎麼會做不到呢？

　　傳記中還記載：米拉日巴尊者在上師馬爾巴前求得

第一百零八節課

正法後，有次回了一趟家。當時他家的房子已經倒了，母親也早就過世了，他最喜歡的《大寶積經》被雨水淋得七零八落，幾乎成了鳥巢。傷心之餘，他把母親的骨頭作為所依，作了超度，並想把《大寶積經》供養給從前教他識字的老師。

可到了老師家，才知道老師也已去世了，就把這部經供養給老師的兒子。老師的兒子對他說：「既然你是馬爾巴的傳承弟子，就應該學你上師那樣享用明妃。不如你去弄一所房子，把你未婚妻結賽娶過來，繼承你上師的宗風，這樣不是很好嗎？」尊者說：「我沒有上師那樣的境界。大獅子跳躍的地方，小兔子自不量力跟著去跳，一定會摔死的。」

現在有些人對米拉日巴的苦行很不理解，覺得他為什麼非要拋棄一切？其實對不懂佛教的人而言，什麼話都會說，什麼話也都敢說。不要說對於佛教，就算是世間上，尤其是去了一些自由國家後，不少人瘋狂般地什麼都說，覺得自己能說點與眾不同的，才顯得特別有水平，但這有什麼意義呢？

所以，對於米拉日巴的傳記、對於很多高僧大德的傳記、對於特別有價值的歷史故事，不了解的話，千萬不要妄加評論。這一點，分別念重的人尤其要注意。像這次來參加研討會的人，希望你們以後要有公正的態度，不要把什麼都當成迷信，統統扔進歷史的垃圾箱，

不然，你到晚年時絕對會後悔的。因此，希望大家一定要有智慧，這樣才能分得清真與假。

以其他大德的公案，說明世出世間法不能兩全

此外，大成就者金剛鏡⑳，他在九年中只靠吃拉刻樹皮㉑修持正法，最後獲得了成就。

同樣，全知無垢光尊者，在桑耶青浦依止格瑪燃匝尊者時，數月中僅以三藏升糌粑和二十一顆水銀丸維生。下雪時就鑽進牛毛袋子裡，這個袋子既做衣服，又當坐墊，在出世間法方面歷盡苦行，終獲得非常偉大的成就。他的《七寶藏》、《三休息》等金剛語，引導了無數人走向解脫。所以，真正的修行人，肯定只能在世間、出世間中任選其一，二者絕對不可能並存。

其實漢地的大德也是如此，像蓮池大師，就是「草食勝空腹，茅堂過露居，人生解知足，煩惱一時除」。即以野草為食勝過空腹，以茅棚為屋勝過露宿，人生若懂得知足少欲，所有煩惱將一掃而光。相比之下，現在人的生活太複雜了，因為複雜，壓力就大，自己也越來越痛苦，始終不可能真正修行。因此，我們應該過簡單的生活。

還有，大梅禪師也是「一池荷葉衣無盡，數樹松花

⑳金剛鏡：又名梅龍多吉，是無垢光尊者的一位上師。他的傳記在《上師心滴·歷史寶鬘論》中有。
㉑拉刻是一種樹，藏地很多地方有，它的樹皮吃起來不傷喉嚨。

第一百零八節課

食有餘」。一池的荷葉，足夠做衣服還嫌多；樹上的松花，全當食物還綽綽有餘。他當年在山裡修行，很多年後，師兄得知他下落，欣然派人迎請。禪師就寫了兩首偈子以示推辭，從此消失得無影無蹤。可見，真正的修行人寧願死於山間，也不願墮入紅塵。

這些大成就者的故事，都有一段苦行經歷，非常令人敬佩。我們作為求學者，不管是求世間的知識，還是求出世間的境界，也應效仿這些先賢大德，過簡單的生活很有必要。否則，每天面對紛至沓來的信息，內心雜念紛呈，處在這樣的環境中，一定不會有真實的修行。所以，大家理應盡量抽出一些時間，淨化一下心靈。

我本人而言，這三四年來，儘管沒有苦行的因緣，但只要住在學院，下午就會把電話關掉幾個小時，清洗清洗自己的頭腦。就像電腦裡有許多亂七八糟的東西，過段時間如果不清除一下，就運行不動了。同樣，我們在這個世間上，有各種信息充斥著自己，假如不想辦法清理一些，時間久了就會出問題的。

所以，大家應該偶爾讓心靜下來，念個經，看點前輩大德的書，享受一下放鬆的生活。儘管我們沒有因緣像古德那樣永居山林，但即使是住在城市裡，只要有這樣一顆心，適當地調整一下，就算不能整天如此，也可以擁有一兩個小時的安寧。

總之，世出世間法不能兩全的公案相當多。往昔所

大圓滿前行廣釋（七）附大圓滿前行實修法

有的成就者，都是將今生的瑣事拋於腦後，歷經苦行、精進修持而獲得了成就。沒有任何一個人，是在成辦現世俗事的同時，順便修行而成就的。

世間法對出世間法的危害

現在有些人說大話特別厲害，口口聲聲是「看破、放下、自在」，可對大多數人而言，這句話只是口頭禪，真正能像古大德那樣做到的，可以說寥寥無幾。但即便做不到上等修行人，我們也應該做個中等，為聽法至少付出一些時間和精力，而不要天天追求世間享樂。

智悲光尊者曾說：「修行人若豐衣足食、住處舒適、施主賢善等樣樣具足，那正法還沒有成就之前，魔法已經成就了。」尊者說得非常非常好！一個修行人，適度擁有一些資具是可以的，但太過了就會變成障礙。有些人不光要求吃穿圓滿，住處也想要舒適，一間房子不夠要兩間，兩間不夠還要三間、四間、五間……今天建、明天裝修，找不到工人就自己來，整天叮叮噹噹的，這樣就太沒有必要了。

還有些修行人，施主經常給他寄錢。現在不像以前了，以前山上的修行人要到山下去拿，或山下的施主要到山上來送。可如今不用這麼麻煩，山上的修行人只要打個電話，山下的施主馬上往卡上劃款，款一到，修行人就可以享用了。對好的修行人而言，電子化和信息化

是一種方便，不用像以前一樣，為了一袋糧食要花好多天，現在有了這些順緣，便可以一心修行。但修行不好的人，好住處、好施主都成了散亂之因，依靠這些修不成佛法，反而先成就了魔法。

魔法是什麼呢？就是散亂，這是修行的大障。《大莊嚴論經》亦云：「愚者貪利養，不見其過惡，利養遠聖道，善行滅不生。」愚癡的人因為貪著利養，就見不到它的過患，最終，利養、名聲、財富等，讓他逐漸遠離聖道，乃至滅盡一切善行。

修行人貪著利養，也算是末法時代的象徵了。常有人問我：「某某修行人有別墅、有轎車，他是否是真正的上師？」這個不能一概而論。我不敢說全都不是，因為有些確實是大成就者，雖然具足財產，但毫無耽執；不過也有相當一部分是很耽執的，不知道因果利害，只是拼命地貪執這些，最終令自他全都墮落了。最可憐的還是那些供養者，因為福報不足，遇不到殊勝的功德田，他所遇到的「功德田」自己都不求解脫，怎麼會令他解脫呢？所以，經論中一再教誡：尋找善知識時，務必先觀察他是否具足法相。

當然，如果我們不是上師，只是一個修行人，也應該知道知足少欲，對修證而言，這是個很大的方便。否則，條件太好了，無論身處何地，對修行肯定不利，這也是不爭的事實。

不過，有時候不要墮入另一個極端。有些人剛學佛時，熱情高漲：「我一定要當個上等修行人，夜不倒單！」然後非要苦行，把衣服、用具全扔出去，刻意吃些差的飲食。如果你能永遠這樣倒可以，但這很可能只是一時的行為，正所謂「學佛一年，佛在心間；學佛兩年，佛在大殿；學佛三年，佛在天邊」，隨著信心的退失，苦行慢慢也消失了。

對我而言，特別佩服有長久道心的人，十年、二十年乃至有生之年，對佛法的信心不斷增上，對財產、名聲從不貪著，只是一味地護持佛法和利益眾生，這種精神非常可嘉。作為真正的佛教徒，希望每個人也能對照自身，好好斟酌一下這些道理。

其實，任何耽執，不論對財產還是對身體，對自己都是一種束縛。只有放下了，才會成就。《阿育王經》裡就有一則公案：有個修行人，雖然經歷了長久修行，但對飲食起居特別講究，故一直未能成就。為了調伏他對身體的愛執，優婆鞠多尊者將他帶進山裡，以神通化現一棵很高大的樹，以及一個深廣無比的大坑。

尊者說：「你若能一切都聽我的，我就為你說法。」他說：「好。」於是尊者讓他爬到樹上，先把兩隻腳放下來，他依教奉行。又讓他放開一隻手，他也照做，整個身體就靠一隻手懸著。尊者要他把最後一隻手也放開，他抗議道：「再放開的話，我就會墮坑而死

第一百零八節課

了。」尊者說：「說好一切都聽我的，不照做就不為你傳法。」

　　他想到此行目的，隨即把眼一閉，不顧一切把手放開，準備墮下去。正當他這貪愛之念去除的一剎那，樹與坑都不見了。從此，他不再執著色身，能夠放下一切。上師這才為他傳法，他精進地加倍用功，很快地就證得阿羅漢果。

　　所以，只有放下對身體的執著，精彩的世界才會展現在自己眼前。昨天在研討會上，有些老師就情感問題，也給年輕人做了些教誡，這些教言非常不錯。的確，欲界眾生本來情欲就重，再加上太執著，越執著就越痛苦，最後很可能選擇自殺。其實自殺是因為放不下，如果你了解一些無常的道理，比如，一切都在變，世間的欲妙不可能永遠不變，懂了也就放下了。否則，當變化出現時，因為放不下，就面對不了，面對不了就容易出問題。

　　同樣，修行人也要懂得放下。誠如夏日瓦格西所說：「如果從內心深處想修法，必須自心依於貧窮，貧窮一直到死亡。假設能生起這樣的意念，那麼，天、人、鬼三者必定不會使其為難。」若有了捨棄一切的心態，即使我們修行中出現違緣，也定會逢凶化吉。歷史可以證明，真正的修行人，沒有一個人餓死，也沒有一個人凍死。試想，倘若是個世間人，放棄工作很可能會

餓死，但修行人依靠上師三寶的加持、依靠護法神的護佑，就像米拉日巴尊者一樣，只要堅定地修行，衣食不但不成問題，最後還會獲得無上成就。

米拉日巴尊者如何修出世間法

米拉日巴尊者在山洞裡唱過一首道歌：

「我病無人問，若死無人哭，能死此山中，瑜伽心意足。」

意思是，我在這裡修行，生病時無人探問，死亡時無人哭泣，能死在這個山洞裡，瑜伽士我真是心滿意足。

可現在人的想法完全相反，病時若無人問津，就特別難過；死時不能得到妥善處理，也會死不瞑目。尤其是孩子已出家的父母，因為不信佛法，更是特別傷心。傷心什麼呢？「孩子出家了，我以後生病怎麼辦？死的時候怎麼辦？」其實生死有命，該活就活，該死就死，而且死了神識就走了，屍體處不處理都可以，這樣一想，心也就豁達了。不過，世間人很難真正想得開，尤其像尊者這樣的境界，並不是人人都能理解的。

「門外無人跡，室內無血跡，能死此山中，瑜伽心意足。」

意思是，我的門外沒有往來客人的足跡，洞內沒有

第一百零八節課

積累財產的「血跡」，能死在這個山裡，瑜伽士我心滿意足。

但現在的世間人，分別念多，家裡來來往往的人多，亂七八糟的東西多，老鼠也多。不像米拉日巴尊者，一心只是修行，洞內洞外乾乾淨淨。有一天，半夜三更來了個小偷，進他的洞裡摸索，這時尊者放聲大笑。小偷問：「你笑什麼？」他說：「我白天都找不到任何東西，你黑乎乎的怎麼找得到呢？」

傳記中還記載，對於尊者的苦行，他妹妹見了忍不住大哭，結果尊者在歡笑，兩種聲音在山洞裡交織，形成了強烈的對比。所以，真有如是境界的人，不論遇到什麼，即使是死在山裡，也依然是快樂的。

「何去無人問，此去無定處，能死此山中，瑜伽心意足。」

意思是，我住在這個山洞裡，想去哪裡無人過問，去處也不必固定，能死在山裡，瑜伽士我心意已足。

誰都喜歡不受約束的生活，想走就走，沒有領導，也不用說妄語請假。但對我們聞思修行的人來說，在尚未達到一定境界之前，最好不要脫離群體。

我們有些發心人員，也想像尊者那樣，過自由自在的生活，聽說其他上師好，就自行離開，去追求嚮往的修行之路。但離開以後，好多事情也未必如你所願，到

頭來只好到處漂泊，想進其他寺院，進不去；回家，家人不理，居無定所。這樣過了幾年以後，只有眼淚灑向大地了……

「腐屍為蟲食，血脈為蚊吸，能死此山中，瑜伽心意足。」

意思是，當我死了以後，腐爛的屍體為蛆蟲所食，血脈為蚊蟲所吸，能死在山裡，瑜伽士我心滿意足。

尊者的確是上等修行人，他的境界無人能及。我們儘管現在達不到，但也不必灰心，應該隨分隨力地修行。像在這次研討會上，從很多佛教徒的發言來看，大家都有利他心，有嚮往修行的心，這是難能可貴的。所以，只要在有生之年努力聞思，或者每天修一個小時的法，或者盡己之力去緩解一個眾生的痛苦，這些都值得我們努力，這也是佛教的精神。

雖然嚴格來講，必須放下對現世的貪著，不畏一切艱難地修行正法，但我們也要分析自己的具體情況。若是力所能及的，就應該努力行持；至於眼前做不到的，也可以發願並祈禱在將來實現。

庚三、不畏甚深法義之安忍：

當聽到甚深的空性實相，尤其是遠離勤作自性大圓滿實相的精要，超越善惡因果的十二金剛大笑、稀有八

句㉒等法語時，切切不可生起邪見，而應千方百計、毫不顛倒地受持其密意。

甚深法義，一般人是很難接受的。有些道理一講出來，的確令人生怖。比如，地獄眾生的心與普賢如來的智慧無別；地獄與天堂無別……其實，禪宗的很多教言也是如此，像《圓覺經》、《楞嚴經》裡對空性的描述，從未聞思過的人一聽，立即會引發內心的恐懼。但在這個時候，千萬不要生邪見，更不要去誹謗它，否則就會造下捨法罪，無數劫不能從地獄中解脫。所以，喬美仁波切說：「縱聞善德與惡過，地獄痛苦壽量等，以為非真起邪見，此罪勝過五無間，無解脫罪發露懺。」

往昔，兩位秉持十二頭陀行㉓的印度比丘，來到阿底峽尊者面前求法。尊者宣說人無我時，他們二人滿懷歡喜。但講到法無我時，二人驚恐萬分，說：「太可怕了，請您切莫如此宣講！」也許尊者是故意的，又給他們念《心經》：「色不異空，空不異色，色即是空，空即是色……」聽到這些詞句，二人雙手捂著耳朵跑掉了。

那兩位比丘走了以後，阿底峽尊者十分傷感地說：「如果沒有以慈悲心、菩提心修煉自心，對甚深法義不

㉒十二金剛大笑、稀有八句：在《七寶藏》之《句義寶藏論》，以及法王晉美彭措的《直斷要訣釋》中有明釋。
㉓十二頭陀行：十二杜多功德。即：持糞掃衣、但持三衣、但持毳衣、但一座食、次第乞食、不作餘食、處阿蘭若、常住樹下、常露地坐、常住塚間、長期端坐、隨處而坐。如此十二種苦行，佛家用以針對修治貪著衣食居住，抖擻煩惱之行，名頭陀行。

大圓滿前行廣釋（七）附大圓滿前行實修法

起誠信，僅僅靠護持一分清淨戒律，是不能獲得任何成就的！」

切莫誹謗甚深法義

其實，那兩位比丘的行為，就是對甚深法的怖畏。現在人都喜歡福報、慈善、和平之類的話題，一聽這些就覺得佛教很好，可是一講空性般若的意義，他們就「不和平」了，這也是畏懼甚深法義。

當然，接受不了是正常的，但若去誹謗就造大罪了。台灣有個法師引用《阿含經》、《別解脫經》的教證，在網上宣揚密宗的咒語非佛說，很多言論特別可怕。我看過他講的道理，大多是斷章取義。比如，六群比丘給施主念咒消災來化緣，釋迦牟尼佛就制止他們，並規定比丘不可持咒來迷惑他人。這位法師便把這段話拿來否定密咒，卻不看佛講這段話的前因後果。然後，他就以這些似是而非的理由，認定楞嚴咒等咒語也是後人所造，並非佛陀親口所說。不然的話，佛陀就會自相矛盾，自打嘴巴。

所以，智慧尚未成熟的人，無論是佛教徒、非佛教徒，很容易造下謗法的可怕罪業。其實關於大乘佛法，一般凡夫俗子是無法測度的。就像個一年級的小學生，從未學過量子力學，卻站起來要推翻它，能不能成功呢？絕對不可能，反而會讓懂的人覺得可笑。因此，對

大乘佛教一無所知的人，不要隨意誹謗，否則決定趣入惡道。誠如《入大乘論》所言：「誹謗大乘法，決定趣惡道。」

現在很多世間人及小乘行人，從未真正研究過大乘佛教，口口聲聲說這個地方不對，那個地方不對，釋迦牟尼佛怎麼怎麼……說實話，真讓他學一品《中觀根本慧論》，他恐怕也學不懂。但這些人特別傲慢，這種傲慢是愚癡的傲慢，並不是真有功德。他們對佛教一知半解，想指出大乘佛法的過失，是絕對不可能的，肆意誹謗也只是自己造業而已。他真有依據的話，可以找一些格西、堪布辯論，但我想不用三分鐘，他的思想就被推翻了。這種人不要說今生失敗，來世也只有一個結果：墮落。往昔佛陀在世時就有許多增上慢比丘，聽佛講甚深空性時，生起邪見，口吐鮮血而亡，並墮入地獄。

所以，希望任何人都不要誹謗大乘，誰誹謗了，就肯定只有墮落。這種因果關係，就像在化學實驗中，H與O結合會產生水（H_2O）一樣，當你誹謗的O原子，與自身惡意的H原子都具足時，墮落是毋庸置疑的。

當然，反過來也一樣，假如我們轉變自心，也可依靠相應的因緣而成辦快樂。有人懷疑三寶的加持，其實當你具足信心和祈禱，再加上三寶的加持，有些事情就會看似巧合地成功。但為什麼有人祈禱了，事情卻並未成功呢？這還是因緣不圓滿，有些方面具足，有些方面

大圓滿前行廣釋（七）附大圓滿前行實修法

可能不具足。比如，我為成辦一件事而祈禱三寶，三寶加持的元素肯定存在，但因為我業力深重，受到過去因緣的制約，事情並不會成功。所以，在因果方面，用這些道理思索一下就會明白。

總而言之，我們應當對甚深正法，以及宣講空性法門的人，從內心深處生起恭敬誠信。倘若因為智慧淺薄，實在生不起信心，盡力斷除誹謗也格外重要。否則，佛法雖對每個眾生都有利，可若倒入被染污的法器中，良藥也會變成劇毒。如《大乘密嚴經》云：「空性隨應說，不應演非處，若演於非處，甘露即為毒。」

不過，有些人雖然接受不了妙法，但也不誹謗：「反正你學你的，我不懂也不說什麼。」有個居士的丈夫，就是這個態度，你學你的佛，我抽我的煙、喝我的酒。儘管抽煙喝酒也是造業，但畢竟沒有誹謗佛法，所以也算明智的選擇。最可憐的，就是那些稍有智慧、但智慧又很淺薄的人，他們最愛說佛法的是非、看出家人的過失。其實沒必要造這種口業，這種業是很可怕的，還是應該盡量斷除。

總之，學法不能停留在表面上，而應當落實在行為上，竭盡全力制止惡行，尤其是千萬不要誹謗大乘佛法！

第一百零八節課

第一百零九節課

現在繼續講行菩提心，行菩提心的學處是六度，今天講第四度——精進度。

己四（精進）分三：一、擐甲精進；二、加行精進；三、不滿精進。

這三種精進，任何一種都是懈怠的違品，都是增上智慧的助伴。也就是說，精進能對治懈怠，智慧能遣除癡暗。反之，一個人如果不精進，懈怠就會隱沒他的善心，癡暗則會遮障他的智慧光明，如《大智度論》云：「懈怠沒善心，癡闇破智明。」

在座各位可能都有這種經驗：本來想做善事、修善法，也想改變自相續，可是懈怠心一來，修行就被推後了；貪嗔癡等煩惱現前時，智慧也慢慢被削減了。這對凡夫人來講，其實是一種規律。雖然這一點很難克服，但我希望通過每堂課的學習，大家都能增加一些精進，有一些進步。

不過，佛法要靠緣分，抓不住機緣的人，聽多少年法也很難與法相融，而一旦抓住了殊勝因緣，短短時間也可以改變命運。就像禪宗很多大德，他們依止善知識的時間並不長，或者像法王如意寶，在石渠依止托嘎如意寶也只有六年，但後來卻呈現了這麼偉大的事業。儘

大圓滿前行廣釋（七）附大圓滿前行實修法

管法王與凡夫不同，但在顯現上，也是在如理依止上師以後做到的。

所以，只要把握好了，哪怕是聽一堂課，哪怕是短時間的修學，也可以改變一個人的心態。只要心態調整好了，有了善心善念，語言和行為自然會被引入善妙的方向，因為它們畢竟是心的奴僕。

庚一、擐甲精進：

當聽到諸佛菩薩的事蹟，以及往昔印、藏、漢地的聖者前輩，為求正法歷盡苦行的傳記等，不要認為「他們是佛菩薩的化現，是真正的高僧大德，所以能做到那樣的苦行，而我們凡夫俗子怎麼能做到呢」，進而懶散、懈怠，在放逸中虛度時日。

我們應當知道，實際上，他們就是如此修行而獲得成就的。像米拉日巴尊者，從他的傳記來看，起初他的確是一個業力深重、地地道道的凡夫人，但通過依止善知識，通過苦行，當上師的教誡融入相續以後，終於成為歷史上最偉大的成就者。其實，這樣的大德在歷史上比比皆是，像六祖禪師、慧遠大師、全知無垢光尊者……因此，我們應當思維：「作為他們的追隨者，雖然不能勝過他們，但只要精進的話，也必定能獲得同等的成就。」

《大智度論》亦云：「勉強而勤修，穿地能通泉，

精進亦如是，無求而不得。」只要努力勤苦地去做，鑿地挖井，最後一定能湧出甘泉；精進也是如此，一無所求則一無所得，只要精進地求取佛法，就一定能獲得成就。這一點，在很多修行人身上體現得非常明顯，根據各自精進的差別，每個人所獲得的智慧、悲心，以及修行境界都不相同。

進一步來說，高僧大德也需要夜以繼日精進苦行，那我們這些為深重業力所迫、為無明煩惱所困、無始以來輾轉輪迴未曾修持過正法的人，為什麼不需要苦行與精進呢？肯定更需要！一定要常常這樣提醒自己，勸勉自己。

當然，剛出家的人一般都很精進，剛學佛的人也是如此，但這些只是偶爾性的，起不到什麼作用。真正的精進，並不是兩三天不睡覺，而要有恆常性，這種精進才能啟發智慧，圓滿一切善行。

明白這些道理以後，如今我們已獲得具有十八種暇滿的人身，又有幸值遇具足一切法相的具德上師，而且也聽受了甚深的顯密教言，具有如理修習正法的緣分，此時此刻怎麼能不歷盡苦難，不惜拋頭顱、灑熱血，誠心誠意來修持正法呢？應該有這樣的勇氣和信心，這就叫擐甲精進。

當然，上述因緣並不是人人都有的。很多人也想成為真正的修行人，但有些未值遇正法，很困惑；有些雖

大圓滿前行廣釋（七）附大圓滿前行實修法

已值遇正法，但未遇到善知識，很迷茫；更多的人是不具足暇滿，或被十六種無暇㉔所束縛，因此沒有修行的機會。然而我們與之不同，我們已有了格外殊勝的因緣，這樣的話，為什麼不精進呢？如果你能精進，也並不是修不成的。

脅尊者依精進而成就

在精進方面，脅尊者就是最好的典範。尊者住於母胎60年，生下時已是鬚髮皆白，80歲他捨俗出家，有年輕僧人取笑他：「出家有兩種事業，一要修習禪定，二要諷誦經論，但你如此老邁，什麼都做不了，這不是到佛門裡濫竽充數、飽食終日嗎？」

聽到這些，尊者立誓說：「我若不通三藏教理，不斷三界欲惑，得六神通，具八解脫，終不以脅而至於席。」從此，尊者夜不倒單誦經、習定，經過三年苦行，最終通達三藏並獲得聖果。後人景仰他常坐不臥，兩脅從未接觸席子，故稱他為「脅尊者」。而曾經取笑他的人，不但沒有通達三藏，更沒有獲得聖果。尊者僅用幾年精進便超越了他們，所以自古以來，修行人精進與否，在成果上確實有天壤之別。

當然，僅用一生就超凡入聖，是很難的，但是修到

㉔十六種無暇，在本書的前文中，曾引用無垢光尊者的《如意寶藏論》作了系統闡述。

一定的境界，比如臨死時毫無怖畏，應該不成問題。而且，如果能精進行善，生生世世會感受快樂，將來也必定獲得涅槃。如《正24法念處經》云：「若勤不休息，如是作善業，彼則常受樂，後時得涅槃。」

我們作為欲界眾生，一點不休息是不現實的，但也不能老是休息，否則，養成習慣就不像修行人了。有些人沒有特殊的病，也沒有做特別累的事，卻總是抱怨「我特別累，特別苦」。其實，就算是螞蟻、蜜蜂、蚯蚓，牠們為了生存也不停奔波，那我們作為人，而且是為了弘法利生在做事，此時付出一點又何必叫苦叫累呢？

其實，修行人行善，本來就需要精進。《入行論》中也說，精進的本體，就是喜歡行持善法。假如整天泡在網上，天天到卡拉OK又唱又跳，就算三天三夜不吃不睡，這也不叫精進。因此，希望大家不要辜負暇滿人身，要用它為後世、為涅槃而精進，這才是智者所為。

要知道，只有智者才精進行善。我們看看周圍的人，有些天天忙來忙去，忙什麼呢？都是無意義的瑣事。而智者只做有意義的事情，既對今生有意義，又對來世有意義；既對自己有意義，又對他眾有意義。

現在人口口聲聲要進步，但僅僅是自相續的進步是不夠的，從大乘佛法的角度來看，還應該想到他眾；人們也常說「可持續發展」，但只想著今生，幾十年以後

大圓滿前行廣釋（七）附大圓滿前行實修法

就不管了，這樣的發展，從生命的延續來看，並不是真正的可持續；還有就是所謂的「可行性」，說可以這麼說，但只為自己、不顧他眾的做法，其實是不可行的，也是不可信賴的。

因此，真正的智者會為自他著想，並為此而精進。如《大寶積經》云：「智者常精進，勤修清淨道，離苦得安樂，諸佛所稱歎。」智者恆時精進地修持清淨之道，令自他都離苦得樂，這種行為不僅是世間人，乃至十方諸佛菩薩都會讚歎。所以，我很羨慕精進的人，不論是聞思修行，還是發心，精進者是很讓人隨喜的。

其實，精進者與懈怠者，雖然表面上差不多，你也吃飯，他也吃飯，但即使是在吃飯時，精進者也能同時觀修或者發心，而且睡覺也不多，可以說，他與懈怠者有很多不同。不信的話，你和他住一個房間看看，晚上他一直打坐，中間只睡一會兒，你早上起來他還在坐著。為什麼會這麼精進呢？因為他對人身難得、壽命無常、輪迴痛苦等生起了堅定信心，於是就不願意浪費時間了。

所以，精進是一切善法的根本。如《大智度論》云：「一切諸善法，乃至阿耨多羅三藐三菩提，皆從精進不放逸生。」這裡講的擐甲精進，就是先發下誓言以作鎧甲：「我一定要努力聞思修行，有生之年決不懈怠，為證佛果、為度群生，立志苦行。」有了這種擐甲精進以後，還要作加行精進。

庚二、加行精進：

很多人心裡有求法、修法的念頭，但行為上一直拖延、觀望，今天不行，明天；今年不行，明年、後年……始終修不了法，「明日復明日，明日何其多」，在這樣的狀態中耗盡了人生歲月，非常可惜。因此，我們必須斷除這種懷著修持正法的願望而虛度人生的現象。

以前藏地有一位著名的哲白蓮大師，他說：「人生猶如屠場畜，過一瞬間死亦臨，今復明日久蹉跎，終於榻中呼號矣。」他把人生幾十年，比作屠宰場裡的旁生臨近被屠宰的短暫過程，其實這並不誇張，我經常引用這個比喻。《六度集經》裡也有個教證：「人命譬若，牽牛市屠，牛一邁步，一近死地。」意思是一樣的：我們人的生命，就像一頭牛被牽去屠宰，牛每向前走一步，也就與死亡更接近一步。「人得一日，猶牛一步……晝夜趣死，進疾無住。」人每活一天，就像牛走了一步，就在日夜更迭中趣向死亡，非常迅速，而且片刻也不停留。

過生日的時候，大家都會唱：「祝你生日快樂，祝你生日快樂……」然後端出蛋糕，鼓掌、歡笑。但你想起這個道理，那就成了：「祝你死去快樂，祝你死去快樂……」會觀察的話，人跟犛牛的確沒有差別，從死亡那一點上來看，過一年就接近一年，過一天就接近一

天，乃至分分秒秒在靠近。

因此，我們一定要刻不容緩地修持正法，就像懦夫懷裡鑽進了毒蛇，或者美女頭上著火一樣急不可待，要徹底放下今生世間的一切瑣事，毫不遲疑地致力於佛法。

這裡用了兩個比喻。第一個，美女本來就愛惜頭髮，頭上著火了，她肯定不會讓它燒，「明天再撲吧」。《親友書》中云：「頭或衣上驟燃火，放棄一切撲滅之，精勤趨入涅槃果，無餘比此更重要。」《十住毗婆沙論》亦云：「晝夜精進，如救頭燃。」毒蛇的比喻也是如此，膽小的人不要說毒蛇，就是小蟲爬到身上也怕得要命，若是懷裡進了毒蛇，絕不會說「明天再扔吧」，然後繼續開心地吃喝（但是國外有些人好像喜歡毒蛇，還把毒蛇像項鏈一樣纏到脖子上，讓牠穿來穿去，一點都不怕，不過這是特殊情況）。同樣，聞思修行也是這麼緊迫，不能說「明天再做吧」，就這樣一直拖著，而務必要精進，要捨棄一切瑣事地精進。

否則，紅塵的瑣事沒完沒了，昨天做的今天要做，今天做的明天也要做，明天做的後天還要做⋯⋯一直持續不斷、此起彼伏，猶如水的波紋一般，始終空不出一個修法的時間來。其實，你一旦下定決心放下的話，瑣事也就完結了，誠如全知無垢光尊者所說：「世間瑣事死亦無完時，何時放下即了乃規律。」又說：「所作所

第一百零九節課

為如兒戲，做無終了放則了。」

歷史上有很多出家人，正因為看透了這些，所以才選擇了出家。當然也有逃避的，遇到種種挫折以後遁入空門，有這種現象。但你不能說「我不是逃避，所有出家人就都不是逃避」，這種推理不正確，雖然你不是，但別人不好說。同理，也不能說「他是逃避，故所有人出家都是逃避」，這也不通，因為有些確實是看破了。

在看破一切所作所為、嘗盡酸甜苦辣以後，毅然決然選擇出家之路，這種選擇是有道理的。即使世人不理解，也只是不同的生活環境，不同的價值觀、人生觀所致，並不是選擇本身錯了。其實仔細想一想，瑣事確實是做不完的，什麼時候放下了，什麼時候也就了了。

親鸞上人幼年出家

這個道理很深，但真正懂得的人，並不在年齡大小，下面就講一個小和尚的故事：

日本有一位親鸞上人，就像中國的慧遠大師，他是日本淨土宗初祖。上人自小父母雙亡，9歲時，因為對死亡懷有恐怖，他看破世間的一切，到慈鎮禪師面前請求出家。聽了他講述的理由，禪師很讚許，說：「好，我願意收你為徒。不過今天太晚了，明天來吧，我給你剃度。」但小親鸞說：「師父，我年紀尚小，雖然今天有出家的心，但不知明天這顆心是否還在；您的年齡也這

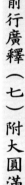

麼高了，怎麼保證明天起床時還活著呢？」師父聽了拍手稱善，當下給他剃度了。

類似的公案，《釋尊廣傳》中也有很多，都是著力宣說修行的緊迫。昨天晚上有一個人站在我門口，可能等了很長時間，說要出家。我說：「太晚了，過兩天再剃吧。」但他不像小親鸞，也沒說「怎麼保證過兩天您還在啊，怎麼保證我出家的心還在啊」，他倒是很聽話：「好好好，我也是這麼想的。」然後開心地走了。

不過學院是有規定，出家前要考察一段時間。藏族有種說法：晚上入睡的心態，早上就消失了。所以，用些時間考察是有必要的。剛來的人，一般都會有些頓然放鬆的感覺，很想出家，甚至像佛陀那樣自己就把頭髮剃了。這些人中，有些還可以，多年後仍是清淨的出家人；但有些不行，沒過多久就生煩惱了，想起了家裡的這個、那個，這件事、那件事，然後就回去了。

但不管怎麼樣，要修行就要放下一切。即使不能像親鸞上人那樣，自小便看破一切，但當生起想修正法的心念時，應當以無常來激勵自己，一剎那也不懶懶散散、拖拖拉拉，而要當機立斷地修持正法。

以上講的就是加行精進，簡單來講，就是在修法上勤奮努力。這裡所謂的「修法」，並不是單單指聞思修裡的修法，而是廣義上的修法，除了聞思修以外，像守持淨戒、弘法利生等，都叫修法，都需要精進努力。

第一百零九節課

聞思修與利他相結合

在所有的這些修法中，對一個大乘行人來講，利益眾生是最重要的。因此，要將聞思修與利他相結合，二者都要精進。

如果修行人與世隔絕地聞思修行，固然有好的一面，可以專注求學，但從另一方面來看，這有點像東方的教育，很容易因為欠缺實踐而導致高知低能。若能借鑒西方教育中的邊學邊做，把聞思修與利他結合起來，這樣在短暫的人生中，佛法既融入了自己的相續，也融入了社會。

前些日子開「青年佛教研討會」，我邀請法師們參加，有些法師比較開放，也參加了，但有些稍微有點排斥，擔心這個、擔心那個，我想是沒有必要的。其實就真正的佛法而言，以它的包容性，完全可以融入社會的各個層面，但問題在於，是修行人自己把自己束縛住了。像我以前在山溝裡聞思，跟社會隔離，不願意與人接觸，但現在融入社會以後，不但沒有退失聞思和修行，反而還增上了信心與悲心。

所以，在聞思修的同時，哪怕能為一個眾生種下一個善根，也值得精進。

有些人說：「要幫的人、要做的事太多了，哪有那麼多精力？我還是好好修吧，修行才是真的。」如果是上等修行人，那我也非常佩服、讚歎，但對一般的修行

大圓滿前行廣釋（七）附大圓滿前行實修法

人來講，聽到可憐的聲音也置若罔聞，那便失去了很多行善的機會。

《讀者》裡有一則故事很打動我，故事說：退潮的時候，岸邊的小坑裡困了好多小魚，太陽一出來，水被蒸乾以後小魚就死了。這時沙灘上來了一個小男孩，他撿起小魚，一條一條扔到海裡。有人笑他說：「到處都是小魚，你撿得完嗎？再說，你救與不救，有誰在乎呢？」小孩並不理他，繼續撿、繼續扔，每扔一條他都說：「這條小魚在乎，這條小魚在乎……」

我也有這種感覺。就像這個小孩，我知道自己能力有限，不可能幫助所有的人，但如果一年能幫到十個，那這十個人肯定會在乎的。我並不圖什麼回報，但對受助者來講，也許點滴的幫助，就有改變命運的機會。

大家想一想，如果我們只顧自己聞思修行，那外面那些可憐人怎麼辦呢？研討會上有一個大學生說：「即使不能救護所有無助的人，但將資源整合以後，一定能利益到他們中的一部分人。」我非常贊同這個觀點。一個大學生都有如是見解的話，那學大乘佛法的人，怎麼能不精進利他呢？

其實，利他就是修行。讓修行跟生活相結合是有必要的，否則，即使你脫離紅塵一直修行，臨終時也不知道是否有把握。就個人而言，我現在做的也算是利益眾生，但是否能因此讓世間變得美好呢？我沒有把握。如

第一百零九節課

果業力現前疾病纏身時，是否能依靠修行遣除病痛呢？我也沒有把握。所以，多方面行持善法是有必要的。

尤其是，這一精進度，本身是行菩提心的學處，要行持精進度，就不僅要自己精進修學，同時也應該精進利他。當然，在利他的過程中是會遇到些困難，比如種種誤解或說法，但這些都是很小的事情，我想大家應該能面對。

庚三、不滿精進：

所謂的不滿精進，就是說，當自己在閉關修行、觀修本尊、誦經念咒、行持善法等方面稍有成就時，千萬不能以此為滿足，而務必要發誓：活到老，修到老。在沒有獲得圓滿正等覺果位之前，我們的精進，必須像湍急的河流般，做到持久、猛厲。

其實不說長久的努力，就是一天的精進，也是很有價值的。《法集要頌經》云：「若人百歲中，懈怠劣精進，不如一日中，勇猛行精進。」如果一個人活了一百歲，但始終懈怠度日，那還不如在一天中勇猛精進。一天儘管是很短的，但如果利用好了，比如行善時身心踴躍、精勤不輟，則功德是很大的。

所以，大家聽課時應該有一些「力氣」，不要躺著、靠著，要好好坐著。不要老是看錶，「三寶加持，快下課啊」，而應該積極進取，發願「這堂課我要盡力

學好，然後運用所學調整自相續、利益眾生」，以這種心態在一堂課裡精進，進而一天都精進，乃至活到老精進到老，這樣才非常有意義。

行善要有計劃

在精進行善的過程中，還要有計劃。正如聖者前輩所說：「修法的時候，要像飢牛食草那樣。」飢餓的犛牛，吃草時總是前一口沒吃完，就盯著下一口。修法也是同樣，在前一個法沒修完之際，就應該計劃好：此法修成以後，再修某某法。

現在我正在講《前行》，講的過程中心裡也有計劃。比如，講完之前我要同時開講《釋量論》，而講完之後，我還要講……反正我心裡還有好多準備，這個法，那個法……

有些道友在世間法方面很會規劃：我先在這裡修個房子，修完以後，在那裡再修一個，然後把這個賣了，再到那裡修一個……其實不要規劃這些。我們來學院是為了修行，在這裡發展房地產沒有意義。如果你要發展，就在三點上好好發展：弘揚佛法、利益眾生、調伏自相續。在這三個方面，你有多少能力就做多少事，而且要安排好以後的計劃。以前法王如意寶說過，他在世間法方面沒有任何計劃，但在修法、弘法方面就有很多，比如兩三年之內，要做什麼什麼。

上師的教誡很重要，尤其在今天，弘法利生方面的規劃是非常需要的。我在台灣、香港、美國都見過一些道場，不僅利生事業廣大，而且都有長遠的規劃。當時我還在想：這些事業雖然很不可思議，但實際也是人做的，應該是在個別發心廣大的高僧大德的主持安排下，將眾多力量匯聚以後實現的，否則，無因無緣不可能成辦。

所以，不論是小的還是大的善法，都要善於規劃。

不要「放下」發心和聞法

就個體而言，利益眾生的機會是很難得的，所以在發心過程中，不要因為一點小事就想退，想放下。有些人想方設法把發心「放下」了，但放下善法的人，煩惱卻沒放下，這樣對修行沒有任何利益。我覺得發心並不是負擔，比如學院裡的有些發心人員，每天發心不過4小時，一週有168個小時，減去28小時，還剩140個小時，所以，發心不會耽誤你的聞思修行。

外面學會的人，有的也說課程緊，很忙很累，但我這邊一個禮拜就三堂課，《前行》、《般若》、《淨土》，每堂課1小時，一共3個小時。168小時減掉3小時，還有165個小時。這165個小時，你睡也好、吃也好、做世間法也好，夠用的了。聞法修行就3個小時，而且一個是主修，一個是兼修，一個是不修也可以，怎麼

大圓滿前行廣釋（七）附大圓滿前行實修法

會累得要死呢？我想來想去還是弄不懂，為什麼你們對出世間法會有那麼大的意見？

你們都知道善法的利益，但有了聞法修法的機會，為什麼要排斥呢？為什麼要閒散度日呢？其實不論是發心還是聞法，在你行持的過程中，應該一天比一天精進，這才是一個真正的修行人。持明無畏洲尊者也說過：「越趨近死亡，越精進修持善法，這是修行人未被違緣所轉的標誌。」

有些人起初特別精進，但越往後越不修法，甚至全部放棄了，這就是被違緣轉了。與其如此，倒不如開頭只是適當地精進，然後隨著對佛法越來越了解，聞法或發心越來越精進，而且是長期精進，越接近死亡越精進，這才是最好的修行人。

上師也要修法

不僅是一般的修行人，就是上師，也應該精進行持善法。

對有些公認的大修行者或賢善上師，常有人阿諛奉承說：「您老人家是如來的化身，是某某大德轉世，是文殊菩薩、觀音菩薩、大勢至菩薩、彌勒菩薩、地藏王菩薩、黃財神（諸佛菩薩都占盡了）……您肯定不需要磕大頭，肯定不用誦經念咒、積累資糧、淨除罪障等，因為您是聖者，這些是我們凡夫才做的。」放生的時候，有

些弟子也不讓上師抬魚筐，「上師您不要拿、不要拿，我來我來」，「上師您不要累著，就站在那邊吧」……

這些人並不知道所謂「上師」到底是什麼意思。其實，在尚未得到佛果之前，每個人都需要積累資糧，因此，弟子也不要給上師開綠燈：「上師您儘管懈怠，您造惡業沒事，讓我們精進吧。」其實，上師也要修行的。

但有些上師被奉承之後，自己就認為：我確實已如何如何了，什麼修行也不需要了。對這些人，無等塔波仁波切說：「自以為不需要修行，是更加需要修行的標誌。」

這又是一個竅訣。《大圓滿前行》很重要啊！希望大家每年都能看一遍。我的講記太廣了，要這樣看可能有點困難，但以後也許會成為歷史資料，過了21世紀，到22、23世紀時，也許有一定的意義和價值，現在還說不清楚。但你們應該把《大圓滿前行》當作修行手冊，好好依止它修行。前段時間我印了一部分，在外面作獎品用，這樣也很好。

剛才說到上師也要修行，其實不說一般的上師，就是印度的阿底峽尊者，在行善方面也非常精進。他每天都要不斷地調和土粉做泥塔小像（擦擦像），眾眷屬勸他說：「您老人家是一位偉大的上師，整天擺弄土粉，別人會譏笑您的，而且您也很辛苦，不如讓我們來做

大圓滿前行廣釋（七）附大圓滿前行實修法

97

吧！」阿底峽尊者回答：「你們在說什麼，難道我所吃的食物，你們也替我吃嗎？」

尊者的話看似尖銳，實則是切中要害的教誡。不懂佛法的弟子，見上師積累資糧時就去阻攔，好像怕上師累著，其實這是不合理的。如果上師真是佛的化身，你不用提醒他，他自己知道該不該做，不該做的，是不會做的。所以，佛陀何必要凡夫來教誡呢？如果上師不是佛的化身，那他需不需要積累資糧，我們都心裡有數，因此更不應該去阻止了。

有時候，也許是弟子恭維上師吧——「上師您可以吃肉，您是諸佛菩薩的化現，您吃了以後，肯定能超度牠們。您只要吃一口，牠們肯定會往生極樂世界的……」這樣說，不見得有真實意義。

在未獲得圓滿佛果之前，我們每個人，包括十地菩薩，都有要清淨的業力與習氣、要獲得的上上功德，不能自認為：「我已經是上師或法師，我已經學了五部大論，以後不用學了。」其實這些還遠遠不夠。因此，絕不能只是空閒性或偶爾性地修法，而要力求做到對正法無有滿足。

不滿足才可以進步，這一點很重要。但很多人只是在空閒時才修法，天氣好一點，心情好一點，就一邊喝咖啡一邊修修法，而遇到痛苦、違緣，甚至天氣不太好，就不修了。真正的修行人不會這樣，他們苦也好、

樂也好，發心做事也好、出門坐車也好，不論何時何地，佛法都一直在心裡。

長期精進

總之，能否獲得佛果，唯一依賴於精進，我們一定要勤奮努力實行這三種精進。一個人雖然具有上等的智慧，但如果僅有下等的精進，那他只能成為一個下等修行人；儘管只有下等的智慧，但如果具備上等的精進，也必定會成為一名上等修行人；如果毫無精進，那麼儘管具有其他功德，也無濟於事。（這些道理要仔細看，我說再多也無濟於事，就算飛到天上，也無法把我對精進重要性的認識，傳入你們的心裡。）

全知無畏洲說：「無精進之士，具智財權力，皆不能救彼，猶如一商主，有舟無船槳。」沒有精進的人，儘管具有智慧、財富、權力，但這一切都不能救護他，猶如去大海取寶的商主，雖有船卻沒有船槳，也不可能到達寶洲。不具精進的人也是如此，即使其他什麼都有，也仍得不到佛果。

因此，我們不管在何時何地，一定要做到飲食適量、睡眠適度、孜孜不倦、持之以恆地精進修行，就像彎弓射箭一般要不緊不鬆，不是一會兒緊一會兒鬆。有些人明天考試了，今晚就熬夜不睡覺；明天考完試，把法本扔到一百公尺以外，「呼呼呼」一直睡到第二天下

午。若只是這樣空閒性、偶爾性地修法，那不論是聞思還是修行，是不會有任何成就的。

華智仁波切的金剛語，希望大家要記住。現在很多人的修法，的確是空閒性和偶爾性的。我本人而言，也不是誇自己，多年來不管到哪裡，學法也好、修法也好，散亂的現象有是有，但與某些熟悉的人相比，還是有一點差別。

聽了這堂課以後，明天可能很多人會早起，「一定要精進，不精進不行」，但也許一個禮拜後，他們又倒下了。這樣是不行的，不能偶爾性地精進，要長期性地精進

第一百一十節課

六度已經講了四度，今天講第五度——靜慮度。

己五（靜慮）分二：一、靜慮之必要；二、真實靜慮。

庚一、靜慮之必要：

靜慮，也就是禪定。修持禪定，對出家在家的行者來講，都非常重要。如果一剎那也沒有入過禪定，心很散亂，那即使一天到晚在理論上劃來劃去，也無法真實改變相續。《菩提資糧論》云：「眾生諸煩惱，皆以亂心生，是故勝智者，曠修諸禪定。」眾生的煩惱，都是從亂心中產生的，所以，一切智者都應認真持久地修持種種禪定。

我們可以看到，愛修禪定的人，心一般比較清淨，生活中不會有煩惱、痛苦，也不會有煩心事。因為透過禪定的力量，當心入於一種清淨狀態時，外面的世界也變得美麗了，生活自然充滿快樂。而不修禪定的人，心則容易散亂，常常被浮躁、焦慮、痛苦、傷感等情緒所控制。尤其是現代人，總是忙忙碌碌地追逐外境、不懂內觀，這樣煩惱就會此起彼伏，使人生深陷痛苦。因此，修習禪定是很有必要的。

遠離散亂　依止靜處

修習禪定的話，有很多要求，首先要遠離散亂。如果不避開喧囂散亂的環境，依止寂靜處，那麼相續中不可能生起禪定，所以最先遠離散亂，對每一位修行人來說十分重要。

學院裡的多數道友，可以說具足這個條件，已經離開了散亂，也住在寂靜地，因此，當聽到這些道理時一定會覺得相應，並有修持的機緣。而住在城市裡的人，就算你不能離開那些地方，也可以想些辦法，比如就用自己的房間，或修間佛堂，或到其他什麼地方，定期不定期地修習，這也算創造了一些相同的因緣。

《發菩提心經論》中講過：「修禪定故，不受眾惡，心常悅樂，是名自利。」修習禪定的緣故，不會遭遇種種惡緣，心常常處在愉悅歡喜當中，這就是禪修所帶來的自利。該論又云：「教化眾生令修正念，是名利他。」有人認為修持靜慮只能自利，其實也不是，從調伏自心的角度是自利，而通過觀修、發願迴向等清淨心態，也可以幫助眾生，間接實現利他。

遠離親友

修禪定的人，還要遠離親友。此時應思維：「凡是聚集，均是離別的本性。如父母、兄弟、夫妻、親友等，甚至是與生俱來的身體，終有一天也將分離，既然

如此，貪執無常的親友有什麼用呢？」

對世間人來講，出家人拋棄親友是很殘忍的，也不慈悲，但從無常的角度來看，相聚本來就是短暫的，更何況，割捨這些是為了尋求真理。所以，儘管世間人暫時不能接受，但歷代的很多大德都是這樣做的。

從諫和尚不認親生兒子

唐朝有一名從諫和尚，壯年時出家修行。唐武宗會昌五年，佛法被毀，僧尼被迫還俗，但他想法躲了起來。後來唐宣宗恢復佛教，他又回到了原來的寺院。

有一次，他俗家的兒子來到寺院打聽父親的下落，二人在門口相遇。幾十年都過了，兒子已不認得父親，他問道：「請問，從諫大師在哪裡？」他明明知道是自己的兒子，但故意指向東南方，兒子便向東南方去了。兒子走了以後，他就關起門來再也不出去，永遠沒有再見到兒子。

這些在世人眼裡，也許是無情和殘忍的，但作為尋求解脫者，還是需要的。為什麼呢？還是那個道理，親戚也好、朋友也好，終有一天會別離，那時候也不免要痛苦。

或許有人說：「受這種教育，會出家的，這不是害了他們嗎？終身大事會有問題的。」但不管有沒有問題，真理就是如此，選擇真理就要放下這些。

寂光大師一生獨自修行

　　出家之路也並不是逃避，從歷史上看，雖然是有逃避的現象，但大多數的修行人，的確是看破了世間以後，才走上了這條光明之路。因此，在思維並了達親友的過患以後，應該捨棄一切貪戀，恆時獨自靜修。正如寂光大師所說：「獨自一人修佛果，道友二人修善緣，三四以上貪嗔因，故我獨自而安住。」

　　寂光大師，是米拉日巴尊者的大弟子，在跟隨尊者學法之前，曾是一個特別富貴之人。有一次他要騎馬過河，尊者也恰巧在河邊，請求他帶自己過去，但他並未答應。當他來到河中間時，卻突然發現尊者腳不沾水地行在水面上，先過了河。他不由得生起極大信心，來到尊者面前懺悔，還說要把自己的妹妹以及財物等供養尊者，但尊者並未接受。

　　其實，尊者頭一天就做了一個夢，夢到空行母送來一個20歲上下的年輕人，說是他的心子，讓他好好攝受。就這樣，尊者攝受他以後，傳授了修行教言，而他也在尊者面前發下重誓：終生只著一衫布衣，不穿皮製靴子，永遠不回家鄉，永遠不貯存超過兩天的食糧。從此他依誓而行，成為尊者弟子中最能看破紅塵的一位。

　　記得在米拉日巴尊者圓寂時，空行母準備迎請尊者的舍利到清淨剎土，這時惹瓊巴哀求她們留下舍利，利益尊者在人間的弟子們。但空行母說：「你們這些大弟

子們，已經得到了最殊勝的舍利，都親見法身了，還要這些色身舍利作什麼？如果還嫌不夠，可以祈請尊者，尊者自然會給你們的，但這些是我們的。」後來弟子們又作祈請，空行母手中放光，將舍利降下，但在大家伸手去接的時候，又被空行母收回去了，並化作寶塔。此時寂光大師又請求留下寶塔，為人間的眾生作福田，但在寶塔中顯現的米拉日巴尊者說「若留人間終毀滅……」，還是沒有同意。最終，尊者在為他們傳授了教言之後，被空行母迎請去了清淨剎土。

據記載，米拉日巴尊者涅槃以後，寂光大師在山洞中苦修至圓滿境界，最終不捨肉身而飛往空行剎土。那麼，就是這樣一位了不起的大師，他的教言是什麼呢？「獨自一人修佛果。」

惟則禪師獨修四十載

不僅是藏地，漢地也有很多這種修行人。唐朝的佛窟惟則禪師，少年出家，在浙江天台山翠屏岩的佛窟庵修行。他用落葉作房頂修建茅棚，渴了喝清水，中午就以野果充飢，禪修不輟。

後來有一個樵夫路過，見到這個老和尚，好奇地問：「您在這裡住多少年了？」

禪師答道：「大概有四十年了吧。」

樵夫又問：「那您是一個人在此修行嗎？」

禪師點頭道：「叢林深山，一個人在此都已嫌多，

要那麼多人作什麼？」

樵夫問：「您沒有親朋好友嗎？」

這時禪師一拍手掌，從茅棚後面出來許多老虎、豹子等猛獸。樵夫很驚恐，禪師說：「你不要怕。」然後示意牠們返回，並接著說道：「我的朋友很多，大地山河、樹木花草、蟲蛇野獸，皆是法友。」

樵夫對禪師生起信心，祈求攝受，禪師也為他傳授了教言。從那時起，慕道者不斷，而禪宗裡也有了佛窟一派。

從以上這些大德的行跡來看，他們都是遠離親友，獨自修行，的確令人景仰。現在我們要修行，如果一個人不敢去森林裡住，尤其是女眾不方便，那就兩個人：一個人護關，一個人閉關。三四個人以上，就多了，搞不好會成為煩惱之因。

遠離對財富的貪欲

除了親友以外，對財富的貪欲，也是靜慮的障礙，而且是一切罪惡的根源。人們一般認為，貧窮的時候人會吝嗇，有了財富就會大方。可實際情況是，不論擁有多少財產受用，人始終不知滿足，並且隨著財產的增多，吝嗇心也越來越增長。如頌云：「何人具財彼吝嗇。」又云：「愈有愈貪如富翁。」因為貪欲的力量，越富有越感覺貧窮，就像富翁一樣，雖然他的財富很

多，但捨不得自己用，也捨不得布施。

這種人即使擁有再多飲食、財產及受用，也只會招來怨敵、盜賊的損害等痛苦，可以說，除了受苦造罪、消耗人生以外，再沒有什麼別的了。如龍猛菩薩所言：「積財守財增財皆為苦，應知財為無邊禍根源。」如果是一個修行人，為了積累、守護、增長財富，就不得不散亂於各種事務，這對解脫一定有障礙，《妙法聖念處經》亦云：「散亂之行，輪迴之根。」

可見，要獲得快樂與解脫，一定要遠離財富。所謂「無財之時離怨敵」，離開了財富，也就離開了怨敵。有錢的人白天晚上都很苦惱，而一旦出家，怨敵和強盜也就遠離了，從此過上清淨、安樂的生活。如《妙法聖念處經》云：「清淨之行，安樂之本。」

要知道，解脫是從清淨的心態中產生的，當你身處憒鬧、散亂，或被財富所困時，是永遠也得不到的。因此，希求解脫的人，千萬不要追求財富，也不要住在憒鬧的地方，應當遠離紅塵，追隨古代大德的足跡，居於靜處。如《佛本行經》云：「欲求解脫者，莫依眾憒鬧，天帝釋以下，敬禮獨靜者。」那些在寂靜之地長久修行的人，不說世間人，就是帝釋以下的天人，也會向他頂禮膜拜，而他的一切所為，也都會如願以償。

當然，在家人想遠離城市，不一定有機緣，但只要心清淨，盡量讓生活簡單化，就很好了。千萬不要過於

執著財富和欲樂，如《大智度論》云：「諸欲求時苦，得之多怖畏，失時懷熱惱，一切無樂時。」這和前面的意思一樣，求的時候痛苦，得的時候怖畏，而失去了又會滿懷懊惱，所以「一切無樂時」，依靠財物或欲樂，任何時候都得不到快樂。

有些人覺得不對，他認為有錢就會快樂，可以享受，「你有錢花不完給我，我來花，有錢才有快樂人生……」，其實也不是。就用一般人的生活作個例子，假如你有十萬塊，那買輛車，應該很快樂。但買了以後要保養，還要找停車的地方，聽說一個車位就要十五萬，低於十五萬，就沒有地方停車。所以，錢有了還要有，要不斷地填進去，這對一個工薪階層來說是特別苦惱的，但也是事實。而如果很富有的話，雖然車位不是問題了，但他會有別的更苦惱的事情。

因此，當物質越來越豐厚時，人們的心裡會越來越浮躁，而快樂也就漸漸遠去了。

當然，修行人也不能過於極端：「遠離一切財富，不要貪，要看破、放下！」光說漂亮話也解決不了問題。只要你知道錢財的過失，不過於貪執它，然後過一種適度的生活，這樣就可以了。要完全斷絕五欲的享受，斬斷跟財富之間的任何牽連，一方面不需要，一方面也做不到，就算嘴巴上說得再厲害，但實際行為上要像古德那樣，住茅棚、住山洞，千分之一、萬分之一有

沒有？非常非常罕見。

因此，現在對我們最重要的，就是首先了解佛教所闡述的真理，懂得從佛教的觀點來看，一切財富並無實質的意義，這樣之後，人們就不會像以前那樣，完全變成錢財的奴僕。

其實從財富對一個人的真實價值來看，即使你擁有南贍部洲的所有財產受用，也只是滿足你一個人的衣食而已，只能吃、穿、用，再沒有別的什麼了。然而有些人無論如何富足，也是捨不得吃、捨不得穿，所以，對他們而言，那些不顧一切罪業、苦難、惡語所得來的財產，既葬送了自己的今生，也斷送了後世。

人的一生很短，但有些人為了微薄的財物，不顧羞恥慚愧，不在乎人倫道德以及長久情誼，也不考慮正法和誓言，甚至都不顧惜生命，始終以貪財、貪食、貪利來過日子。就像厲鬼尋覓食子一樣，從來沒有享受過一天悠閒自在、幸福安樂的日子，就在忙忙碌碌當中，人生的旅程已經走到了盡頭，非常可憐！

《正法念處經》云：「貪心著財寶，不覺死時至。」一個人因為貪著財寶，不知不覺中死亡已經降臨，但他至死都毫無覺悟。想一想也令人傷心：用盡一生的精力和時間，最終卻一無所得。誠如龍猛菩薩所說：「富貴雖樂，一切無常。」富貴雖然快樂，但都是無常的。「五家所共，令人心散，輕躁不定」，你的財

大圓滿前行廣釋（七）附大圓滿前行實修法

富其實並非你一人所有，是被五家㉓所共用的，而且，因為貪執的緣故，心始終得不到片刻的寧靜。

一看歷史就很清楚：前幾十年曾經是富人，但轉眼變成了什麼？人死以後，財富又歸誰所有？無非都是無常的道理。除去無常不說，最可悲的是，這些人為了財富不知慚愧，還造下種種罪業，要感受更多的痛苦。包括現在的人，為了一點利益，不顧佛法和誓言，什麼壞事都幹得出來，但得到了又能怎麼樣呢？死後還不是全部留在人間。因此，真正值得追求的是精神財富，這才是真正的財富。只可惜，懂得這一點的人並不多，更多的人只重視一時之利。

我們看看周圍的世界，人們普遍的價值觀是什麼？同時也看看自己，對財富、對生活的真實看法是什麼？和以前相比，現在是否有些改變？……要知道，學習佛法並不是為了給人講，而是要首先反觀自心，提升自身的佛學修養。如果能做到這一點，當我們接觸財物，或者置身散亂時，才知道如何對治貪執，也才會心甘情願過知足少欲的生活。

知足少欲就是修行，但這種修行不是一天兩天、一年兩年的行持，也不是膚淺地過個簡單生活，而是要有根植於內心的認識作基礎。否則，一旦財富等各方面因

㉓五家：王、賊、火、水、惡子。《大智度論》云：「勤苦求財，五家所共，若王、若賊、若火、若水、若不愛子用，乃至藏埋亦失。」

緣具足時，又會隨波逐流，這不叫修行人。修行人應該長期聞思修行，僅憑最初的「看破」，是不會有真實收穫的，因為修行的路很漫長，而在這條漫長的道路上，讓自己不退轉是至為關鍵的。

當然，「知足少欲」是對修行人的要求，不是要求世間人。但是，明智一點的世間人也應該看到，其實數數積累財富，不僅讓人忙碌並空耗一生，而且很有可能為此送了性命，使自己死在利刃之下，畢生的積蓄都被怨敵等侵占，白白浪費掉了。所以，對大多數人而言，財富多數是被浪費了，而自己享用的並不多。

那自己能得到什麼呢？就是在積累財富過程中造下的重如高山的罪業，這些罪業都將在前面等候著，導致自己遙遙無期地漂泊在難忍的惡趣之中。所以，如果你在經濟上稍微寬鬆一些，那就應該趁著今世還自由自在的時候，為來世儲存一些精緻的資糧。

這個道理，我經常用「手機充電」來說明：比如你的手機昨天充了電，今天就可以用，而為了明天能用，今天應該再充。如果今天不充，雖然今天還能打，但明天以後就不行了。同樣，我們今生所擁有的錢財、地位或者受用，絕對都是前世的福報所帶來的，而以後變成什麼樣子，就看今生的努力了。

對將來毫不關心的人，是極為愚癡的。這樣的人，不積累資糧、不修善法也可以，但不要整天造業，否則

大圓滿前行廣釋（七）附大圓滿前行實修法

來世就被毀了。就像世間的愚人，殺人放火一時逞凶，卻落得終生被囚禁在監獄裡，毫無自由。因此，真正有智慧的人，最關心的是來世，願意為來世修積資糧，而今生今世，僅僅能夠飽腹蔽體就知足了。

其實要積累資糧，發心利他是最大的功德，所以發心不應該退失。不過，有些發心人員剛開始還興致勃勃，但兩三年過後，本質就顯露了，「為利一切眾生而發心」的心態已經沒有了。

也許有人想：「我為某某上師發心，為某某道場做事，但這不一定是在利益眾生吧？」

其實不該這樣想。剛來的時候我也想過，學院是上師如意寶的道場，我為學院做事，比如講課或者發心，好像只是在為上師的道場服務，跟我自己以及其他眾生都沒有多大關係。實際上並非如此，因為，任何一位佛菩薩在利益眾生時，都是通過一條主線來實現的，比如阿彌陀佛，在顯現上，他也是先建立自己的道場，進而以此利益無量眾生。所以，我們為上師、為道場服務，也是在利益眾生。

不過有些人想是想利益眾生，但他不想依靠某某寺院或某某大德，而是想擁有自己的道場，或用自己的力量來弘揚佛法。如果你有這個能力，當然可以，但我以前也發現，有些人想獨立自主，最終卻「獨立自滅」了，沒有成功。為什麼呢？因為自己的福報不夠、發心

第一百一十節課

不夠、能力不夠、資源不夠⋯⋯有好多好多「不夠」，可以說種種因緣都不具足。

如果離開了因緣，不說大事，就是小事也成辦不了。比如修一間房子，別人能修，看上去很簡單，那我也修一間。但是，修房子也要具足種種因緣，別人有的如果我沒有，那就修不成。所以，別人能做的，我不一定能做到。再比如說，看別人炒股發財了，自己也跟著炒，但沒有福報的人可能連本錢都回不來，然後流下長長的眼淚⋯⋯

因此，無論修行還是發心，都要有耐心。但很多人沒有，五年六年、十年八年以後，就覺得可以了，「我已經做了多少多少年，了不起啊，可以退出了」，其實這足以看出一個人的心態是否堅定。沒有堅定長久的心態，做什麼都很難成功。

也許有人覺得，換一換可能會好一點，換個道場，換個上師，換個教派⋯⋯但你這樣換來換去，最終會落得什麼下場呢？也許有極個別人像米拉日巴尊者那樣，修大圓滿不成就，修大手印反而成就了，這種現象有是有，但對一般的修行人來講，換來換去的，最後連方向都找不到了。所以，修行一定要有耐心，依止寂靜地也要有耐心。

總之，從最根本上來講，作為一個修行人，如果你的心全部耽著在財物、名聲等世間法上，內在的修行就

大圓滿前行廣釋（七）附大圓滿前行實修法

沒有希望了。因此，隨時隨地都要祈禱上師三寶，讓自己的心進入正確的軌道。否則，沒有福分的人，經常會產生各種惡分別念，這樣不知不覺方向就模糊了，甚至會走向懸崖，有這種危險性。

遠離凡愚

此外，想修靜慮的人，還要遠離凡愚友伴，也就是一味追求今生利益的人。這種人只顧今生，不顧來世，追尋真理的人和他接觸以後，就會毀壞道心。如《經律異相》云：「寧入投炭爐，從山投幽谷，生犯七步蛇，不與愚從事。」修行人寧可將自己投入火爐，從懸崖跳下，被七步蛇咬死，也不可與凡愚相處。《入行論．靜慮品》對此還有更廣泛的描述。

如果幫助利益這些凡愚，反而會受到對方的加害，他們就是這樣恩將仇報，無論你怎麼做、怎麼隨順，都無法合他的心意，很難取悅。如果你超過他，他會心生嫉妒；假設他勝過了你，他又會用盡方法輕蔑藐視你。與這種人不管相處多久，都只會增長罪業，滅滅善業，因此，我們一定要遠遠地避開他們。

那這樣會不會犯菩薩戒呢？不會。寂天菩薩的菩薩戒可謂圓滿，我想沒有人能超過他了，但寂天菩薩在《入行論》中也反反覆覆強調：遠離凡愚惡人。既然如此，我們又有什麼能力去接近他們呢？有些人好像很慈

悲，「這個壞人可憐，那個壞人可憐」，還故意靠近他們。其實這就像把毒蛇裝進懷裡，當你被咬死時才會醒悟：「噢，原來對毒蛇不應該生這種『悲心』。」但那時已後悔晚矣。

因此，如果是求世間法，凡愚也許對你有些幫助。但如果要求解脫、要修行，那一定要遠離這些只有損害而毫無助益的人，只有遠離了他們，你才能真正得到解脫和快樂。

遠離交際

很多人喜歡交際，殊不知交際也是障礙。比如農業、工業、商業、文化等，參與這些而與人廣泛交際，在繁多的事務中散亂，這對修持靜慮的人來講，就是憒鬧。有些人樂此不疲，但即便終日忙忙乎乎，收益也很微薄，所以再精勤也沒有實義。

有些人認為，扶親滅敵是值得做的。但就算值得做，也是做不完的。像美國，天天想制伏「怨敵」，但「怨敵」是無邊無際的，就算你制伏一個國家，削弱了敵軍，但另一個國家的敵軍又出現了，所以永遠消滅不完。而扶助親友也一樣沒有盡頭，今天幫這個、明天幫那個，每天都做這些，一方面很累，另一方面，這種世俗層面的幫助意義也不是很大。

捨棄一切而修行

所以，作為一個真正的修行人，應當了解所有這些事務都無有了結之時，應當像丟唾液一樣，拋棄一切瑣事及散亂，背井離鄉、奔赴異地、居於岩洞、與野獸為友、調順身心、捨棄衣食名譽，就在無人的空谷中度過人生。

當然，這是上等修行人的行為，大多數人是根本做不到的。有個人背著包去山洞，但沒住兩天就回來了，因為他怕老虎。其實老虎倒沒來，只是到了晚上，野兔在山洞邊上跑一跑，他就以為是老虎、猩猩，從此再也不敢去了。但以前的高僧大德不同，他們離開故鄉，永遠居住在山洞裡，只以野獸為伴，真正是捨棄了一切名聲、地位、財產。

對此我們只能隨喜和發願了。我年輕時也嚮往過，但現在看不一定能實現，可能在座的道友也差不多。不過，現在人一般都貪戀物質享受，到山裡住幾天、幾個月也許可以，但要十幾、二十幾年長期住下去，甚至死在山洞裡，這種人不會很多。

然而，當不成上等修行人，做個中等的也可以，只要盡量減少瑣事，抽些時間修解脫法，只要不跟凡愚同流合污，該上班就上班，該做什麼就做什麼。不要一激動就馬上離婚辭職，住進山裡，這樣是不負責任的。如果你從此成了上等修行人，佛陀也會開許的，但多數人

第一百一十節課

只不過是一時衝動而已，好像「看破」了，但根本維持不了多久。所以，選擇怎樣的修行之路，一定要慎重。也許這種慎重，對你的出家或修行是一大違緣，但以智慧抉擇為先導，也是經論的意趣。

當然，如果是真正的修行人，依止寂靜地以後，種種善根自然會生起來，如米拉日巴尊者說：「無人山谷岩洞中，恆具出離厭世心，上師乃為三世佛，強烈信心永不離。」意思是，在無人的山谷岩洞中，因為寂靜地的加持，我恆時具有出離心和厭世心，對世間瑣事毫無興趣，但我深深知道，傳授我甚深竅訣的上師，是三世諸佛的化身，對此我恆時懷著強烈的信心。

對尊者而言，這種信心是永遠也不會離開的。不像有些人，今天有、明天沒有，有信心就對上師好一點，關係不好了就誹謗、說過失，甚至拋棄，然後尋找第二個上師；但找的第二個上師也不投緣，又找第三個上師；和第三個上師的關係暫時還可以，但隨時都會出問題，隨時都會離開……這種依止方式是不對的，前輩大德絕對不會這樣，他們在依止了具相善知識以後，無論在何時、何地、何種情況下，信心都不會退轉。

尤其像米拉日巴尊者，他不僅視師如佛，而且恆時居於寂靜地。其實寂靜地的確有不共加持，像信心、出離心、菩提心等，很多善心都自然具足。而一到城市，就我個人來說，好像什麼感覺都消失了，善心時而有、

時而沒有，對三寶的信心、對解脫的嚮往也都很弱。每天念經也是迷迷糊糊的，邊念邊打瞌睡，念完了書放到一邊，也就結束了，就像例行公事一樣。但一回到寂靜地就不同了。

特別是學院，可能是上師如意寶的加持，或者是自己的緣分，在其他靜處或山洞，不知道為什麼，我個人感覺都不如學院。所以在外面傳完法以後，我都趕緊跑回學院，一到學院，很多方面才恢復過來。

雖說每個人的狀況不同，但一般來講，一個人到了靜處或寺院以後，心裡自然而然會對三寶生起信心，對解脫生起強烈意樂；而一旦棲身於浮躁的城市，貪嗔等煩惱便會強烈湧現，有了煩惱，善心也就泯沒了。因此，米拉日巴尊者在視師如佛的信心中，恆時住於山洞，直到圓寂為止。

這些聖者修行的地方，一般都很偏僻，看上去也令人傷感，但「於令人傷感之處可生起靜慮」，這也是事實。以前我去拉薩的桑耶青浦等地，到了無垢光尊者、智悲光尊者的山洞時，剛開始覺得住不下來，不說長期，就是一晚上都很困難。但住下來以後，感覺就不同了。如果是豪華賓館，住進去是很舒服，但在舒服當中，卻生不起禪定來（這些道理，在去年去五台山的一些經歷裡，也跟大家講過）。所以，我們應該棲身於靜處，這樣自然會生起出離心、厭離心、信心、清淨心、禪定等一切

功德，希望大家都盡力而為。

寂靜地之功德

要知道，寂靜林間是往昔諸佛菩薩獲得寂滅之地。在這些地方，既沒有憒鬧、散亂，也沒有農務商業，遠離凡愚友伴，與飛禽走獸朝夕相處，喝的是清淨的泉水，吃的是天然的樹葉，可以說是安樂無比，並且覺性會自然澄清，等持也會自然增上。

宋朝就有一位懷志禪師，他謹遵師命，不接受各種邀請，在寂靜山裡修持了二十多年，可謂「萬事看破、萬緣放下」。他的傳記在《緇門崇行錄》裡有，大家可以參閱。看到這些禪師及密宗大德的傳記，確實會讓人生起極大的信心，他們在這些寂靜地方，依靠清泉和水果充飢，一生修行到底。

讓我們也這樣苦行，可能很難，但作為修行人，飲食上不應該太挑剔，只要吃飽，吃得衛生就可以。但有些人可能太有「成就」了，碗也不洗，鍋也不洗，這樣也不合理。尤其是在各個部門發心做飯的人，個人衛生非常重要，如果穿著不乾淨，手又那麼髒，那做得肯定不好吃，誰都會有這種感覺。

而且，為僧眾供養齋食，也不要想什麼就做什麼，應該懂一些營養學，稍微調配一下，這樣大家都很歡喜。不要每天就弄一個，天天都一樣。錢財上也差不了

大圓滿前行廣釋（七）附大圓滿前行實修法

多少，稍微變變顏色、變變花樣，作為菩薩，關心大家的胃口還是有必要的。

當然，十個人就有十個要求，要滿足所有的人，誰也做不到。而且有些人特別挑剔，這個不好吃、那個不好吃，不餓的話，什麼都不好吃。但不管怎麼樣，現在的修行人也應該關心一下營養學，依靠藏醫、中醫或者西醫，保護這個身體也很重要。同時也要注意天氣的變化，比如在藏地高原，什麼時候穿什麼衣服啊，怎麼保暖啊，這些都要懂，這樣對修行有幫助。

總的來講，修行人要懂得中道，做什麼都不要太過。有些人懂一點中醫，就天天「紅蘿蔔要配什麼……」，除此以外也不考慮修行，這就有點過了，要求太高了。但也不能太愚癡，什麼都不講究。所以，做任何事情都不要墮入兩邊，這個非常關鍵。我們是學中觀的，其實中觀的意義很多，如果用在這裡，就是不要偏墮。

剛才前面講了寂靜地的功德。在寂靜地，既沒有怨敵也沒有親友，心很清淨，這樣自然會擺脫貪嗔之網，並具足眾多功德。《正法念處經》云：「若在山樹下，常修習禪觀，則得清淨智，遠離一切過。」如果在寂靜的山裡或樹下，常常修習禪定和勝觀，則能獲得清淨的智慧，並遠離一切過患。觀修什麼呢？人身難得、壽命無常、無上密法的境界都可以，只要心清淨，智慧就很

容易打開。

有人總抱怨：「上師，我太笨了，智慧打不開，您給我吹一吹，加持加持。」其實，當一個人的心能清淨下來，並且常常專注於真理的話，智慧自然而然會打開的。如果整天想一些亂七八糟的事情，不但打不開智慧，還會越來越迷惑。

此外，《月燈經》中還說：不要說親自住在寂靜處，甚至懷著去往靜處的願望，僅僅朝那一方向邁出七步，也勝過在恆河沙數劫中供養十方諸佛的功德。比如我人在成都，心裡想著五台山，並且朝那個方向邁了七步，就是這個功德，也非常不可思議。

有人說：「某某人已經到了寺院，本來想出家的，但後來被家人捆著塞進出租車，帶回去了，好可惜哦！」其實也不可惜，因為他想到寂靜地出家，而且走了不只七步，已經到那裡了，好多步了，所以功德非常大。

在殊勝的寂靜地，行住坐臥的一切威儀自然會善妙。如佛經云：「居於深山勝靜處，一切威儀皆成善。」即便沒有刻意精進行善，可是厭離心、出離心、慈心、悲心等功德會油然而生，所作所為也自然全部成為善法。在喧鬧地方竭力制止卻難以阻擋的貪嗔煩惱，到了寂靜處也會自然減少，相續中很容易生起諸道功德。

大圓滿前行廣釋（七）附大圓滿前行實修法

這一點，我想很多人都有體會。有的人以前在城市裡，煩惱特別深重，什麼惡事都做，但來到寂靜地出家以後，完全判若兩人，跟馬勝比丘沒什麼差別，走起路來好像眼睛都閉著，非常寂靜。（眾笑）

總之，以上講的這些，都是靜慮的前行法，因此是至關重要、必不可少的！

第一百一十一節課

昨天介紹了修靜慮的必要，對此一定要認識清楚。我們都知道，欲界眾生的心剎那不住，始終散亂、耽著於外境，因此得不到真實的快樂。古代禪師們常以禪悅為食，而現在人如果也能修習禪定，不僅可以讓身體健康、精力充沛，還能保有良好心境、打開智慧等，有許多世出世間的功德。

而不修禪定的人，每天忙忙碌碌為飲食奔波。這種人形象是人，但其實與餓鬼無別，如佛陀在《諸法集要經》中說：「若不修禪定，唯營求飲食，當知如是人，則同諸餓鬼。」

因此，每天都要修禪定。藏地有許多這樣的修行人，他們在林間、岩石間或山洞裡閉關，一修就是十幾、二十幾年，乃至一生；漢傳佛教裡，尤其禪宗一派，也有許多禪師是這樣的。這種修行，也許我們都做不到，但每天禪修一會兒是可以的。比如，早上起來以後，打打坐、靜靜心，清理清理分別念的垃圾；下午或晚上，也可以定時不定時地，抽十分鐘到半小時參禪修定。

如果參禪很累，修不動，那也可以念咒。比如觀音心咒、文殊心咒、金剛薩埵心咒、阿彌陀佛名號等，這些心咒或名號的功德極大，靜下心來好好念，也很殊勝。

現在學院有閉關要求，是在下午的固定時間。據我

大圓滿前行廣釋（七）附大圓滿前行實修法

了解，大多數人修得很好。但也有個別人，就在那個時間去提水、買東西、轉佛塔⋯⋯這樣不好。共修很重要，而且時間是規定好的。剛才也說了，不會修的可以念咒。但如果你不願意修，也不要擾亂別人，別人要修，而且很珍惜這個時間。

外面的佛友，也應該抽出一定的時間修行，不要一直拖延：「我明年再修，後年再修⋯⋯」這樣「明日復明日」，是永遠也修不成的，因緣成熟時當下就要修，而且越早越好。

不論修加行還是念咒語，現在很多人心比較堪能，這是個好現象，一定要精進修行。我們知道，人生如秋雲轉瞬即逝，不珍惜的話，等「病危通知」一到，想把病痛轉為道用就難了。但如果你平時努力修持過，那時候就會很坦然。

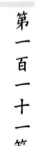

庚二（真實靜慮）分三：一、凡夫行靜慮；二、義分別靜慮；三、緣真如靜慮。

辛一、凡夫行靜慮

耽著明、樂、無念的覺受，為追求這一目標而觀修，就叫做凡夫行靜慮。

這種靜慮，總是帶有一種耽著。要麼耽著明明清清的感覺；要麼耽著沒有任何念頭；要麼就耽著很快樂、很舒服，但又說不出來的感覺。安住在這些境界中的行人，一

般都不願意出定。對此，《禪定休息》裡也有一一分析。

其實這種境界並不高，因為它耽著禪味。所以，禪修的人要會觀察，如果落入這樣的境界，那你所修的，很可能成為色界或無色界之因。世間禪定與出世間禪定是有差別的，這一點，《大圓滿心性休息大車疏》、《上師心滴》等密宗教言，《瑜伽師地論》、《菩薩地論》等顯宗論典中都有說明。因此，你到底修的是什麼禪定，一定要弄清楚。

現在很多寺院裡都有禪修，也有不同的修法，但有一點你要明白：我們應該修的，是斷除輪迴根本的真實禪定，而非耽著明、樂、無念的凡夫行靜慮。

辛二、義分別靜慮：

雖然遠離了對禪味的耽著，但卻執著空執對治品而觀修，就稱為義分別靜慮。

修這種靜慮時，觀一切萬法為空，沒有明、樂、無念，什麼都沒有，只是空蕩蕩、空悠悠。對初學者而言，這種觀修非常重要。因為從無始以來，我們就一直耽著萬事萬物是實有的，並因此流轉至今，現在要對治這種「有」的執著，「空」的執著就成了最好的方便。所以，麥彭仁波切在《定解寶燈論》㉖中說：對於初學者

㉖《定解寶燈論》云：「此乃一切初學者，無有錯謬之入門，口說最初即斷此，乃是散布魔密語。」

大圓滿前行廣釋（七）附大圓滿前行實修法

而言，空執是唯一無謬的入門之道，如果說一上來就要捨棄它，這是散布魔語。

那這種「空」的執著是否究竟呢？不究竟，它只是暫時的階梯。如《中觀根本慧論》㉗所說：佛陀說空性法門，是為了遣除一切見，而如果對空性起了執著，那就不可救藥了，就像藥已經變成毒一樣。因此，參禪時首先了解這個靜慮，是非常關鍵的。

不過，現在很多禪修的人，安住的就是這種狀態。以前上師如意寶常講這樣一個公案：伏藏大師列繞朗巴曾對意科喇嘛說：「你知道嗎？現在多科和色達一帶很多禪修者，修的都是色界之因。」另一位大德聽到後，問：「既然您知道，為什麼不遮止呢？讓他們進入最真實的狀態多好啊！」列繞朗巴大師開玩笑說：「我不敢得罪他們啊，因為我的很多施主都在那裡，得罪了他們，那我以後靠誰養活呢……」

有時候我也發現，外面的確有很多不如法的禪修，之所以沒有說，只是覺得，讓某些寺院或大德不高興的話，也沒有必要。有些法師對成千上萬人講的禪修之理，一聽就知道只是色界之因，不能斷除輪迴，但很多人卻不明白。因此，大家以後不論求智慧、求禪定，首先要通達一些佛理，這樣才能睜開智慧之目。

㉗《中觀根本慧論》云：「大聖說空法，為離諸見故。若復見有空，諸佛所不化。」

下面講第三種靜慮，這才是我們應當希求並安住的。

辛三、緣真如靜慮：

遠離了空執對治的念頭，安住於法性無分別的等持中，就叫做緣真如靜慮。

真如，又名佛性、法性、實相。修持這種靜慮時，既遠離了明樂無念的執著，也遠離了空的執著，不耽執有無、是非等一切邊，安住在如是不可思議、明空無二的禪定中，才是真正的寂滅。《月燈三昧經》云：「正住如實定，不取一切法，如實不取故，故說寂滅定。」

這裡講的寂滅，與《俱舍論》中講的不同，因為它安住在究竟實相上。真實住於這種靜慮時，對有無等一切對境都不會執取，如實而安住，如實而明了，如實而顯現，因為緣於真實而無有執取，所以叫寂滅定。

但要入於這種禪定，一般需要一個次第。麥彭仁波切講過：遠離一切戲論的寂滅定，凡夫很難當下趣入，應該先通達理論，斷掉四邊，即先斷有邊，再斷無邊，進而了知二俱、二俱非只是分別念的安立，之後依次修持，慢慢地，便可趣入遠離一切相的光明離戲境界。

禪修要訣

那麼，在修持禪定的過程中，應該採用什麼坐式呢？

大圓滿前行廣釋（七）附大圓滿前行實修法

在坐禪的一切時分，身體的要訣，就是作毗盧七法[28]。毗盧七法與排濁氣這些身語的要訣，在《前行備忘錄》以及《日修閉關要訣》中，都有細緻講述。這是個重要的坐式，修行時應該經常使用。

毗盧七法：雙足金剛跏趺坐或半跏趺坐。這並不是「打盤腳」，如果只是簡單地將兩腿交叉，整個動作就無法到位[29]。剛開始跏趺坐時，

腳會痛，有些難受，但慢慢習慣就好了。之後依次是：雙手結定印；脊椎正直；頸部稍向前傾；兩肩向後張開；雙目垂視鼻尖；舌抵上顎。

這一坐式，在顯密經論中都有宣說。除了大圓滿等不共修法以外，禪修中契合這一身體要點，是非常重要的。

其實它不是佛教獨有的，在印度瑜伽的修法中也有。瑜伽[30]，簡單說就是相應的意思。印度瑜伽現在很興盛，不僅僅是印度，美國、中國等世界各國的人都在修。他們在靜坐中，很多也是用這一坐式。當然，最典型的，就是本師釋迦牟尼佛，他從修苦行乃至獲得究竟證悟，都是依靠毗盧七法。

毗盧七法、排濁氣，這些修法，不說來世的解脫，

---

[28]毗盧七法：兩足跏趺、兩手定印、脊椎正直、頸部微俯、肩臂後張、眼觀鼻尖、舌尖抵上顎。

[29]我們平時隨便盤腿坐著，只是「打盤腳」；而跏趺坐或半跏趺坐時，腳要從大腿旁出來一點。

[30]瑜伽：與物相應之義。相應有五義：一與境相應，二與行相應，三與理相應，四與果相應，五與機相應。

單就今生的身心健康而言，也大有好處，修的人都深有體會。聽說印度的有錢人，家家戶戶修瑜伽，尤其是大領導，不修的很少。我認識一些知識分子，他們在這樣修過以後，身體明顯輕鬆，好多病也奇蹟般地消失了。所以，就算為了身體，也應該排排濁氣，運用這一坐式修一修。

有些人太絕對了：「外道不好，只有內道才好。」這種說法不合理。其實所謂的外道，他們有很多竅訣值得學習。像太極拳，如今在國內外也很受青睞，它將人體與自然結合起來，有很好的修法，修了以後效果特別好，以前我讀書時也練過。

因此，我們也不能除了自己以外，其他的都當作「外道」拋棄。如果是不承認善惡因果的邪見，當然不能隨順，但對所有行為都排斥的話，也不明智。其實全知麥彭仁波切的卦法，全是用其他宗教的竅訣，而漢地有些大德在傳法時，也會借用儒教、道教、基督教等思想。所以，世界上的各個宗教之間，是可以互相學習、取長補短的。

總之，毗盧七法這一坐式，運用好了，一定會給修行帶來很大進步。尤其像眼睛垂視、脊椎正直等要訣都十分重要，如果做得到位，也就是通常所說的「身正脈就會直，脈正風就會正，風正心就會正」。身體、氣脈、風的運行以及心都正了，修行就很容易。因此，禪修時不能躺著、靠著，要先調好坐式。

大圓滿前行廣釋（七）附大圓滿前行實修法

其實不說禪修，就是在平時看書、說話、走路、做事的過程中，一個人的神態或姿勢，也能流露他的見解和修證。我們佛門中講威儀，像穿著、眼神等都是，從中可以推出一個人的心正不正、見解正不正，因為身和心之間，本來就有一定的關係。

智者和愚者之間的差別，也是從點點滴滴中區分出來的。我在國外拜見某些大德的時候，見他們的房間非常乾淨，沒有多餘的雜物，供桌上所供的曼茶、燈、水，一切都很正規，在這種環境裡禪修，清淨的所緣，自然會給人帶來一種寂靜、寧靜的感覺。

所以，我們應該從調正自己的坐式開始，進而建立一種有序的修行。

靜慮度的本體

身體端正，意識在無分別、無執著的境界中入定，這就是靜慮度的本體。若有任何微小的分別，都不是真實靜慮度。

下面講一則薩繞哈巴的故事：

薩繞哈巴是印度的大成就者，他娶了箭女——一個15歲的貧女，到森林中修持瑜伽。貧女因為上師攝受而擺脫了低劣生活，因此倍覺榮幸，並發願一生盡心承侍上師，讓上師專心修行。

有一天，薩繞哈巴突然說：「給我端一盤咖喱蘿蔔

醬來。」貧女配好蘿蔔醬，送給上師。但尊者已經入定了，並在長達12年中沒有出定（這個「侍者」很有耐心啊，行住坐臥都不離上師。若換了其他人，可能會到處喊：「上師圓寂了！上師圓寂了！」）。

12年後，尊者出定，第一句話就是：「我的咖喱蘿蔔醬弄好了沒有？」

箭女說：「上師啊，收穫蘿蔔的季節早就過了。您入定時要蘿蔔醬，現在都過去12年了，您怎麼還沒有忘？真實的禪定，是遠離有無、樂不樂等一切相狀的，而您修的這是什麼禪定呀？」聽到這句話，尊者被點醒了，從此入於超越一切分別的真實靜慮。

因此，真實靜慮應該是遠離一切相狀的。

己六（智慧）分三：一、聞慧；二、思慧；三、修慧。

智慧度，與前五度是相輔相成的。有人認為，只要有智慧就夠了，不必積累世俗資糧；有人只重視世俗資糧，忽略智慧，其實這都不合理。薩繞哈巴說過：「離悲空性見，非獲殊勝道；若唯修悲心，豈脫此輪迴？」因此，對於真實的解脫而言，智慧度與前五度，二者缺一不可。

對此，有些經典也以眼目與雙足為喻：只有眼目而沒有雙足，則到不了目的地；只有雙足而沒有眼目，則不知方向。智慧如眼目，五度如雙足，也就是說，只有

智慧而不修五度世俗資糧，則不能到達彼岸；只修五度不修智慧，也無法獲得涅槃。因此，只有二者雙融，才是真正的殊勝之道，也是智慧與方便雙運。

可能是前世串習不同的緣故吧，有些人只喜歡空性，一聽《中論》、《入中論》就感興趣，

但聽到《前行》、《藏傳淨土法》就興致全無：「我只想聽空性，加行修不動。」但有些人正好相反，一聽空性，就有點「高山反應」，雲裡霧裡的：「我還是念咒吧，我就喜歡布施、持戒，光發心多好啊！」昨天有個人聽完《釋量論》後，說：「這一堂課，我都念了『超越輪迴的心咒㉛』，非常感謝您！」（眾笑）

但實際上，智慧和方便都要重視，二者不能脫離。只喜歡世俗善根的人，按薩迦班智達所說，這一世應該做些轉換，多修些空性，以種下善根；同樣，只對智慧感興趣的人，就應該多修世俗資糧，這才是雙運之道。

下面講智慧度中的聞慧。

庚一、聞慧：

所謂的聞慧，就是指，對於上師所傳講的一切正法的詞義，自己聽聞以後，原原本本地理解。

佛法的根本，應該是聞思修，但可惜的是，很多佛

㉛堪布在講《釋量論》時說，聽不懂的可以念「超越輪迴的心咒」——六字真言。

教徒不愛聞法，他們只是聽聽灌頂、念念經、放放生、上個早晚課，好像這些就是佛法的全部。殊不知，聽聞佛法才是最重要的，而且不但要聽聞，還要多聞。《大寶積經》云：「多聞解了法，多聞不造惡，多聞捨無義，多聞得涅槃。」意思是說，多聞才會解了佛法的意義，多聞才會不造惡業，多聞才會捨棄無義瑣事，多聞才會獲得涅槃。

因此，大家一定要重視聽聞。有了聞慧，才能成就思慧和修慧，否則，一上來就思維或修行，是不會成功的。不說解脫法，就算是學世間知識，也要先聽課，從幼兒園開始，小學、中學、高中、大學，之後是研究生、博士生，這段時間全是在「聞法」，只不過聞的是世間法而已。天天是老師講、你聽，這不就是聞法嗎？如果這些都要聽聞二十多年，那麼更為深奧的佛法，為什麼不用聽聞呢？

有些人聽了一部論典，就消失了，後來我問別人：「這個人哪裡去了？」

「閉關去了。」

「哪裡閉關去了？」

「某某地方。」

「為什麼去閉關？」

「他說，聞法已經可以了，已經聽了一部論典了，該修行了。」

大圓滿前行廣釋（七）附大圓滿前行實修法

現在這種人比較多。不過，他還是聽了一部論典，有些人根本一點不聽，直接就去閉關。其實這是不合理的。《華嚴經》云：「一切求法，轉加精勤，日夜聽受，無有厭足。」我特別喜歡這個偈頌。意思是說，在一切求法過程中，行者應該越來越精進，日日夜夜聽受佛法，永遠沒有厭倦滿足之心。

有些人本來是有點善根的，但聽了一兩年法後，人就不見了，很可惜！現在看看，能二三十年一直聽聞佛法的人，非常罕見。但真正的菩薩不一樣，就像《華嚴經》裡講的：「喜法、愛法、依法、順法……」因為他對佛法有一種酷愛、依順之心，所以，始終不會捨棄聞法。想想佛陀在因地時，為了聽聞一個偈頌，都樂意捐捨生命，而我們根本不需要這樣付出，為什麼就不肯聞法呢？

庚二、思慧：

對上師所講的一切法義，不僅僅限於表面聽聽，而要在自相續中，通過反覆琢磨、研究、觀察、思維加以抉擇，不懂的地方請教他人，不以似是而非、似懂非懂為滿足，而要生起定解，必須做到將來身居深山獨自修行時，關於修行的要點不需要請教別人，完全有獨立自主、徹底斷除疑惑的把握，這就是思所生慧。

要生起這種智慧，除了自己思維以外，還要互相探討，而且考試、研討、辯論等方式，也都很有必要。

《華嚴經隨疏演義鈔》云：「思所成慧，名為大慧，依理審思，得決定故。」意即思所成慧是大智慧，為什麼呢？因為這是依靠理證，緣大乘法作長期觀察、思維以後，得到決定認知的緣故。

長期聞思非常重要

因此，長期聞思是非常重要的。前段時間，我遇到學院的一位法師。他說十幾年來每天辯論，手掌上的傷疤㉜從未癒合。我聽了以後，十分讚歎。相比之下，我們講考班的有些道友，還是缺乏這種精神。有些內容講起來費勁，實在跟不上，就退了；但有些是心力不夠：「我身體不好，心力不行，您就讓我退下來吧。」退，倒也可以，但聞思上要有成效，不是一年兩年就能做到的，就算是十年八年也不夠，這時候離開特別遺憾。

在聞思的過程中，有些人剛開始興致勃勃，中間是沒有感覺，最後就疲厭了。這從他們的眼神也看得出來，行為上也是偶爾來、偶爾不來，漸漸地，人就不見了。包括去年得「學士證」的某些人，本來答應得很不錯㉝，但不知道為什麼，現在卻不見蹤影了。

其實，你們不應該離開聞思的群體，因為獨立修行是很難的。說個難聽的比喻：藏地有一種野牛（往爐霍去

㉜辯論的人要連續拍手掌，用力大了，手掌會拍裂。
㉝獲得佛學院「佛學學士證書」的法師，事先要在上師三寶面前發願，三年之內不能離開，一直在講考班好好聞思，以鞏固對佛法的理解。

大圓滿前行廣釋（七）附大圓滿前行實修法

的路上就有），喜歡獨自活動，連牛的主人也管不了。當牠離開牛群以後，暫時是有一點自由，但能活得久的很少很少，最後都被狼吃掉了。同樣，離開了僧團以後，儘管你自認為很有修行，但不一定會有所成就。

居士團體也是一樣，最可憐的就是中間「掉隊」的人。大家到學會聽法，是為了求解脫，但有些人好像是來學氣功的，先看有沒有感覺：如果肚子裡面暖暖的、熱熱的，就繼續學；如果還要吃飯、喝水，「那就算了」，找個藉口就退了。其實這是很可憐的。

對我而言，學習的只有一個人，也可以；一百個人，也可以，去留都無所謂。但對你們自己而言，離開了佛法的甘露，可能人生很難有真實意義。或許是我對佛法太執著了，但我始終覺得，為了佛法，有一些堅持和努力是值得的。有些人總說發心太累，其實也沒有那麼累，大家都發過心，累什麼呀！不管因為什麼，也不管是誰，離開聞思或發心的群體，我都覺得可惜。

也許你會得到一些自由，但這種自由又能換來什麼呢？現在的世界講自由、平等，所以很多人喜歡平等：「我現在跟某某法師平等了，平起平坐，他管不了我，我也管不了他。」但這種心態好不好？你們想一想。

從五部大論開講以來，有些道友一直參加筆考、講考和討論，聞思的興趣始終未減，這一點我很欣慰。但也有些人，心不穩定，這是現在修行人的最大毛病。心

不穩定的人，不論發心、聞思還是修行，都很難持久。如果修個五十萬加行都沒有耐心，那如何修行三大阿僧祇劫呢？

看看前輩的大德，他們聞思用了多少年？修行又用了多少年？所以，長期聞思是很重要的。就我個人而言，也不是自誇，直到上師如意寶圓寂之前，我一天的課也沒落。剛來學院時因為熬夜很凶，上課時偶爾有點困，但除此以外，從依止上師那天起，我都是到經堂聽課。後來上師如意寶生病了，也開許在家裡聽，但我想值遇上師和佛法不易，同時也是因為恭敬，所以還是到經堂聽，而且總坐到能看見上師的地方，沒在家裡聽過一天。

當然，我不是讓你們要對我怎麼樣，我不能跟上師如意寶比，真正的大成就者，在他身邊，十到二十年，乃至一生追隨也是正常的。但我要說的是：恆心很重要！心不穩定的人，不會有任何作為。不管在城市裡，還是在山上，總是變來變去的人，聞思修是不可能成功的。

庚三、修慧：

所謂的修慧，是指真正了知法義後，通過實地修行，對實相之義生起真實無倒的證悟，徹底生起定解，解脫是非之網後，通達心性並現見實相的本來面目。

這種真實證悟，就是我們的修行目標。它是修行的結果，光靠理論與學術研究是摸不到的，一定要實地修持，

大圓滿前行廣釋（七）附大圓滿前行實修法

親自品嘗它的味道。就像佛陀所說：吃到糖的人，對未吃到糖的人，無法解釋糖的味道。因此，不要說究竟實相，就算是萬法無常的道理，也要實地修持才能有所體會。

幻化八喻

那麼應該如何修持呢？一開始，要依靠聞法和思維斷除增益，隨後在進行實修時，了知五種外境的一切顯現，在勝義中是空性的，在世俗中則觀為無實有的空色幻化八喻。

一、如夢：一切本來無有而在迷亂者面前顯現，猶如夢境。如《月燈三昧經》云：「見於三有猶如夢想。」

二、如幻：由因緣緣起聚合而驟然顯現，猶如幻術。如《大智度論》云：「一切諸行如幻。」

三、如光影：本來無有而顯現為有，猶如光影。《華嚴經》云：「一切色相猶如光影。」

四、如陽焰：正在顯現之時不成實有，猶如陽焰。《虛幻休息》裡有一品，對此作過詳細闡述。

五、如空谷聲：裡裡外外均不存在而顯現，猶如谷聲。如《月燈三昧經》云：「如人在山谷，歌哭言笑響，聞聲不可得，諸法亦復然。」

這個教證非常好。就像一個人在山谷裡，一會兒哭，一會兒笑，一會兒歌唱，一會兒說話，所有這些的回聲雖然可以聽到，但本體卻了不可得。其實當下的萬

事萬物就是如此，毫無二致，如果你通達了這個道理，世間的許多法也就明了了。

我常常在想，佛陀的教言，不說八萬四千法門，哪怕就一個偈頌，如果你能接受的話，也一定能摧毀輪迴的種子，得到解脫的光明。

六、如尋香城：無有能依所依，猶如尋香城。

七、如影像：現而無自性，猶如影像。《父子合集經》云：「智者觀諸世間法，譬如鏡中現影像。」

八、如幻化城：本來無有之中顯現一切，猶如幻化城。

通過幻化八喻，首先了達房舍等外境顯現，均是虛妄的本性，再通過觀察顯現這些的作者——有境心的自性，從而在對境顯現不滅當中，止息執著對境的分別念㉞，於證悟虛空般明空法性的境界中安住，這就是智慧度。

這些道理，和大圓滿的竅訣是一致的：外境是現而無自性的，執著外境的心也是現而無自性的，這種遠離一切戲論不可思議的境界，就是萬法的實相。應當安住於這樣的境界中。

實相，是誰也破不了、否認不了的。即使成千上萬的科學家找你辯論，「外境如夢如幻，內心也如夢如幻」，這一點依然是成立的。如果能用世間語言，來論證這些佛教的道理，我想很多人也是會認同的。

大圓滿前行廣釋（七）附大圓滿前行實修法

㉞因為境和有境是互相觀待的，外境不存在，執著它的分別念也就不存在。

六度的分類

以上所講的六度，如果再展開解釋，那麼每一度都可以分為三種，這樣一來共有十八種。其中的財施又可以分為三種（普通、廣大、極大），這樣算來，共有二十種。再加上方便度、力度、願度、智度，總共為二十四種。

如果再詳細一點分，那麼每一度都可以分六類，共有三十六類。下面以布施度中的法布施為例，說明這個道理。

法布施具足布施度

有些人說：「我沒有錢，怎麼布施呢？」其實不用愁，只要好好聽法、講法，就是布施，而且是法布施。在這一法布施中，只要如理行持，還能同時圓滿六度。

在作法布施時，講者上師、所講之法、傳講對境的弟子，這三者具足以後進行講經說法，從上師的角度來講，這就是布施度。

而從聽者的角度，認真聽法，就是對十方諸佛菩薩的上等供養；將聽法的功德迴向，則是對三界眾生的布施。因此說，不論講者、聽者，他們的法布施裡都具足布施度。

要知道，即使是一個很普通的聽法者，聽課以後念一遍《普賢行願品》迴向，這個善根也遠遠超過布施每個眾生幾千幾萬塊錢。因為施予有漏財產，再多也解決

不了受施者的大問題，而法上的布施跟解脫相關，因此是最有功德的。

法布施具足持戒度

在講經說法的過程中，上師不貪圖名聞利養，不雜有宣揚自己功德、冷嘲熱諷他人等煩惱垢染而傳講，就是持戒度。當然，如果上師有特殊必要，比如為了讓弟眾生信心，或者制伏他人的邪說等，也可以有一些方便的示現。

而作為聽法者，斷除傲慢、嫉妒及其他惡心，如理如法地聽課，也是持戒度。

法布施具足安忍度

即使弟子再愚鈍，做上師的還是一而再、再而三地重複講解一個句子的意義，不顧一切辛苦勞頓，也不生厭煩心，這就是安忍度。

而作為聽法者，聽法時身體再不好、心情再不好、時間再長，也都能克服，然後一心一意聽法，也是安忍度。

所謂的安忍，不一定都是忍耐怨敵。

法布施具足精進度

說法時不為懶惰、拖延所困，不違越時間而傳講，這就是精進度。

學院裡的法師還可以，都有時間概念。但世間的有些老師不是這樣，讓學生一等就是半個小時，快要下課了才來，往講臺上一站：「下課！同學們再見。」這樣

大圓滿前行廣釋（七）附大圓滿前行實修法

不好。若按學院的要求，一分鐘也不能遲到。

而作為聽法者，不遲到、不早退，認真對待每一堂課，這也是精進度。很多道友把聽法看得很重，從行為上也能看出來。

法布施具足靜慮度

傳講者的心專注在所講的詞義上，不向外散亂，無有錯謬、不增不減而傳講，這就是靜慮度。

而聽聞者專注聽聞，也是靜慮度。

法布施具足智慧度

在傳講過程中，或者在聽法過程中，以三輪無分別㉟的智慧攝持，這就是智慧度。

有三輪體空的境界，當然最好。但如果沒有，不論講者、聽者，只要不是特別執著「我講課了」、「我聽課了」，而是有一種無自性的認知，知道任何善根在世俗中如夢如幻，勝義中毫無自體，在排除非理作意的同時，以如夢如幻的觀想來攝持，這也是智慧度。

顯而易見，在法布施當中，已經完整地具足了六度。

㉟三輪無分別：三輪體空。

第一百一十二節課

《大圓滿前行》，現在正在講「發菩提心」。講完這個以後，就要講「念修金剛薩埵」了。

最近大家都在修百字明，修得不錯。我了解了一下，前面幾個修法，90%以上的人已經修完了。而發心人員中，太忙的沒時間，太懶惰的也沒辦法，其他的都修得很好。外面學會的道友也要修，與課程同步就可以了。

學院也好、外面各地的學會也好，大家這樣共同學習和發心非常好。不過，要長期行持就要有計劃，雖然世事難料、死期不定，但在行善方面，有些規劃是有必要的。幾年以來，在我跟大家一起學習的同時，也經常督促你們做些計劃。比如，在書、光盤等製作上，在其他善法的行持上，大的方面，每一學期學什麼、做什麼，都有計劃；小的地方，包括設計、製作等具體細節，各部門也都有安排。當然，這樣正規運作，個人的身上都會有些壓力，但有壓力，有時也是必要的。

聞思上也一樣。不管是學院的各個班也好、外面的各個小組也好，首先要有規劃，比如，這一年學幾部論，這學期主要學什麼……一一明確下來；之後，再制定一些合理的章程，聞思上的、紀律上的，各方面有了約束，學的人就不會散亂。

大圓滿前行廣釋（七）附大圓滿前行實修法

當然，這是針對學的人，不學的話就另當別論了，佛陀時代都有調伏不了的，何況是現在了？但要學的話，就要按規矩來、按次第來。在學的過程中，因為「路途」遙遠，也許時間一長，有些人會退，但這也沒辦法，我只能按正規的方式去操作。

財布施也具足六度

昨天講到了，六度中的每一度又具足六度，並以法布施為例作了說明。其實財布施也一樣。

在財布施中，當我們布施乞丐食物時，所布施的東西、作布施的人以及所布施的對境，這三者具足而作施捨，就是布施度。

布施時，不布施低劣、鄙陋的物品，而是將自己所享用的飲食施予乞丐，這是持戒度。很多人不懂這個道理，好像也在布施，但他把不好的、不用的給別人，其實這樣功德不大。應該用最好的，而且是自己也樂意享用的東西。

布施以後，對方又三番五次地索求，也能不嗔不惱，這是安忍度。這一點，一般人很難做到。比如，你正在吃飯時，一個乞丐來乞討，你給了他一塊錢。過一會兒，他又來要，這時一般人就不耐煩了：「剛才不是給你了嗎？出去出去！」但菩薩就不一樣，他還會給，而且不會嗔惱。

第一百一十二節課

布施時，不顧忌辛苦勞累，不耽擱而及時布施，這是精進度。

布施的過程中，專心致志，不散他處，這是靜慮度。

在布施時，了知三輪[36]體空——布施者、所布施的財物、布施的對境，這三者在勝義中是遠離一切戲論的空性，世俗中如夢如幻、現而無自性，如是了知而布施，就是智慧度。

可見，財布施也同樣具足六度。持戒等其他般羅蜜多，也都可依此類推。

從上面的道理可以看出，布施雖然只是一度，但它可以體現很多修行，所以應當勤行。《大丈夫論》云：「一切眾生來，各各索異物，菩薩皆施與，心無有疲倦。」作為菩薩，即使一切眾生都來到面前，各自索要不同的物品，他也會全部施與，絕不會有疲倦之心。

剛才沒有講「無畏施」，其實無畏施也是一樣的道理。現在很多人喜歡放生，作無畏布施，我非常隨喜這種善舉。有些團體，每個月、每個禮拜，甚至每天都放生，十多年來一直如此。香港、廣東就有這種小組，每天至少放一條魚，他們是這樣發的願，也一直在這樣行持，這就叫「心無有疲倦」，很不可思議！

㊱三輪：布施者、所施之物、布施對境。

大圓滿前行廣釋（七）附大圓滿前行實修法

米拉日巴尊者闡釋十度

六度展開，就是十度。對於這十度，米拉日巴尊者曾解釋說：

「斷除我執外，無餘布施度。」在斷除我執以外，再沒有其他的布施度，因為斷了我執以後，就沒有不能施捨的東西。「斷除狡詐外，無餘持戒度。」在斷除狡詐以外，再沒有其他的持戒度。其實之所以不能持戒，就是因為有狡詐覆藏的心，有非理作意，以及由此導致的不如法行為。

「不畏深義外，無餘安忍度。」除了不畏懼甚深空性之義以外，再沒有其他的安忍度。「不離修行外，無餘精進度。」若能行住坐臥一切威儀皆住於修行狀態，就是精進度，除此以外，再沒有別的精進度。這種修行，對像米拉日巴尊者這樣的上等修行人而言，當然做得到，洞內洞外，自在一如。但對一般人來說，也許禪坐時還行，出定以後就不好說了，說不定會跟人吵架、行非法之事。

「安住本性外，無餘靜慮度。」除了安住於如如不動的境界中以外，再沒有其他的靜慮度。

「證悟實相外，無餘智慧度。」除了證悟一切萬法的實相以外，再沒有其他的智慧度。

「所做如法外，無餘方便度。」除了行事如法以外，再沒有其他的方便度。

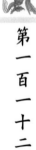

「摧伏四魔外，無其餘力度。」除了摧毀煩惱魔、天魔、死主魔、色蘊魔以外，沒有其他的大力度。

「成辦二利外，無其餘願度。」除了成辦自他二利以外，沒有其他的大願度。

「知惑自過外，無其餘智度。」除了了知煩惱的過患以外，沒有其他的大智度。

這是米拉日巴尊者，從證悟境界中流露的教言。在顯現上，尊者似乎不太精通理論，說法也和法相師不同，但意義完全一致，而且最為究竟。

阿底峽尊者講解一切道法之最

庫鄂仲三子曾問阿底峽尊者：「一切道法以何為最？」

尊者答道：

「了達之最，就是證悟無我的意義。」最無上的了達，就是證悟無我之義。

「敦肅之最，就是自心相續調柔。」敦厚恭敬之最，就是自相續調柔。

「功德之最，就是廣大利眾之心。」一切功德之最，就是廣大的利益眾生之心。要看一個人有無功德，就看他是否有利他心，有利他心，就一定有功德。

「教言之最，就是恆時內觀自心。」在世間諸多教言中，恆時內觀自心最為殊勝，是一切教言之最。麥彭

大圓滿前行廣釋（七）附大圓滿前行實修法

仁波切在《直指心性》中說：「外觀百法，不如內觀自心殊勝。」外觀的學問再多，也無法調伏煩惱，只有內觀自心、認識心性，才是解脫的竅訣。

「對治之最，就是了達萬法全無自性。」在所有對治法中，了達一切萬法為空性，是最究竟的對治。煩惱也好、痛苦也好，證得空性以後，一切都解決了。

「行為之最，就是不隨順於俗世。」修行人最好的行為，就是不隨順於世俗。世俗中的事務沒完沒了，世間的人也是執迷不悟，作為希求解脫者，如果我們隨順他們，就只能和他們一樣流轉輪迴了。

「成就之最，就是煩惱日趨薄弱。」成就中最大的成就，就是煩惱越來越薄弱。有人說：「我見到本尊了，我成就神通了……」但如果你的我執越來越重、嗔心越來越大的話，肯定沒有成就。

「道貌之最，就是貪欲日漸減少。」修道中最殊勝的道相，就是貪欲越來越減少。

「布施之最，就是無有貪著。」最圓滿的布施，就是無有貪著。

「持戒之最，就是自心寂靜。」最圓滿的持戒，就是自心寂靜。

「安忍之最，就是身居卑位。」最圓滿的安忍，就是身居卑位。

「精進之最，就是拋棄瑣事。」最圓滿的精進，就

第一百一十二節課

是拋棄瑣事。所謂「進即喜於善」，一個人拋棄瑣事以後，自然會歡喜行持善法。

「靜慮之最，即自心不改。」最圓滿的靜慮，就是自心無改，如如不動。不改造、不造發殊勝菩提心作、不作意，安住於自己的本來面目之中，這就是靜慮之最。

「智慧之最，就是不執一切。」最圓滿的智慧，就是以中觀的究竟見解攝持，不執著一切。如果只是口頭上「不要執著、不要執著」，行為上卻不斷造業，這不是不執著。當一個人不僅在理論上，而且通過修行，真實了達了一切萬法的本性以後，讓他執著，也不會執著的。因為對他而言，財物、感情、名聲、地位……這一切都毫無意義。

這些教言，是阿底峽尊者為他三大弟子傳授的，都是非常深奧的道理。

持明無畏洲尊者講解六度

此外，持明無畏洲尊者說：

「知足即是布施度，彼之本體乃捨心。」知足就是布施度，他說的「知足」，與阿底峽尊者所謂的「不貪著」，其實本體都是捨心。

「無愧三寶持戒度。」一個人在三寶面前內心無愧，表裡如一，所行也都如理如法，這就是持戒度。

「不失慧念勝忍辱。」時時刻刻不離正知與正念，不起瞋怒，這就是殊勝的安忍度。

「一切助伴需精進。」修行人修持任何善行時，都要以精進為助伴。

「執現觀聖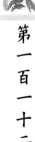㊲靜慮度。」將一切顯現均觀為上師、本尊或諸佛菩薩，這就是靜慮度。這是有相靜慮的觀法，而無相靜慮，一般不觀本尊的顯相。

「貪執自解智慧度。」當你生起任何貪執時，不管是對財物，還是對人，這時你只要觀其本性，貪執便會自解自脫，這就是智慧度。

「無有能思所思境，並非俗念離定解，乃為涅槃勝寂滅。」無有能思之心，也無有所思之境，不是世俗的分別意念，又遠離了定解與非定解之相，這就是真正的涅槃解脫、殊勝寂滅。

「此等一切不可說，願汝銘記於心中。」尊者說：這些道理，本來是不可言說的，但對於有緣者，希望你能銘記於心。

尤其對於實相，除了上述尊者以外，還有很多聖者都留下了偈頌。

據蔣揚欽哲旺波（麥彭仁波切之上師）的傳記記載：在他16歲的一天早上，他於自現境界中，前往紅色吉祥銅

㊲執現觀聖：所執顯現皆觀想成聖尊。

山，見到蓮師被浩如煙海的眷屬圍繞，顯現在雲中。

蓮師極為悅意，為他灌頂、加持以後，說了一個偈頌：「不為所取對境沾，不為能取妄念染，護持赤裸覺空性，此乃諸佛之密意。」意思是，不為所取的對境所沾，也不為有境的妄念所染，認識並護持覺空無別的赤裸覺性，這就是三世一切諸佛的究竟密意。

說完，蓮師及其眷屬化光融入尊者。有種說法認為，從那時起，他便真實通達了大圓滿的究竟見解。

寒山大師也有一偈，偈云：「我心如明月，寒潭清皎潔，無物可比擬，教我如何說？」我的心如明月，亦如碧潭清澈皎潔，不過，卻沒有一個事物可以比擬，讓我怎麼說呢？

可見，不論禪宗還是大圓滿，在究竟的見地上是一致的。當能取所取消亡、明空無二的心性顯露時，禪宗稱「明心見性」，大圓滿則稱「本來覺性」。其實，這就是三世諸佛的密意，也是行者的修行目標。對此，眾多描述都有相通的一點——不可言說。

六度攝於空性大悲藏

如果將六度等，廣大菩薩乘的一切經論正道進行歸納，則完全可以包括於空性大悲藏。如薩日哈尊者的道歌云：「離悲空性見，非獲殊勝道；若唯修悲心，豈脫此輪迴？」意思是，若離開大悲，僅有空性見，這不是

殊勝之道；若無空性見，而僅修大悲，又豈能從輪迴中解脫？又云：「何人兼具已，不住於有寂。」無論是誰，如果既有悲心又有智慧，依智悲雙運之道，則不會住於有寂二邊。「有」，是指三有；「寂」，是指寂滅，不住三有邊，也不住寂滅邊，這就叫「無住大涅槃」，也就是圓滿正等覺果位。

此外，龍猛菩薩也說：「空性大悲藏，有者成菩提。」空性與大悲，說空性也具有大悲，說大悲也具有空性，具有如是雙運境界的人，可以成就菩提。

《中觀寶鬘論釋》中有一則公案：有一婆羅門之妻善施花，她做了一個夢。夢中，她的頭上長出三把寶劍：一把墜地；一把退失光澤；一把懸於空中，大放光芒。後來，她生了三個兒子。第一個兒子，只修空性，後以斷見墮入惡趣；第二個兒子，只修大悲，結果成了承許常見派的本尊；第三個兒子，修大悲與空性無別雙運，成就佛果。可見，智悲雙運只是個別人的境界。

《大方廣佛華嚴經隨疏演義鈔》云：「悲無大智，即成愛見……智若無悲，則多趣寂。」意思是說，只有悲心而沒有智慧，則成為愛見，即有耽執的愛著；只有智慧而沒有悲心，則多數會趣入寂滅。

因此，大悲與智慧二者要雙運，不能脫離。

證悟空性可對治一切煩惱

仲敦巴格西曾問阿底峽尊者：「一切諸法歸根到底是什麼？」

尊者回答：「一切法歸根到底，就是空性大悲藏。比如在世間，萬應丹藥可以醫治一切疾病；同樣，若證悟法性空性之本義，則可以對治一切煩惱。」

仲敦巴問：「那麼，為什麼有些聲稱已證悟空性的人，一切貪嗔沒有減少，反而依然存在呢？」

尊者回答：「這全是空話而已。真正證悟了空性，他的身語意三門一定極為柔軟、調和，就像腳踩棉花，或者稀粥裡加入酥油一樣。聖天阿闍黎說過：僅僅思維諸法之實相是否為空性，產生合理懷疑，也可以摧毀三有㊲。因此，如果無倒證悟空性實義，就與萬應丹藥相同，一切道法都已包括在它的範疇之內。」

從尊者師徒的對答中可以看出，了悟空性是最究竟的對治，而具有如是功德的人，相續非常調柔。那如果是這樣的人，怎麼會傲慢？怎麼會自認為了不起呢？

證悟空性包含一切道法

仲敦巴又問：「在證悟空性當中，怎麼能包含一切道法呢？」

㊲《中觀四百論》云：「薄福於此法，都不生疑惑，若誰略生疑，亦能壞三有。」

阿底峽尊者回答：「一切道法，可以歸攝在六度之中。如何歸攝呢？如果無誤證悟了空性實義，就不會再對裡裡外外的萬事萬物有貪愛執著，所以，連續不斷具足布施度；對無有貪執者來說，根本不會被不善污垢所染，因此，連續不斷具足持戒度；這種人無有我執、我所執的瞋恚，所以，連續不斷具足安忍度；這種人對所證之義滿懷無比歡喜之心，所以，連續不斷具足精進度；這種人遠離實執的散亂，所以，連續不斷具足靜慮度；對一切事物遠離三輪分別意念，所以，連續不斷具足智慧度。」

可見，只要證悟了空性，六度自然而然會圓滿的。

接下來，仲敦巴繼續問：「那麼，僅僅就證悟實義來說，單單依靠空性的見解修行，就可以成佛嗎？」

尊者回答：「一切所見所聞無不由心而生，證悟自心為覺空無二，這就是見。」

佛教講見、修、行、果，因此，不論修顯修密，乃至修大圓滿，都以首先確定見解作為基礎。尊者所說的「見」，就是在對顯現一切的心進行觀察時，證悟它覺空無二的本體，這樣就有了修行的基礎。

「一心不亂、持續安住在這樣的見解中，就是修。」

這是很深的竅訣。首先，認識心的本性；認識以後，長期修持就可以了。

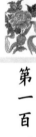

第一百一十二節課

不過，在形成見解的過程中，長期串習很重要，只是最初了解了，還遠遠不夠。像密宗、禪宗或者中觀見，很多人剛開始是有所認識的，但缺乏長期串習的話，見解穩固不了。

而一旦真的有了見解，對某些人而言，閉不閉關差別不大。尤其是那些修行不錯、不離正知正念的人，即使你不閉關，行住坐臥中也一樣修持。因為已經認識了心性，認識之後，只要隨時護持、安住，就是在修了。

「在這種境界中，積累如幻的二種資糧，即為行。」

對於積累二種資糧，只是如夢如幻地行持，沒有刻意的執著與取捨，這就是行。

「當這些證悟境界，已經達到完全領悟、得心應手的程度時，那麼在夢中就能達到這樣；夢中能達到，在臨終時就可以顯現；臨終時能夠如是顯現，在中陰就可以顯現，既然在中陰能夠達到這種境界，那麼必定獲得殊勝成就。」這就是果。

所謂見、修、行、果，先認識見；安住見，即是修；如幻積資，則是行；二資圓滿，則現前究竟之果。

空性大悲藏是佛法核心

總結以上道理可知，空性大悲藏是佛法的核心。佛陀轉三次法輪，開八萬四千法門，也無非是讓行者的相

大圓滿前行廣釋（七）附大圓滿前行實修法

續，生起這一空性大悲藏的方法而已。《說無垢稱經》云：「慧度菩薩母，善方便為父，世間真導師，無不由此生。」意思是，菩薩以智慧度為母，以方便五度為父，世間一切真正的導師佛陀，無不從此空性大悲藏而生。

其實空性大悲藏，也就是菩提心。

如果離開了菩提心寶，無論你的見修多麼高深莫測，有多麼高的境界，也對成佛毫無幫助。我們知道，本來生圓次第等修法非常殊勝，若以菩提心攝持，的確是即生成佛之因，但若是離開了菩提心，則與外道無別了。

這些道理，大家一定要記住！現在很多人希求高的法、特殊的法，唯獨不重視菩提心。但沒有菩提心，即使你天天修大圓滿，也成就不了。外道也觀本尊、修風脈、念咒語，他們也承認天堂地獄，也取捨因果，但因為沒有皈依、發心，沒有空性大悲藏，所以解脫不了。

而佛法中有解脫，就是因為有皈依、發心，有空性大悲藏。

如何修佛法才有意義

喀喇共穹格西說：「雖然受持了皈依到密宗之間的一切律儀，但如果沒有看破、放下世間法，也無有利益。」

有些人天天學戒，但相續中有沒有大乘皈依戒、有沒有菩提心，這很難說。行為上的訓練固然好，威儀如法，看起來也莊嚴，的確讓人生信。不過，若是從解脫的高度來看，如果看不破、放不下，行為上再如法，也沒有太大意義。

「雖然恆常為他人講經說法，但如果沒有息滅我慢，也無有利益。」

講經說法的功德固然很大，但如果「我慢」也跟著大起來，那講得再好，也沒有意義。

「雖然精進向上，但如果將皈依法置之不理，也無有利益。」有些人天天講高法、大法，求灌頂、修扎龍，也可謂「精進」。然而，如果相續中連皈依三寶的定解都沒有，那就跟外道一樣了。作為佛教徒，首先應該有的，就是對上師三寶的堅定信心，因為這是佛法的基礎。若不重視這個，修任何法都沒有意義。

「雖然夜以繼日精勤修善，但如果沒有以菩提心來攝持，也無有利益。」

哪怕你三步一拜朝拉薩、三點起來念佛、終日念經誦咒，但如果從來沒想過眾生，就算你求的是解脫，功德也不大。哪怕你閉關二十年、三十年、五十年，甚至一輩子不出關，但沒有菩提心攝持的話，也都沒有意義。

這裡所謂「沒有意義」，不是說不能種下善根，而

是說，無法因此獲得成就、度化眾生。

這些都是修法的關鍵！我們要修法，就應該依止這種教言。因此，希望大家都不要忽略這部《大圓滿前行》。對某些道友而言，可以說，他已離開法本很多年了。得是都得過的，但一直不看的話，法本是法本、你是你，你們之間就是千山萬水之隔。

總之，修佛法一定要抓到關鍵，這樣修才有意義。

重視皈依與發心

在現在這個時代，提倡聞思修的本來就少，即使有的話，如果不重視皈依與發心，五部大論學了多少年，表面上做了多少善法，也沒有任何實義。

藏地某些寺院有一種現象：一輩子辯論。從十幾歲就開始了，七八十了還在辯……辯論是好，可以產生定解，但作為一個佛教徒，如果忽略了皈依和發心，也是很悲哀的。我就很驚訝，有些觀點，竟然是出自某些很出名的法師之口：「吃素，毫無功德；殺生，並無大過，或者說也可以提倡，因為這能促進生產力的發展，有利於社會進步。」這就是離開悲心的結果。

當然，反面的例子，漢地佛教中也不缺乏。學術人士大多重視理論，大學或佛學院的教授們，理論上都會講，講得天花亂墜的也有。但是，如果對三寶沒有起過真實的信心，對眾生也沒有起過真實的悲心，講得再

第一百一十二節課

好，有什麼意義呢？

打個比方來說，如果你在嚴冬季節，在冰上建一個九層高樓，精心裝潢並且繪製了圖案，但春天一到，它就垮了。同樣，輕視基礎法門的人，再精進也成了徒然。因此，一定要重視皈依和發心。要知道，一切聖道之加行、正行、後行，都已圓滿包括在這裡面了。

這樣的法門，僅是數量上修完還不行，到量才是關鍵。比如，皈依修了十萬以後，皈依心還沒生起的話，那就再修十萬、再修十萬……邊修邊思維，直至生起為止。為什麼阿底峽尊者要著力弘揚皈依與發心？就是因為它非常重要，甚至包括了一切聖道。

所以，不管你是好是壞、是高是低，對每一位修行人而言，著重修持皈依與發心，是十分關鍵的。

做佛事也要菩提心

尤其是，對於那些享用信財亡財、向上引導亡靈的上師、僧人們來說，相續中具有一顆無偽的菩提心，是必不可少的。如果離開了菩提心，再怎樣念誦儀軌、作淨除業障等儀式，對死者與活人，都起不到作用。

聽說漢地有這樣超度的，施主請僧眾為亡者念經，他往生的品位，甚至都可以憑錢數來定：上品，五萬；中品，三萬；下品，一萬。這樣做很不好。這是我聽來的，但如果確有其事，有菩提心還好，離開菩提心的

大圓滿前行廣釋（七）附大圓滿前行實修法

話，供養多少錢，也不見得有真實利益。

有菩提心的人，即使不供養，當聽到某人死了，念句觀音心咒或佛號，因為有菩提心攝持，一定會給亡者帶來極大利益。因此，不論居士還是出家人，只要盡力斷除自利心，盡力用利他的意念為人誦經，就有意義。

否則，做佛事也成了表面的利他，究其實質，也只不過是摻雜私欲而已，給自己帶來的，是享用信財的無盡罪障，並且後世也不得不步入惡趣，感受無量痛苦，就像黑馬喇嘛的故事一樣。

有菩提心才能自利利他

對一個修行人來說也是一樣，縱然能像鳥一樣翱翔空中，像老鼠一樣鑽入地下，甚至有無礙穿行山岩，在石上留下手印、足跡等稀奇神變，但如果相續中沒有菩提心，那他一定是被外道徒或者被大魔頭左右了相續，再沒有別的可能性了。

所以，最關鍵的還是菩提心。只要是佛教徒，不論是上師還是一般的修行人，菩提心都最為重要。我最初去漢地弘法時，人們求的要麼是健康、發財，這個最多；要麼是開天眼、顯神通，這就是他們學佛的目的。但自從學了《入行論》以後，很多人認識到菩提心的重要，所以發的願也變了。朝聖地時，在佛塔、佛像前，很多人祈禱的，是要生起一顆無偽菩提心。這是一個很

大的進步。

其實，像那些鑽天入地的神通，很多外道中都有，當然佛教中也有，但這些不是很重要。因為沒有菩提心的話，表面文章做得再好，也並非解脫之因。

而這些顯神通的人，最初可能會受到一些迷信者的追逐、崇拜、恭敬、信奉、供養，但最終只會損人害己。不過有些人也是假裝，明明沒有神通，卻裝著有神通，裝著有他心通，裝著取伏藏，裝著給人授記……這些做法，不僅對佛教，對自、對他都有很大損害。

但有菩提心的人，和這些假裝的成就者不同，他往往很謙虛，你甚至看不出他有什麼功德。不過，善心的力量畢竟不可思議，他哪怕念一句觀音心咒，哪怕只是和人聊天，也會給那些與之結緣的人，帶去不可估量的真實利益。

大圓滿前行廣釋（七）附大圓滿前行實修法

第
一
百
一
十
二
節
課

第一百一十三節課

昨天講到，相續中具有菩提心的人，誰跟他結緣，都將獲得眾多利益。這種人，也就是所謂的「菩薩」。

然而，菩薩在哪兒呢？我們根本不知道。也許屠夫、妓女中就有，為了度化不同眾生，菩薩善巧示現，也是正常的。在我譯的《密宗大成就者奇傳》中，有些大成就者，他們雖然身分卑微，但卻讓與之結緣的人，都種下了解脫種子。可見，菩薩是有種種示現的。

也許在我們看來，一個煩惱重、行為不如法的人，卻是菩薩的化現。因此，千萬不要輕視任何人，因為他是否具有菩提心，你測度不了。世尊云：「除非我與同我者，無人能量他人心。」《十住毗婆沙論》亦云：「佛言與我等，乃能量眾生，若佛如是說，誰能籌量人。」佛陀說：只有佛陀以及與佛相等的人，才能測度他人。如果佛陀這樣說了，誰又敢說自己可以籌量他人？該論又云：「若以外量內，而生輕賤心，敗身及善根，命終墮惡道。」如果從他人外相衡量其內心，從而產生輕慢之心，其結果，只有毀壞自身及善根，命終後墮入惡趣。

有些人擅長說人過失，吃一頓飯，也能說很多，

㉟《密宗大成就者奇傳》：覺囊派多羅拉他造，現收錄於《顯密寶庫18—聖行集萃》。

大圓滿前行廣釋（七）附大圓滿前行實修法

「這個不行，那個不行」、「但我如何如何……」，除了自己，誰都不行。其實，不說輕毀上師、道友，就是詆毀其他的人，直接間接都有過失。當然，自己的修證不好，見什麼都會覺得不如法；反之，自己的修證好，能觀清淨心，那見誰都是好人，見什麼也都如法。

因此，觀清淨心很重要。雖然你不知道菩薩在哪兒，但對自己有過饒益的，就應該懂得感恩。尤其是，對令自己生起菩提心的本尊、上師或者善友，都要作真佛想。為什麼呢？因為，菩提心是一切大乘的基礎，如果是本尊讓你生起了菩提心，那在所有本尊當中，這位本尊的恩德最大；如果是上師為你宣講，並加持你生起菩提心，那這位上師的恩德最大；如果是因為道友的引導，讓你生起了菩提心，那他的恩德也最大。總之，就像阿底峽尊者聽到金洲上師名號時合掌頂戴一樣，你依靠誰生起了菩提心，就應該對他心懷最深刻的感恩。對你而言，不管他是什麼身分，就是真佛。

用菩提心判斷道相真假

既然菩提心如此重要，自然也就成了判斷道相的標準。

假使有人認為，自己已經證悟了實相之義，獲得了神通三摩地，面見了本尊……無論出現任何表面的道相功德，如果從那時起，依靠它使自己的慈悲心、菩提心

無有退轉，日益增上，那就可以斷定，這些道相是真正的功德。

麥彭仁波切在《定解寶燈論》⑩中說，正修、盲修的差別，可以從斷證是否增上來判斷：如果所斷的煩惱減少，所證的信心、菩提心增上，那麼道相是真的，你也在正修；但如果就像過濾茶葉一樣，相續中留下的是糟粕，功德精華漏盡，那道相就是假的，你也是在盲修，其中的關聯，就如從「有煙」推出「有火」一樣。

這是很好的判斷方法。常有人說：「我夢到什麼、見到什麼……」但這種話多數是吹牛，未見言見，是妄語。即使真有一些似是而非的境界，真假也不必問上師，就用它判斷：如果你從此對因果、對上師的信心增上，對眾生的大悲菩提心增上不退，那就是真道相；倘若依靠這些，反而使慈悲心、菩提心日漸減退，那麼這些表面的道相，無疑全部是魔障或邪道，即使你天天見「本尊」，也不是本尊，而是魔眾的顯現。

魔眾確實能顯現這些。《佛說發菩提心破諸魔經》云：「魔於修善者，常伺求其便，欲起諸難事，破壞彼善法。」意思是說，魔眾對於修行善法的人，特別是修得不錯的，常常會找出他的弱點，趁機製造種種違緣，擾亂並破壞他的善根。

大圓滿前行廣釋（七）附大圓滿前行實修法

---

⑩《定解寶燈論》云：「正修盲修之差別，斷證增進而了知，猶如由從煙子相，可以推出存在火。」

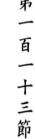

　　當然，行善的人要斷煩惱，也是在與魔王爭鬥，而其中最有力量的是兩種人，如《大悲經》云：「有二種人共魔波旬極大戰諍。何者為二？一者至心為說，二者專心勤聽。」因此，講聞佛法，尤其是講聞甚深教法時，魔王波旬特別不高興，他會想法入於聽法者的心，讓他打瞌睡、生分別、對說法者生邪見，甚至在講者、聞者之間挑起事端，破壞彼此的關係。這些道理，講《般若攝頌》時講過不少。

　　因此，當道友與道友、法師與弟子間出現矛盾時，一定要警惕，這很可能是魔王波旬的力量所致，這是他的常用伎倆。當然，他也會顯現「本尊」相，或者讓你入定，讓你見到什麼，進而催生你的傲慢，使你漸漸退失善心。尤其是，當你無論見了什麼境相以後，慈悲菩提心退失的話，那就不必問別人了，肯定是著魔了。

　　那有沒有更高級的檢測手段呢？到目前為止，我只能說：這種方式依然是最有效的。

　　◎何時方可攝受眷屬

　　當一個人生起無偽實相的證悟時，對上師三寶，一定會有虔誠的信心與清淨心；對六道眾生，也會自然生起不共的慈心與悲心，而且隨著境界的增上，信心、慈悲心會越來越強烈。

　　要知道，這種由證悟引發的慈悲心，是「忍不住」

的。因為，慈悲與空性是一味的，有慈悲，就會有空性；有空性證悟，也自然會引生大慈悲，而有了大慈悲，自然會攝受眷屬。

無等塔波仁波切曾問至尊米拉日巴：「我什麼時候才能攝受眷屬？」

尊者答言：「一旦你已現見自心本體非同現在這般，遠離一切懷疑，那時你對老父我會生起不共的真佛之想，對眾生也會生起無偽的慈悲心，那時你便可以攝受眷屬了。」

後來有很多大德，就用這個標準衡量自己。在信心方面，對上師是真實佛陀，生起定解；在心性方面，對心的本來面目——覺空無二的本體，已經現前，無法言說但又非常明了；在生起上述境界的同時，對六道眾生的悲心也非常強烈，並且遠離了世間八法之心，當具足這些功德以後，攝受弟子也就有了意義。

否則，自相續連基本的出離心、菩提心都沒有，即使「攝受」成千上萬個弟子，也不過是個普通聚會而已。這種「聚會」哪裡都有，但做「上師」的，卻無法給予弟子真實利益。

而要讓弟子獲得真實利益，最根本的，就是上師本人要有「視師如佛」的信心。前輩大德的廣大事業，其實都與這一不共信心有關。而這種信心，從外相上是可以推斷的。

是什麼外相呢？記得以前有一個小喇嘛，老道友可能會有印象，當時演「釋迦牟尼佛」那個節目時，他扮演小太子。有一次課上，上師如意寶對他說：「聽說你很能背誦，不過，在我圓寂以後，當你想起我時，會不會熱淚盈眶呢？如果會的話，那時你就可以講法了。」

當時我就在旁邊，上師的話，雖然是對小喇嘛說的，但我還是覺得是對我們（在上師法座旁圍坐著很多法師）講的，於是就記了下來。

「當想起上師時熱淚盈眶」──這種信心，這種外相，我想，這不僅對當時的塔波尊者、對當時的我們適用，對在座的各位也一定適用。因此，如果你想攝受弟子，就用這個標準衡量一下自己。

有些道友來學院四個月以後，馬上剃度，一剃度就問：「現在我可不可以下去攝受弟子？」好像沒有頭髮，就能攝受弟子了。其實要看功德，如果具足上述功德，那也可以，第二天就下山，到城市去攝受很多很多弟子……

否則的話，還是好好聞思吧。

在聞思的基礎上修行

聞思是修行的基礎。一個修行人，如果能以慈悲、菩提心為本，守護清淨戒律，同時將聞思修不脫離而行持，這是最穩妥的。如果只顧聞思、不重視修行，或者

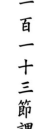

只在意修行、不重視聞思，就會有失偏頗。也許，個人喜好上是有差別，但對大多數人而言，聞思修兼顧是很重要的。

薩迦班智達云：「無聞之修行，如斷臂攀岩。」沒有聞法的修行，就像失去手臂的人攀爬山岩一樣，根本不可能。攀岩要用手抓著上去，沒有手，是做不到的。同樣，沒有聞思是修不起來的，所以，一定要先以聞思斷除增益。

所謂「斷除增益」，並不是要對一切所知法都瞭如指掌，這個沒有必要，也做不到，千經萬論浩如煙海，一輩子也學不完。因此，你要做的，是對你要修的正法斷除增益，也就是說，對這一修法的初、中、後，都要一清二楚。

我總結一下：首先，你所修的法，應該是能斷除輪迴之根的正法；其次，將上師為你指點的、對你最重要的那個法，作為重點；最後，通過聞思，了知這個修法的加行怎麼修、正行怎麼修、後行怎麼修，斷除一切增益，以最正確的方式掌握它。之後，一心一意地修持。

《大乘智印經》中說：「十方世界諸眾生，聞已思惟正修作，摧伏一切煩惱熱，如飲甘露心清涼。」十方世界的一切眾生，在他的修行之路上，都是先聽聞法要、然後思維、最後修行，並依此摧伏相續中的一切煩惱酷熱，如同飲用甘露一般，內心清涼無比。以前有一

個英國人，他說他很喜歡這個教證，我問他：「你為什麼喜歡？」他回答：「因為在這裡面，整個修行次第都有了。」我想，他確實把握了要點。

對一個學佛的人而言，不說修行，就是聞思，前後也有很多不同。聞思以後，很多道友生起了正信，這種正信是智慧，所以不易退轉。但沒有聞思之前，人會比較感性，信心是有，不過有點衝動，見一個上師就磕頭，「啪啪啪」，一直磕到流血為止。但兩天一過，態度就急轉直下。這樣不好，不莊嚴。

因此，一定要長期聞思、長期修行，聞思修不脫離，這樣才會有真實的利益。

歸納精華要義而修

從前，阿底峽尊者住在尼塘時，祥納穹敦巴、炯敦巴、哈倉敦巴三位格西，請尊者講述正量的宗派——因明。

作為印度東西方最著名的班智達，尊者當然通達因明，但是他說：「無論外道、內道，都有許多宗派，但其中的道理，全部是以分別念串連起來的，學這麼多分別念沒有多大必要。」

因明辯論，本來是智者的行為，但從修行的角度來看，詞句上分別多了，甚至從小到老一直辯論，也沒有什麼意義。以前就有學者指出：「某某縣幾座寺院的格

第一百一十三節課

西們，聚會辯論數日，而與此同時，無數生命也正在寺院外的屠宰場上遭殺戮，但無人制止，為什麼？」這的確是個尖銳的問題。佛教中有「慈悲」的教義，但太注重分別詞句的人，可能把這些就忽略了。

當然，我不是說學因明沒有意義。因明是斷除邪見的利器，比如《釋量論》，學了以後，直接就能對佛陀、佛法生起正信。所以，學因明是很重要的。但尊者不這樣說，其側重點是在修行，並非反對因明——聽任何上師講法都一樣，懂得他的密意很重要。

因此尊者說：「人生轉瞬即逝，如今是歸納精華要義的時候。」

祥納穹敦巴問：「那麼，該如何歸納精華要義呢？」

尊者歸納了四點，教誨說：

「一、對等同虛空界的一切眾生，修慈悲、菩提心；

二、為了他們而勤奮努力，積集二種資糧；

三、將由此所產生的一切善根，迴向所有眾生，願與一切有情同獲圓滿菩提；

四、在作上述修行的同時，了知這一切的自性為空，顯現之相如夢如幻。」

這就是竅訣！阿底峽尊者是大人物，如果當時我們去拜見，除了求加持以外，請求賜予竅訣的話，也就是

這四點。這四點就是精華要義。

作為年輕人，學些因明、中觀，斷除增益是有必要的。但對大多數人而言，作好平時的念誦，修好加行，再行持一些善法，然後發願往生極樂世界，我想，就這樣度過一生，是很有意義的。

尤其是，在所有善法當中，聽法是非常大的善根。聽法時，前後有念誦，中間是專注聽聞，最後是迴向，所以一堂課下來，當天就有意義了。就我個人而言，沒課那天是輕鬆一點，但總有「空過」的感覺。有課就很充實，講一堂課，再念一遍《普賢行願品》，就覺著今天是有意義的，活著也是有意義的。

因此，我們一定要歸納精華要義，並依之修行。否則，表面上了解、懂得、知曉得再多，也起不到什麼作用。

一墊上如何修法

昔日，阿底峽尊者來藏地時，迎接他的是大譯師仁親桑波㊶。大譯師的譯作頗豐，在藏地也很有威望。當時見到阿底峽尊者時，大譯師已是85歲，鬚髮皆白，而阿底峽尊者是61歲。大譯師的印度語很流利，所以讓阿底峽尊者一見如故，特別歡喜，陌生感也消失了。

㊶仁親桑波：即寶賢譯師。一般認為，仁親桑波是前譯、後譯的分界。也就是說，從囧彌桑布扎至榮索班智達之間的佛教譯作，稱「前譯」；從仁親桑波至今的譯作，稱「後譯」。

來到大譯師的寺院以後，阿底峽尊者問他：「您對諸如此類的正法，了知得如何？」之後，尊者對顯宗、密宗裡的種種法門逐一詢問，結果譯師似乎無所不知，一一對答如流。

尊者十分喜悅地稱讚道：「極為稀有！在藏地有像您這樣的智者，我都不需要來了。」尊者感到意外，是因為請他的人是哭著哀求的：「現在藏地沒有人懂佛法了，只有您去才能拯救佛教啊！」但現在他發現，眼前竟然有這麼一位了不起的智者。

尊者接著問道：「那麼，在一墊上，該如何修行這一切法呢？」

譯師回答說：「應當遵照各個宗派所說來修持吧。」譯師有個三層殿，上午，他去小乘殿修小乘法；中午，他到大乘顯宗殿修大乘法；下午，他去最上面的密乘殿修密法。

阿底峽尊者察看了他的修行環境以後，悲傷地說道：「譯師您錯了，看來我還是有必要來藏地。」

現在很多人也是這樣，修這個、修那個，剛念了一百遍文殊心咒，「噢，觀音菩薩還等著我，念觀音心咒吧」；念完觀音心咒，「噢，金剛薩埵會不會生氣？修金剛薩埵吧」；修完金剛薩埵，「噢，還有釋迦牟尼佛」……就這樣，不會將顯密所有本尊觀為一體來修。

甚至有些大德也是這樣，雖然精通佛教的知見，但

173

在修行時，還是對本尊有自相的執著，「我是不是得罪了某某本尊，還沒來得及供他呢」。其實，這是把本尊視為凡夫，有這個過失。還有就是，一般人往往將各派教理分開理解，不懂得融入一體，更不懂得依竅訣而修。

當時，也正是看到這種情況吧，尊者才說有必要來。譯師問：「那麼，應該怎樣進行修持呢？」

尊者指點說：「應當將一切法，歸納為一個要訣來修持。」

比如修本尊儀軌，就在這個儀軌當中，出離心、菩提心、無二慧，這些全都可以一起修，不用分開。這是非常關鍵的！就上師瑜伽來說，在這一個修法中，其實已攝集了所有本尊的根本修法。在噶當派就有這樣的竅訣：不必單獨修降伏儀軌，只要你祈禱上師，保持對上師的信心，八萬四千魔眾便無計可施。我們知道，每個魔都有自己的「命咒」，而這些咒的要害，在你觀想上師或對上師生信心的狀態中，都被攝住了。攝住以後，魔眾是無法動搖的。

所以，一個對上師有堅定信心的人，千萬魔眾也無法作害。這就是竅訣！不懂竅訣的人，修什麼法都很難。

第一百一十三節課

有了竅訣還必須實修

可見，修法一定要有竅訣。在了知上師所傳授的竅訣以後，總結出實修的要點，這樣便可以修行了。

當然，隨後就應該實修，否則也無濟於事。如米拉日巴尊者說過：「一個飢餓的人，僅僅聽到食物還不夠，必須要食用。同樣，僅僅了知正法沒有利益，必須要進行實修。」

《月燈三昧經》亦云：「我今為汝無量說，汝於此法若不行，如人雖持良妙藥，於自身病不能治。」佛陀說，我已經為你們再再宣講了這些道理，但是，如果你們不修的話，也無法解脫。就像一個人雖然手持良藥，但不服用的話，也治不好自己的病一樣。

因此，僅僅聽了法、僅僅思維了法是不夠的，一定要修。修和不修完全兩回事。比如菩提心，理論上誰都聽過，也都會講，但修過的人很不一樣，他不僅相續調柔，而且會去幫助眾生。沒修過的人，說得再漂亮也行持不了，行持的話，遇到一點點違緣就退了。

所以，一定要實修。

修行好壞的標誌

那麼，修行好壞的標誌是什麼呢？

我們知道，修行的目的，就是要對治煩惱和我執，因此米拉日巴尊者說：「世人常言『飲食好與否，觀其

大圓滿前行廣釋（七）附大圓滿前行實修法

面色方知曉』，同樣，佛法懂與否、修行好與否，看他是否已經對治了我執與煩惱，便可知曉。」

世間人喜歡看氣色，如果是紅光滿面，大家都會覺得他肯定吃得不錯；如果臉色不好，聽法時眼睛都睜不開，那肯定吃得不好——你們有些人臉色太好了，是不是在悄悄吃肉？（眾笑）

前段時間，學院成立了一個「素食學會」，在喇嘛這邊提倡吃素。聽說學會很龐大，二十多人。二十多人一起，挨家挨戶地問：「你吃不吃素？」「你到底吃不吃素？」⋯⋯

有個人說：「你們的行為很感人，我很佩服，也不得不吃素，不然不好意思。但你們這個『運動』，還是非常可怕的。」（眾笑）

不過，最近喇嘛吃葷的確實少了，這樣就好。我不是經常對你們強調嘛，你們是來藏地學法的，不要來學「吃肉」的。對藏地的大德，我也呼籲過，希望他們去漢地弘法時，還是應該鼓勵素食精神。

11月25號是「國際素食日」，之前我就跟他們說：「素食學會要成立的話，那天的緣起就很好。」我希望他們的「運動」越來越轟轟烈烈。不過，我們「金剛降魔洲」不需要這種「運動」，大家一直吃素，都很配合。其實，吃素確實很好，從大家的臉色上也看得出來。（眾笑）

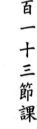

回到尊者的教言上來。尊者說，修行好不好，要看他是否能對治我執和煩惱。這就是修行好壞的標誌！就像看臉色一樣，臉色不好，那吃得就不好。同樣，我執重、煩惱重的人，修行肯定不好。這是裝不了的，就算你能跟「本尊」像人與人一樣交談，那也肯定不是本尊。

法與非法的界限

博朵瓦格西曾經請問仲敦巴格西：「法與非法之界限是什麼？」

仲敦巴告訴他說：

「對治煩惱則為法，不治煩惱為非法。」能對治煩惱的，就是正法；不能對治煩惱的，就是非法。

「不隨世間則為法，隨順世間為非法。」如果每天扶親滅敵，跟世間人一起搞經濟，這樣隨順他們，肯定是非法；如果不隨順這些，自己認認真真地修行，則是正法。

「符合經論則為法，不符經論為非法。」如果所作所為，都符合三藏十二部的教義，這是正法；而如果不符合，那說得再好聽，也是非法。

「結果為善是正法，結果為惡即非法。」如果事情的結果對眾生有利，這是正法；反之，則是非法。

三種見修行同一暖相

三種見

阿闍黎吉公說過：「誠信因果不虛，是下根者的正見；證悟內外諸法現空、覺空雙運，是中根者的正見；證悟所見、能見、所證智慧三者無二無別，即是上根者的正見。」

在見解方面，根據根基，有上中下三種：

下根者：誠信因果不虛，也承許前世後世存在。一般來講，這是人天或小乘行人必須具有的見解，但遺憾的是，不說世間人，甚至一些佛教徒對此也是心存疑惑。

中根者：證悟一切諸法都是現空無二。

上根者：遠離一切執著，能見、所見以及所證智慧全部融入一體。

三種修

「安住於一緣等持，是下根者的正修；安住於四種雙運等持中，是中根者的正修；無有能修、所修、感受三者並於無緣中安住，即是上根者的正修。」

修也分三種：

下根者：安住一緣，其他什麼都不執著。有些人能安住好長時間，一天不吃不喝都可以，就這麼一直坐著，旁邊的房子垮了也不理不睬……但光是這麼坐著，也不一定有用。這是下根者的正修。

中根者：安住於現空、樂空、明空、覺空無二，四種雙運的境界當中。

上根者：無有能修、所修及感受，就像《禪定休息》所描述的，真正入於本來法界的心性光明之中，這是上根者的正修。

三種行

「取捨因果如護眼珠，是下根者的正行（真實行為）；以諸法如夢如幻的境界而行持，為中根之正行；無有一切所行者，即是上根者的正行。」

行也有三種：

下根者：就像保護眼珠一樣取捨因果，一切威儀都很謹慎，對一個修行人來說，外在行為上也的確應該如此。

中根者：沒有任何實執，在如夢如幻的境界中行持。

上根者：就像大圓滿中講的，遠離了一切能行、所行，這是上根者的正行。

同一種暖相

「我執、煩惱、分別念等日趨減少，是上、中、下三種根基者的真實暖相。」

暖相，在這裡泛指成就相。很多人喜歡看成就相，「看有沒有發光？」「是不是彩虹？」「這是什麼聲音？」……但我覺得，這些都不重要，對修行人而言，

這些有也可、無也可。

最重要的是什麼呢？就是看煩惱是否減少了。如果以前你的脾氣很大，別人說一句就會「爆炸」，但現在通過修行，我執、煩惱確實減少了，誹謗你也跟誹謗石頭一樣，毫無感覺，那這就是一種成就相。雖然這個不像「光」，能拍下來，但你心裡要知道，這確實是成就相。看別人也是一樣，不論上、中、下哪種根基，這是共同的成就相。

這個道理，不單單吉公仁波切這樣說，無等塔波仁波切的《聖道如意寶》、上師如意寶的很多教言，說的也都與此完全相同。所以，修行人應該時時這樣觀察自己。

在修菩提心的過程中，我們發現，因為大乘佛教的加持，以及長期串習的力量，有些以前非常自私的人，後來也變了：財富、名聲、身體，都能放下了；別人說也好、打也好，都無所謂；在他心裡，唯一關注的就是弘揚佛法和利益眾生。其實這就是成就相。這種相，別人不一定看得到，但對修行人來說，這的確是很大的進步。

這個竅訣很關鍵，在漫長的修行道路上，希望大家牢記！

選擇一生修持的法要

在我們聽聞的法要中，像《入菩薩行論》、《大圓滿前行》、《竅訣寶藏論》等，這些論典都有很多竅

訣，每天翻幾篇看看，一定很有加持。當然，你也可以選一兩個最珍貴的法，就像修本尊一樣，作為你一生修持的法要，不論到哪兒，終生不離。

就拿念誦來說，有些人在喇榮，就念喇榮的課誦，但一到別的地方就改了。這樣換來換去的，沒有定準，修法是不會有什麼真實成就的。所以，不論我們念什麼、修什麼，應該長久地堅持下去。我本人而言，二十年前念的經，現在還在念，以後也只會增加，不會減少，因為已經定了；二十年前看的書，現在還在看；二十年前主修的本尊，現在也還在修。我不是在炫耀什麼，既然你們來我面前聽法，我就說些我的做法，以供大家借鑒、參考。我的確是這樣想的，短暫的這個人生，換來換去的，學不到什麼東西。

全知龍欽巴尊者說：「所知猶如空中星，所學知識無止境，今求法身精華義，必至無變之堅地。」所知就像空中的繁星，而知識也是永無止境，所以從現在開始，我們一定要尋求像「大圓滿」這樣的精華要義，一直到達無有遷變的解脫堅地——普賢王如來之果位。

聞思修不相脫離

對聞思修的整個過程，單巴桑吉尊者有一些非常恰當的比喻：

「尋求上師之教授時，應如母鷂尋覓食物一般。」

鷂鷹比鷹鷲小一點，牠在捕捉小鳥時，沒捉到之前，會一直不停地飛來飛去。不過，中間牠會上下撲扇著翅膀，左右觀察。以前，我們放犛牛時看到了，就說那是牠在「打卦」。打好卦以後，牠就飛向目標。同樣的，在尋求上師教言時，我們首先應該尋找並觀察上師，而一旦找到了，就不能隨便跑了，應當如理依止，聽受教言。

「聞法時，要像野獸聞聲一般。」野獸聽聞到琵琶的聲音，就會駐足不動，呆呆地聽著。聞法也是一樣，一定要專心聽受，而且要聽受圓滿。但有些人恰恰相反，一上來不觀察，隨便找個地方聽；聽的時候又斷傳承，這裡跑、那裡跑……是不是把比喻弄顛倒了？

「修行時，要像啞人品味一樣。」不管修出離心，還是修空性，對於所修的道理，你自己一定要完全通達，要品嚐到它的味道。

「思維時，要像北方人剪羊毛一樣。」北方人剪羊毛，是一根都不會剩的。思維也是這樣，要一字一義都不漏地分析每一個道理。

「得果時，要像雲散日出一般。」雲散去以後，太陽就完全顯露出來，它的光芒會無可阻擋地照耀一切。得果時也是一樣，離開一切障礙，顯現一切功德。

大家要好好品味這些比喻，然後，務必做到聞思修不相脫離。如無等塔波仁波切說：「聞思修行互不錯

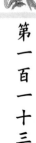

亂、齊頭並進，就是無誤的要訣。」我覺得，每天既有聞思，又有修行，就這樣修一輩子，就是很好的修行人。否則，聽了一部論就去修，然後修了一陣又停了，最後不聞不修，成了世俗人，這樣不好。但這樣的人，在我的心目中，起碼能數出「無數」個。當然，修行好、有成就的，也有「無數」個。這樣分析，應該很公正、客觀吧？

菩提心是正法精髓

總之，我們要明確：聞思修的結果，是必須達到使慈悲心、菩提心日益增上，我執煩惱日漸薄弱的目的。

「發菩提心」這一引導，是一切正法的精髓、一切聖道的精義，是有則必足、無則不可之法。也就是說，在佛陀所宣說的八萬四千法門中，醍醐要義就是菩提心，有了菩提心，哪怕是一刹那，功德都不可思議。

《佛說諸法勇王經》云：「既發菩提心，所得福德聚，欲稱其少分，不可得計量。」意思是說，因發菩提心而獲得的福德聚，僅僅是它的極少分，也是無法衡量的。亦有經云：「若發菩提心，若有其形象，大海虛空界，此等也不容。」

因此，對於上述發菩提心的道理，我們不能似是而非、似懂非懂地了解，而應該誠心誠意地修持，這一點是相當相當重要的！

下面是這一品的總結偈：

雖發勝心然卻未生起，雖學六度然卻具私欲，

我與如我愚癡眾有情，修成勝菩提心祈加持。

華智仁波切自謙道：雖已發了殊勝菩提心，但因為煩惱、業障的遮蔽阻擋，相續中還沒有生起；雖已學習了布施等六度之理，但因為行持無力，內心還是存在著私欲。所以，願我及像我一樣的愚癡眾生，都能修成殊勝的菩提心，祈禱十方諸佛菩薩、所有傳承上師、空行護法等常常垂念，並賜予加持與護佑。

我們也一定要祈求聖者的加持與提攜，以使自己在認識並懺悔過錯的同時，自在地修持殊勝的菩提心！

【諸道之根本——發大乘殊勝菩提心之引導終】

第一百一十三節課

第一百一十四節課

今天，我們簡單講一下金剛薩埵百字明的修法。

這個修法，今天不廣講，只是因為學院有些道友要修，所以提前講一下。發心修完以後，按《開顯解脫道》的順序，是供曼茶羅；但按《前行》的次第，則要先修百字明。所以，修完發心的，就可以修百字明了。

五加行中要念十萬百字明，和其他修法相比，這個時間可能稍長一點。如果是一個懶惰的人，不說十萬百字明，就是一萬金剛薩埵心咒，還是嫌多。但精進的人不相同，像在華智仁波切的上師——如來芽尊者等上師們的傳統中，好多弟子都念了一百萬、兩百萬，甚至更多。所以，十萬並不算多。

懺悔的必要

再說，我們造的業也太多了。

從無始以來，或者僅是從小到現在，我們每一個人，肯定都造過許許多多的惡業。這些惡業，有些是因為煩惱深重，生了貪、嗔、嫉妒等，就造下了，這是自性罪。其實，造這種業是很容易的，不說無始至今，看看你一天的心念就知道了，一會兒生貪、一會兒生嗔，很難控制。所以，自性罪肯定很多。

185

大圓滿前行廣釋（七）附大圓滿前行實修法

而自從皈依佛門，入了別解脫乘、菩薩乘以及密乘以來，也一定違犯過這三乘的戒律，這種違犯，都是佛制罪。自性罪、佛制罪，這些罪業，除非是聖者，凡夫是絕對會造的。因此，懺悔是特別特別重要的。

雖然有些人自認為清淨，從未染上過患，但實際是不可能的。尤其在末法時代，一般人都容易生邪見、偏見、顛倒見，而正知、正念、正見，卻很難生起來。既然如此，百字明以及其他加行修法，都是必須修的。

其實，這每個修法都很關鍵。你看皈依，沒有堅固的皈依心，就不算佛教徒，那十萬多嗎？不多，還要念。再看發心，很多人口頭上「為眾生、為眾生」，但一做起事來，全是自利的心，所以，念十萬肯定不夠。當然，能念也是一種串習，至少也是向上師三寶表示：「雖然我的境界不夠，但我願意利他，所以我要念十萬發心偈……」有這種心也很可貴。連十萬都不肯念的人，要利益眾生，是不現實的。

因此，加行人人要修。當然，菩薩的化現例外。如果是阿彌陀佛顯現凡夫，或者是「外道」人士來看看，那你不修也可以。但作為一個佛教徒，一個修行人，還是要捫心自問：「我的皈依心如何？我的利他心如何……」知道自己不行，就踏踏實實地修加行。

很多人口口聲聲「罪業深重、罪業深重」，我看這也不假，我們的罪業的確深重。怎麼看呢？還是看心

態。生貪心、嗔心時，心態一下子就圓滿了，而信心、悲心卻生不起來，就算生起來也很微弱。做壞事就興致勃勃，而且也順利，但一行善法，就興趣全無⋯⋯這些狀態，無非是罪業的力量所致。因此，每個道友都應把握好這次機會，清淨罪業。

前輩大德常講：「罪業雖無功德，但依懺悔令其清淨，就是罪業的功德。」

可見，罪業是可以清淨的，但要清淨它，一定要依靠四種對治力。凡夫人在修金剛薩埵時，即使不能細緻地觀想，也一定要具足四種對治力。

四種對治力

所依對治力

在自前觀想釋迦牟尼佛、阿彌陀佛或蓮師等佛尊，或者觀想三十五佛㊷，或者觀想自己的根本上師，或者按這裡的修法，就觀想金剛薩埵，以其為皈依境，一心一意祈禱：「我以前造過無數罪業，現依誠信在您面前懺悔，唯願依靠您的加持力，將我相續中的罪業清淨。」

這些修持懺悔的所依，就是所依對治力。如果按華智仁波切的講法，還要加上願、行二種菩提心。

厭患對治力

一個人服了毒藥，毒性發作時會疼痛難忍，那時一

㊷詳見《三十五佛懺悔文》所述。

大圓滿前行廣釋（七）附大圓滿前行實修法

定懊悔吃了毒藥。而我們以往所造的罪業，殺生、偷盜、犯戒等，比毒藥更厲害，果報更可怕。大家也知道，漢地的生活多數是跟罪業連著的，不說別的，就是一頓飯，魚、蝦、青蛙、猴腦……什麼都吃，但這些都是罪業。所以，把這些一一回想起來，然後心生悔恨：「唉，我以前真是瘋了，竟然和惡友們造下如是如是罪業，現在若不趕緊懺悔，讓罪業積存在相續裡，將來只有下地獄了，別無出路……」

這種強烈的追悔之心，就是厭患對治力。

返回對治力

就像一個人下決心再也不服毒一樣，當你知道錯了，比如了解了殺生的果報以後，就應該發誓：「從今以後，即使餓死，我也決不殺害一個生命。」

這種再也不犯的決心，就是返回對治力。

現行對治力

現行對治力有很多：比如修菩提心，菩提心能摧毀一切罪業；三輪體空，利根者安住無有能懺、所懺、懺法的境界，也是懺悔。但一般來講，按諸多傳承上師的傳統，最殊勝的懺悔方法，就是觀修金剛薩埵。

總之，懺悔的修法，就是現行對治力。

金剛薩埵是百尊之尊

在十方無量的佛陀中，金剛薩埵是百尊之尊。

何謂百尊之尊？大家知道，聞解脫裡有寂猛百位本尊，其實一切佛菩薩、空行、護法，皆可包括於這百尊之中，而百尊又可包括於金剛薩埵一尊。簡言之，就是十方如來可以攝於金剛薩埵，而金剛薩埵也可以幻化十方如來。這個關係，就如同太陽與陽光，太陽可以散射無量的陽光，而陽光又攝於太陽。所以，只要你修成了金剛薩埵，也就成就了百尊功德。

尤其是，對於懺悔，金剛薩埵有不共願力。阿彌陀佛的願，側重於攝受往生，讓聽聞其名號的眾生往生極樂世界。而金剛薩埵，則是側重於清淨罪業，他曾於因地發願：「凡聞我名號、凡觀想我、凡念誦我心咒的眾生，無始以來之罪業悉得清淨，若不能者，我不取正覺。」如今，金剛薩埵已現前佛果，所以不論是誰，只要肯觀修，就必定能淨除一切罪業。而他的不共願力，也是我們要著力觀修的緣由。

當然，在智慧法界中，十方如來是一味一體的，無須分別，但是，因為根基、業力的不同，要刻意做些息、增㊸事業的話，觀修不共本尊是有必要的。比如，藏地歷代有許多大德，他們最喜歡念的，就是《文殊真實名經》和文殊心咒，因為文殊菩薩是智慧的不共本尊。所以，不管是誰，也不管是什麼身分，只要修文殊法門，就會大大增上智慧。其他的本尊也是一樣，比如，

㊸息業：息滅病、魔、罪障等；增業：增上福、壽、智慧等。

大圓滿前行廣釋（七）附大圓滿前行實修法

要增長慈悲，就祈禱觀音菩薩，修大悲法門；想擁有威力，就祈禱大勢至菩薩……而你要清淨罪障的話，就一定要觀修金剛薩埵。

如何觀金剛薩埵

至於觀修方法，最好先在佛堂裡，安放金剛薩埵的佛像，沒有條件的，至少也擺一張圖片，就像皈依、發心的皈依境一樣。

觀想時，對密法有穩固見解和信心的，可以觀想圓滿報身服飾的金剛薩埵佛父佛母雙運。如果對密法的見修行果，不但沒有信心，反而對此起男女之想的，就觀單身像。不論雙身、單身，都觀在自己的頭頂上，面向與自己一樣。

在我們頭頂上的金剛薩埵，形象是金剛薩埵，本體是自己的根本上師。而且，他不是一尊的體性，而是百尊之主，是融寂猛百尊乃至浩瀚無垠所有聖尊於一體的智慧本尊。這位本尊，不是像唐卡或壁畫上畫的那樣，扁扁的、不動搖，他是立體的。雖然是立體的，但他不具有實質性的內在，像銅鐵或泥巴像一樣，裡面裝著實物；也不是像人體一樣具有血肉，而是如彩虹一般，顯而無自性。這就是生起次第觀想本尊的方法。

而且，一定要觀得清晰。眉毛、眼睛、飾品……一樣一樣的，若能深入觀想，金剛薩埵的每一個部位，都

應該觀得清清楚楚，就像唐卡裡畫的那樣。但在細緻觀想的同時，要去掉實執，也就是說，要了知聖尊的顯現，如水中的月亮、空中的彩虹一樣，毫無實質，是顯而無自性的。我們知道，彩虹雖然美妙，但卻如幻不實，金剛薩埵也是如此。

《前行》裡講解金剛薩埵的那段文字，不廣不略，觀修之前，你們多看一看。在藏地的很多伏藏品中，都有金剛薩埵的不同觀法，但有的太廣，太廣了不好修，觀的時候，可能也模模糊糊的。但《前行》的觀法廣略適度，大家可以參照觀修。

如何念百字明

將聖尊觀好以後，就可以念百字明了。

一般來講，要觀想咒輪旋轉等，對大多數人是有困難的，因為這要有生起次第的修行基礎，不光是一個「旋轉」就可以。

不如像前面講的那樣，你就想，在我頂上安住的金剛薩埵，其實與十方諸佛，以及我的根本上師是無二無別的，現在我就對他皈依：「從現在開始，我唯一皈依您、依止您，您是我的依怙，您是我的至尊，您是我的導師，在此世間，除您之外，我再也沒有其他可信任之處，除您之外，我再也沒有其他可皈依之處。」然後發心：「從現在起，我誓願度化天下無邊的一切眾生。」

皈依、發心以後，就憶念罪業。殺生、偷盜、邪淫、妄語……一一憶念，之後一邊痛哭，一邊念百字明懺悔。如果是經常為了別人哭，那是貪心、嗔心導致的，哭也沒有什麼價值。但在金剛薩埵面前哭的話，追悔往昔的罪業，淚流滿面，這個利益是非常大的。

以前有個人偷了東西，後來知道錯了：「我錯了，我太差勁了，我再也不幹了。如果您原諒我，從現在開始，我一定重新做人！」就像這樣，念百字明的時候，一定要先「認錯」，要發誓「改錯」，這種慚愧心很重要。

我對百字明也很有信心，也許是業感深重的原因吧，不論早上、晚上，我念的時候都有一種慚愧。凡夫人應該都差不多吧，所以大家都要這樣念。

道友們的境界，應該是有高有低的。據我了解，有些是剛開始好一點，後來不行了；但有些正好相反，剛開始不行，邪知邪見很重，可後來罪業被清淨以後，福報也現前了，修行等各方面都增上了。

因此，希望大家都能夠認真地懺悔。

淨除罪障，修行才有感應

上師如意寶在《忠言心之明點》[44]裡講過：自相續本

---

[44]《忠言心之明點》云：「忽然障塵極遮蔽，難現深廣等持影，故需四力布勤拭。」

來如明鏡一般，但被二障塵垢遮蔽以後，生起次第和圓滿次第等深廣等持的影像無法顯現，所以，用四種對治力的「布」勤加擦拭，極為重要。

有人常常難過：「為什麼我見不到本尊？為什麼我觀不出來？為什麼我修行不圓滿？」其實，就是因為業障。當相續被業障覆蓋以後，不消盡相當的業力，生圓次第及大圓滿的覺受，始終不會呈現。就如被灰塵蒙住的鏡子不能現出影像一樣，當你的心被前世今生的種種罪業遮障以後，不說甚深等持，可能連一般的法義也理解不了，連一個教證也記不住，更別提什麼感應了。

因此，在有些上師的竅訣中提到：「如果你閉關時沒有感應，那時候，你一定要懺悔，一定要祈禱上師，這兩點至為關鍵！」祈禱上師，上師透過夢或直接加持，可以遣除你的違緣；而念百字明懺悔之後，罪障清淨了，就可以現前證悟。

當然，祈禱上師時要虔誠、猛厲；念百字明時，要具足四種對治力，要憶念罪障，並盡量念誦清楚。

四座觀修

在觀修時間上，最好是一天四座，至少兩座。發心做事時，可以邊做邊念，但這樣效果不好，因為你不能一一觀想。所以，有條件的，以閉關方式修比較好。這次我們的要求，是一天念一千遍，能修四座的話，每次

大圓滿前行廣釋（七）附大圓滿前行實修法

念個兩三百，早晨、上午、下午、晚上，應該也不困難。

　　念的時候，上面講的這些道理，可以分別憶念。比如，有時想想自己的罪業；有時觀一觀金剛薩埵的身像，思維一下金剛薩埵的功德；有時觀想利益眾生；有時觀想罪業被清淨了；有時就輪番地修持四種對治力……不過，有時什麼都想不起來，只是在念誦百字明：「嗡班扎薩埵薩瑪雅、嘛努巴拉雅、班扎薩埵底諾巴底叉、知桌美巴哇、蘇埵卡約美巴哇、蘇波卡約美巴哇、阿努日阿埵美巴哇、薩哇斯德瑪美扎雅叉、薩哇嘎嘛色匝美則當、協央格熱吽、哈哈哈哈吙、班嘎哇納、薩哇達他嘎達、班扎嘛麥母雜、班扎巴哇、嘛哈薩瑪雅薩埵啊。」

　　可能每個人的念法、表情都不同，但不管怎麼念都行。當然，除了這次修加行以外，平時最好也是每天都念。《前行》、《百咒功德》裡都講過：如果每天早上念21遍百字明，就能加持墮罪，令墮罪所生的異熟果，不會增長；如果一次性念誦108遍，便可酬補一切所失之戒，不會墮入三惡趣。

修行人要重視百字明修法

　　前面說過了，我們都有罪障，想得起的、想不起的，知道的、不知道的，很多很多。不說有意為之，就

是無意中踩死的小蟲，無意中對他人造成的傷害，也是不計其數。因此，作為修行人，一定要重視百字明的修法。

記得以前有段時間，上師如意寶住在成都花園，由一個藏族公安人員負責保安。他是藏族的，但不懂藏文，所以在看漢文的《大圓滿前行》。

當看到百字明的功德時，他生起了很大信心。那段時間比較長，也沒事做，所以他就天天穿著他的制服，修百字明。他修得很精進，但旁邊有幾個小出家人很調皮，整天在玩兒。看到這一幕，我就跟他開玩笑，說：「穿警服的人，竟然比出家人還精進啊！」他一聽也笑了，說：「百字明的功德太大了！可惜啊，以前我不知道。」就這樣，他每天翻翻《前行》，然後就專注地念修百字明。

就像他一樣，我想，凡是了知百字明功德的人，不管是誰，都會重視的。眾多續部都稱金剛薩埵是「懺悔之王」，而百字明，則是「懺悔之王咒」。能遇到這麼殊勝的咒語，一方面要珍惜，一方面，為了增上信心，修持前也應該多作些了解。

有些道友修個房子也要盯著，為什麼呢？就是想質量上能過得去。其實，修百字明也是一樣，一定要保證質量，不是為了完成個數量，為了聽密法。如果是這種心態，即使應付著修完了，騙過了管家、法師，聽到了

密法，意義也不大，因為你沒有清淨罪障。如果罪障還在，那你得再多的灌頂，聽再深的密法，也還是像在一塊未經開墾的田地裡播種一樣，播下什麼，都不會有好收穫的。

因此，要修行的人，一定要先讓相續堪能。而要做到這一點，一方面，要以正知正念守護淨戒，增上菩提心；另一方面，就是要結合四種對治力，念修百字明懺淨罪障。

據《堪布阿瓊仁波切密傳》記載：堪布阿瓊聽完《大圓滿前行》以後，請示上師該修什麼法，上師讓他修十萬百字明。結果，他用了五十天就修完了。修完以後，夢裡出現罪業清淨的徵相，白天身體輕鬆，而禪定時也很清明。他向上師匯報以後，上師非常滿意。

當然，堪布阿瓊是大成就者，我們比不了。但就速度而言，他用五十天，那我們用一百天，應該也都修得完吧。其實，關鍵還是重不重視。如果你能了解，修金剛薩埵對今生乃至生生世世是最重大的事，那你一定會重視的。

不過，人和人的價值觀不同。有人認為買車購房重要，三四十年的積蓄和精力全都投上了，世間人這樣做，我們理解。但從生生世世的角度來看，用這個難得的人身，在這個短暫的一生中，完整圓滿地修一遍五十萬加行，是最值得的。如果你修過了，那在離開世間的

第一百一十四節課

時候，此身就沒有白費，此生也沒有空過。

因此，希望大家好好懺悔。不管出家在家，大家都了解自己，以前業力深重，以後也很難說，所以盡量多念。

其實這個百字明，不說上萬遍地念，就是念一遍的功德和加持，也是不可思議的。而且，麥彭仁波切在《大幻化網總說光明藏論》中說，修持密咒時，即使你不會觀想，不了解其中的道理，只是口誦，也能獲得殊勝加持，因為這是真實語的緣故。

此外，在修百字明的同時，也可以念《三十五佛懺悔文》。漢地的懺法很多，朝暮課誦裡有《八十八佛懺悔文》，還有拜萬佛以及《梁皇寶懺》等；藏地也有《無詮義懺》等加持極大的修法，有時間的話，可以一起修。或者，只是念些簡短的懺悔文，也可以。

按儀軌觀修百字明

那麼，在念百字明時，按哪個儀軌來修呢？

《前行引導文》、《開顯解脫道》都可以。不過，《開顯解脫道》的儀軌雖然略，但上師如意寶說過：「《開顯解脫道》是龍欽寧提派的精華，修行重點全都涵攝其中了，可以說在印、藏、漢等地，都是極為難得的觀修方法。」所以，這次我們就用這個儀軌來修。

大圓滿前行廣釋（七）附大圓滿前行實修法

百字明的內容，意科喇嘛有個字面解釋，以前我也想作一個，但一直沒時間。不過也不要緊，主要是觀想金剛薩埵。其實「百字明」的咒文是梵語，就像觀音心咒或楞嚴咒，上師們並不要求觀想咒的意義，最多觀想一個文字輪。文字輪我以前也講過，能觀想的也可以，但再多的，就不需要觀想了。

　　有些人該觀的不觀，不該觀的總是添枝加葉：「金剛薩埵的上面是什麼，背後還有什麼……」有好多分別念。其實，就按儀軌觀想已經足夠了，能觀好這些也不錯了，不用再增加什麼。

修行人要長期修百字明

　　過幾天就開「金剛薩埵法會」了，在此期間，希望大家好好懺悔。

　　我自己的話，由於瑣事太多，法會期間可能四十萬修不完。不過，二十多年以來，懺悔法是我每天都修的，百字明、金剛薩埵心咒、懺悔文，從未間斷過。就說《三十五佛懺悔文》，我每天多則三四遍，少則一遍，再累再忙，拖到再晚還是要念完。因為我覺得，這些修法實在太重要了。生而為人，畢竟還有懺悔的機會，如果是轉成旁生或天人，那連念一遍百字明的機會都沒有。

　　百字明是一切密咒之王，得過灌頂的，可以看一下

《大幻化網》、《百咒功德》以及其他教言中，有關咒語或百字明的功德，看了之後，你一定會生起堅固的信心。有信心的話，你會珍惜這個修法，而且修持的效果也好。千萬不要應付數字，我們懺悔不是為了騙別人，或者其他什麼，而是要清淨相續，做個真正的修行人。

真正的修行人，像前輩的大德，他們最重視的就是修法。上師如意寶在世時，法會的八天，總是念四十萬心咒，年年如此。而藏地歷代的高僧大德，也都沒有不念百字明的，一生念十萬、二十萬的有，一百萬、二百萬的也有，為什麼呢？因為他們重視這個修法。

昨天，我找熱桑堪布，讓他跟學院的堪布們一起去耍壩子。但他說，他們正在修一千萬蓮師心咒，不一定來得成。我想，他可能不太想來吧，所以今天早上又再三跟他溝通，終於把他邀請來了。

可見，老修行人的目標，跟我們是不同的。我們當學佛是吃快餐麵，得個大圓滿灌頂，好像大樂就生起來了，「上師，您給我傳個最簡單的法，直指心性、光明、明點……」「我看看虛空，哇，普賢如來現前了，我再也不用修了」……

這把佛教看得也太簡單了。其實，佛教不是那麼簡單的，要修行，最重要的是加行法門，一輩子都要修的。並不是像有些人想的，聽個密法就行了。沒有基礎的人，一個嚴格的上師，是不會給他傳密法的。即使傳

大圓滿前行廣釋（七）附大圓滿前行實修法

了，在你的根基真實堪能之前，也是得不到真正利益的。

在學院常住的法師和修行人，有些因為修過多次五加行，所以不論是聞思還是信心，都非常好，而且相續也調柔，一看行為就一目了然：「這個人的修行肯定很好！」原因在哪裡呢？就是因為有前行的基礎。

我曾多次講過，意科喇嘛引導弟子時，最重視的就是前行。在他的傳統裡，一定要修前行多年以後，才偶爾傳點密法。這種傳承的力量，後來在「文革」期間被證實了。那段時間，人們紛紛捨棄三寶，但就是在這樣的危機面前，他所有的傳承弟子，卻因為加行的基礎穩固，始終堅持信仰，信心堅固。

可見，信仰堅固與否，也依賴於加行。不管是修皈依、發心，還是修金剛薩埵，都不能停留在文字上，要真實去修。

修的時候，也一定要專注，要讓心跟隨儀軌進入文字的內涵。否則，既無慚愧、又不專注的話，那即使天天「嗡班匝爾薩埵吽、嗡班匝爾薩埵吽」念個不停，也沒有大的利益。

每次念修的時候，我們都應該深刻認識自己的過失：「唉，我無始以來的罪業太深重了，現在雖然出了家，但修行還是很差，行為也不如法，實在太慚愧了！對所有這些，我都在上師金剛薩埵您面前誠心懺悔！」

應該這樣修持。其實，金剛薩埵是一切上師三寶的總集，能在他的面前懺悔，是很難得的。當然，在家人也一樣，更要懺悔，要把握好機會。

以前，「金剛薩埵法會」在覺姆經堂那邊開。有一次，有兩個法師就坐在我身邊。他們從早上開始，一直念儀軌、念心咒，一心懺悔。八天下來，人好像釘在樁子上一樣，懺悔得非常專注。

專注懺悔，效果是最好的。如果心不專注，八天連一萬心咒都念不圓滿，那就太可惜了。前兩年的法會，聽說有些新來的居士，八天都不說話，胸口上掛一個「止語」牌，一心念咒，這樣很好。不過，有些人的「止語」牌雖然大大的，但聲音也是大大的。

其實，不僅是在法會期間，平時也應該不間斷地懺悔。像每天早上念21遍百字明，不僅可以加持墮罪，不令增長，同時還可以清淨當天的語障，使所念的經咒更具加持，為別人說法時，也能令其獲得更大利益。

為什麼有些上師說一句話，就能為整個世界帶來巨大利益？同樣是語言，為什麼價值不同？

其實，就是因為說者的相續有差別。比如，凡夫人說一句話，文殊菩薩也說一句話，同是一句話，力量完全不同。因此，語業清淨的人，不管是念經還是說話，其能力自然超勝。

當然，修百字明不僅能遣除語障，身、心的障礙都

大圓滿前行廣釋（七）附大圓滿前行實修法

能遣除，有無量無邊的利益。這些利益和功德，要講的話，一堂課肯定講不完。但有一點我想強調的是：我們現在身處輪迴，又到了這麼一個時代，能遇到百字明，實在是非常難得；而有了機緣，又不趕緊懺悔的話，一旦離開世間，被罪業墜下深淵，那就太可惜了！

所以，即使不能像以前的大德那樣，百萬、千萬地念，但把百字明作為長期的功課，也應該是可以的。比如，每天早上念21遍，長期地念，甚至一輩子都念，把懺悔融入日常的生活，這樣過一生，應該是很有意義的。

有時我也回顧自己的人生，雖然從小信佛，但當時並不知道念百字明，百字明有什麼功德。後來出家以後，聽了《大圓滿前行》，才知道百字明的功德如是之大，這才重視了，也才開始念誦。不過，一旦開始以後，從那時到現在，有25個春秋了吧，也算是比較長的時間，在我的記憶中，從來沒有間斷過。而且，不但早上念，平常也在修。

其實，一個人要想約束自己的話，就應該修持你認為重要的法，因為它對你重要，也就不會輕易離開你的生活了。如果你覺得可有可無，無所謂，那最多是想起來才修一下，想不起來，也就丟棄了。

因此，希望大家都重視百字明，並且長期地修持下去。

修行是最重要的

按理來講，修行最重要，比飲食、睡眠都重要。

但作為凡夫人，不可能把修行放在第一，生活放在第二，這個還做不到。現在能做到的，是把生活放在第一，修行放在第二。但不管怎樣，只要是有修行的人生，都有價值，也都有意義。

現在人只知道賺錢，心目中已經很少有道德觀念了。不說其他人，就是老師，他們的大部分心思也不在培養學生上。本來，作為「人類靈魂的工程師」，應該對學生的心靈有所啟迪，但現在這個「工程師」，他的「設計」、他建的「工程」都不理想，因為他的目光在錢上。還有醫生，多數醫生的心態也是令人擔憂。諸如此類，當人類把目光專注於金錢的時候，連世間的基本人格都難以把握，更何況是出世間自我相續的淨化、提升了？

在座的各位，可能都自認為是大乘的佛教徒吧，但只是這麼認為不行，還要作大乘的修行，為自他而懺悔。

像這次修加行，有人是第一次修，但可能也是最後一次。因為人生短暫，以後再想修的話，也不一定有時間，不一定有因緣。所以，這次修加行，你們都應該把它當作生命中最重要的事情。世間人一般認為，工作、成家這類事情重要，但從更長遠的角度來看，修行才是

大圓滿前行廣釋（七）附大圓滿前行實修法

最重要的。因此，希望大家都把加行放在首位，並且保質保量地修完。

這次修百字明，時間是一百天，我想多數人修得完。有些發心人員比較忙，發心和修行有衝突，這一點我理解。但既然已經承諾發心了，那些不容耽擱的事，就一定要做，而且要做好，因為這關係到太多眾生的利益。

當然，與此同時，也應該盡心盡力地修行。

這次《前行》講得比較廣，尤其是前面「共同加行」部分，用時比較長。

有人說：「您不要再拖了，我們馬上要走了，難道您願意看到這種後果嗎？」不管怎麼樣，你走也好、不走也好，我都會盡量講圓滿的。我相信，大多數人也是會聽圓滿的。

以前，在講《入菩薩行論》期間，我一直擔心是否能完成，但後來完成了。在《旅途腳印》中我也提過，在廈門治病時，我一直在翻譯《釋迦牟尼佛廣傳.白蓮花論》，當時我也是常常想：「能不能完成呢？譯完之前，我死了怎麼辦呢？」甚至，我還跟身邊的人交代說：「萬一我死了，稿子就在這裡，怎麼怎麼處理……」不過，後來還是完成了。

《白蓮花論》、《入菩薩行論》都圓滿了，現在我

心裡想的就是《大圓滿前行》。《大圓滿前行》講完的話，老和尚我的部分心願也就了了，以後講什麼，根據情況再看吧。

有時我也不敢講特別大、特別長的法，要講的話，生活和修行上還是有一些壓力。但《前行》這部法，就我個人而言，可以說，是我生命中最重要的一部法。而從在座的長遠前程來看，修加行，也應該是你們最重要的一段修行旅程。因此，我希望每個人都把它修圓滿。不要磕了三個頭就不磕了，還找來種種理由，這個沒必要。你不想修行另當別論，要想修行的話，次第而修很重要。

這個道理，很多法師現在都已經明白了，包括我們漢族的法師。以前很多人也不想修：「我不想修加行，您開個後門吧，我想快點成就，您就給我傳個密法吧。」密法我傳過，但傳了以後，你不還是要次第地修嗎？其實，次第修行過的人，境界是完全不同的，他的心裡易生善心，而且善心不會退。但那些不按次第的人，修行就像學氣功，也許暫時稍微有一點感覺，但這個是不會長久的。

最後，我再次強調，修金剛薩埵時要好好觀想。雖然我們都有說不完的罪業，但是，能通過金剛薩埵法門來懺悔，也的確是很有福分的。否則，一個沒有福分的人，是根本遇不到這個法門的。這一點千真萬確！所

以，希望大家不要錯失機緣，要念完十萬百字明，最少十萬。

當然，如果你還有空閒，也可以念修蓮師心咒一千萬。這樣，在清淨罪業的同時，又能祈禱上師。祈禱上師很重要，當上師的加持融入自心時，修任何法都會圓滿的。如果再有時間，那就像龍欽寧提的傳承上師們那樣，多念百字明，越多越好。

某些教言說：「若能將金剛薩埵與上師瑜伽合修，利益極大。因為在清淨罪業的同時，又得到了上師的加持與悉地，所以是無與倫比的修法。」

希望大家記住這些金剛語，如理如法地修行！

第一百一十四節課

第一百一十五節課

今天講「不共加行」的第三個。

三、念修金剛薩埵

首先，是作者對上師的頂禮句：

離二障垢然示淨除障，究竟勝道然現修學相。

超有寂邊然顯三有中，無等上師足下我敬禮。

這一偈，在講述上師功德的同時，也總攝了一章的內容。在修辭上，用的是藏文中比較特殊的「轉折」方式。

偈頌的意思是：我的上師，雖已遠離了煩惱與所知二障，但在眾生面前，仍然示現精勤懺悔、淨除罪業。其實，諸多上師也都是如此，是為了眾生，才示現的。

我的上師，雖已獲得了究竟的果位，但為了接引凡夫行者，仍然示現次第修學——資糧道、加行道、見道、修道、無學道，一一修學。

我的上師，雖已超越了輪迴與寂滅二邊，但為了度化眾生，仍以善知識形象在三有中示現，而且與一般人無二：有行住坐臥，也有生老病死。

作者就在這樣一位，無與倫比的具德上師足下，恭恭敬敬頂禮。

大圓滿前行廣釋（七）附大圓滿前行實修法

最關鍵的修行要訣

就像華智仁波切一樣，我們在念修懺悔前，也應該對自己的所有傳承上師——具三恩德的上師以及結上法緣、善緣的上師，恭恭敬敬地頂禮。

如果對上師有虔誠與恭敬的話，上師相續中的智慧、悲心等功德，自然而然會融入我們的心相續。這是一種特殊緣起。

夏丹德，以前藏地著名的格西，他在講解《修心七要》時，曾引用豐富教證，說明上師與佛無別；同時，也引用新舊噶當派祖師的語錄，作了印證。他說：「若修行人對上師不具虔誠、恭敬，智慧則無法開啟，罪業則無法遣除……」講了很多道理，我看了很有收穫。

其實，這就是最關鍵的修行要訣。但可惜的是，很多人把它放棄了。放棄這一點，在別處尋找捷徑，就像拋棄根而捉住枝葉一樣，得不到核心的修法。

因此，不論何時何地，希望各位都能對根本上師心存恭敬。當生起不如理的心念時，要立即懺悔，始終安住於「善知識即為佛」的正念中。

丙三（清淨違緣罪障——念修金剛薩埵）分五：一、懺悔之理；二、四種對治力；三、真實念修金剛薩埵；四、念修百字明；五、懺悔之功德。

丁一、懺悔之理：

最近，道友們正在修百字明，大多數人修得很精進，這樣很好。我們自己也知道，沒學佛以前，我們造了許多罪業，有些甚至是彌天大罪；而在學佛之後，入了別解脫乘、菩薩乘、密乘以來，也犯過很多嚴重罪業。所以，為了清淨這些罪業，就應該好好懺悔。

人都有自知之明，自己造過什麼業，自己是知道的。因此，學院每年開「金剛薩埵法會」時，四眾弟子都會很自覺地念四十萬金剛薩埵心咒，不用管家特別要求。

洛若寺有個小佛學院，一百多人，那裡有一位老堪布金旺，很了不起。他以前在佛學院待過很長時間。有一次講法，他對那裡的道友說：「喇榮開金剛薩埵法會時，你們一定要全部上去，每個人都要念十萬金剛薩埵心咒（佛學院早期開法會時，規定是十萬）。」隨後，堪布又給他們講了許多道理。

在座道友對金剛薩埵法門，都有所了解，應該也知道這個修法的重要性。其實我們都一樣，雖然對其他法門也有興趣，但對這個修法更加重視。

證悟之障

不管是修顯、修密，相續中生起殊勝證相的主要障礙，就是罪障和習氣。為了使阿賴耶的明鏡顯現證悟影像，淨除罪障是至關重要的一環。這就好比，要讓鏡子

映出影像，就要擦拭鏡面一樣。

這裡把阿賴耶比作明鏡。在這面明鏡中，想要在修無上密法時，顯現本來清淨或任運自成；在修生圓次第時，顯現明點、佛父佛母以及諸佛菩薩的清淨之相；在修顯宗法要時，現前殊勝的止觀境界等，都要先擦拭上面的「塵垢」，擦拭乾淨了，才能顯現。

如《圓覺經》云：「常當勤心懺，無始一切罪，諸障若銷滅，佛境便現前。」意思是說，修行人應當常常精勤懺悔無始以來的一切罪業，如果種種罪障全部息滅了，佛的境界便會自然現前。這就像鏡子被擦乾淨以後，山河大地自然映現其中一樣。

所以，我們一定要勤修懺悔，清淨罪業。

洗浴不能清淨罪障

當然，也不是所有的方法，都能清淨罪業。記得《雜譬喻經》裡有一則公案：

從前，有兩母子相依為命。兒子長大以後，問母親：「我父親信奉什麼？」母親說：「你父親在世時，一日三次入水中洗浴，想以此洗淨罪障、得到神通。」

兒子不以為然，說：「如果水真能洗淨罪業，那麼，河北岸的居民每日南渡放牛，每日都洗浴兩次，為什麼不得道？況且水中有魚、鱉之類的生物，為什麼牠們不能得道呢？」母親也覺得言之有理。

兒子又說：「唯有用佛陀的八解之池、禪定之水洗浴，才能淨除我們的罪障和垢染。」於是他們去依止佛陀，最終獲得了聖果。㊸

可見，所謂「洗浴能清淨罪障」的說法，是不合理的。我們一定要依止佛教中的懺悔方法，尤其是金剛薩埵法門。

金剛薩埵修法在藏漢經續中都有

佛陀在各種經典及續部中，宣說了不可勝數淨除罪障的方便法門，而在所有的這些法門中，最殊勝、最簡單的，就是念修上師金剛薩埵。

這一修法，藏地最初是由蓮花生大士、布瑪莫扎等尊者開始弘揚的。直到今天，人們懺悔時也都是修金剛薩埵。而隨著佛法的傳播，現在漢地的很多人也在修了。

以前有人說：「金剛薩埵修法，是從喇榮五明佛學院傳出來的，《大藏經》裡沒有。」

這種說法不對。這一修法得以廣弘，的確是依靠上

㊸《雜譬喻經》云：昔羅閱祇國有婆羅門子，獨與母居。年少長大自問其母：「我父何所奉事？欲習其蹤。」母語子言：「汝父在時，一日三反入水自洗浴。」子言：「父作是何所希望乎？」母言：「恆水遣垢、可得神通矣。」子曰：「不然。」母謂子：「汝寧有異見乎？」子言：「若其然者，水北居民日驅牛南渡放，日再洗浴，何不得道？且水中有魚鱉之屬在水活，何以復不得道耶？」母言：「汝意云何？」子言：「唯有如來八解之池、三昧之水浴，此乃無為耳。」因報母言：「當詣佛所求沐神化。」於是母子至佛所。佛為說法。子作沙門得羅漢道。還為母說法。復得須陀洹道。

師如意寶的威德力，這是事實不假，但是，它的源頭並非學院，而是來自諸多密續的記載。我們知道，就像法藏比丘發願建極樂世界一樣，金剛薩埵最初於因地時發願：「凡聽聞他名號、念修他心咒的人，一切自性罪及佛制罪，都將清淨無餘，並於命終時往生清淨剎土……如果不能實現，則不取正覺。」

這種說法，也許有人不認可，認為這只是藏地續部的說法。其實，漢地的《大藏經》也有。我翻過漢文《大藏經》的密教部，裡面介紹金剛薩埵修法的很多，比如，《金剛頂瑜伽金剛薩埵五秘密修行念誦儀軌》云：「金剛薩埵者是普賢菩薩，即一切如來長子，是一切如來菩提心，是一切如來祖師，是故一切如來，禮敬金剛薩埵。如經所說，金剛薩埵三摩地，名為一切諸佛法，此法能成諸佛道，若離此更無有佛。」

這是唐朝譯師不空譯的。不空，是漢傳佛教四大翻譯家㊻之一，也是開元三大士㊼之一。其實他所譯的這部經典，也就是密續。這樣的譯師，這樣的密續，我想，沒有人會不承認吧。

既然是早就存在的法，藏漢經續中都有，那為什麼以前不知道呢？很簡單，以前沒發現而已。這個道理，就像珍寶藏在各自的礦裡，金、銀、鑽石等，少為人

㊻四大譯經家：鳩摩羅什、真諦、玄奘、不空。
㊼開元三大士：密宗的善無畏、金剛智、不空。

212

知，雖然一直在那兒，但只有等到有福報的人來了，才能開取，沒有福報的人是無法開取的。

因此，如今有幸值遇了這個法門，一定要珍惜。

只要懺悔罪業就能清淨

剛才說了，只要是凡夫，都會造罪業，但不管是什麼罪業，只要懺悔就能清淨。如《大般涅槃經》云：「智者有二，一者不造諸惡，二者作已懺悔。」從不造惡的人，當然是智者；但造了惡業知道懺悔的，也是智者。

古代大德們都說：「本來罪業無功德，然懺可淨為其德。」意思是，罪業本來是沒有功德的，然而，通過懺悔可以令它清淨，就是它的功德。《萬善同歸集》[48]引《大集經》的道理說：譬如一件放置了一百年的髒衣服，一天當中就可以洗滌乾淨，同樣，一百劫中集積的所有罪障，通過佛法的力量善加修習懺悔，也可在一日，乃至一時得以清淨。

因此，無論是違犯了外別解脫戒、內菩薩學處，還是失毀了密宗三昧耶等，即便是罪業再嚴重，通過懺悔，也還是能得以清淨。

下面舉幾個例子來說明。

---

[48]《大集經》云：「百年垢衣可於一日浣令鮮淨。如是百劫中所集諸不善業。以佛法力故善順思惟。可於一日一時盡能消滅。」

指鬘王殺999人懺悔得果

婆羅門央具理魔羅（指鬘王），曾殘暴屠殺了999個人，但是通過懺悔，也清淨了罪障，並且即生獲得了阿羅漢果位。

簡單講一下這則公案：當時，有一個婆羅門師，他用咒語使指鬘王受到迷惑，然後告訴他：「如果你在七日之中能殺一千人，則可獲得梵天果位。」於是指鬘王開始瘋狂殺人。到了第七天，已經殺了999人，還差一個。但全城的人都躲了起來，他找不到人殺。

這時，母親來給他送飯。他又想起師父的話「殺母生天」，於是也準備殺害母親。

佛陀知道度化他的時機已成熟，於是放光顯現在他的面前。他立即捨下母親，追趕佛陀。雖然佛陀只是緩緩而行，但他拼命追也追不上。不得已，他便喊了起來：「比丘，你給我停住！」佛陀說：「我一直安住，沒有動過，只有你自己停不住。」

聽到這句話，他的心被攝住了。之後，在佛陀的指點與加持之下，他明白了自己的罪業，於是捨棄利劍，在佛前懺悔，並請求出家。佛陀為他剃度以後，將他帶回精舍。他也通過精進修持，獲得了阿羅漢果。

後來有一天，他到城裡托缽乞食。城中的老百姓一見是他，就互相通告：「這就是指鬘王，他殺人無數，今天竟然到這裡化緣。」於是大家紛紛用石頭、木塊打

他，用刀砍他。

結果，他被打得頭破血流，衣服也撕爛了，渾身是血地來到佛陀面前。佛陀安慰說：「你現在應該修安忍。為什麼呢？因為，本來你的罪業，是要在無量劫中感受的……」

在座的道友中，殺過999個人的肯定沒有，要殺也沒有這個能力。參加過戰爭的，也許殺過一兩個。但要知道，在所有殺業中，殺人是最嚴重的，所以一定要懺悔。

不管怎麼樣，如果指鬘王都能懺悔清淨，甚至得果，那我們的話，只要誠心懺悔，任何罪業都一定能清淨的。

未生怨王入地獄立即解脫

未生怨王在提婆達多的唆使下，殺害了自己的父親，造下五無間罪。但他通過懺悔以後，清淨了業障。死後雖然墮入地獄，但他所感受的痛苦極短，就像綢線球觸地即刻彈起一般，馬上從中獲得了解脫。

這個公案，《觀經》裡講得很廣。過段時間要講《觀經》，所以這裡就不廣講了。

《大乘本生心地觀經》亦云：「若起殷重心，一念求懺悔，如火焚山澤，眾罪皆銷滅。」意思是，如果真正知道慚愧，並以殷重心一心懺悔，那麼即使造的業再大，也會像火焚山澤一樣，將所有罪障在短短時間內全部懺淨。

大圓滿前行廣釋（七）附大圓滿前行實修法

比丘投火坑滅淫罪

《付法藏因緣傳》裡也有一則公案：曾經有一比丘在寺院修行，他的嫂子來給他送飯。這時，他因為淫心熾盛，與她私通，犯了根本戒。

犯戒以後，他立即生起了極大慚愧，心裡想：「我太愚癡了，竟然造下這等罪業，我現在已不是沙門了。」在慚愧當中，他將衣鉢掛在杖上，到僧眾及世間的各個地方，大聲喊道：「我是罪人啊！不應該再穿佛法的染衣了。我已破了戒，必將墮入地獄，現在我到哪裡才能得到救護啊？」

這時，大德闍夜多來到他面前，說：「你能隨順我的話去做，我就令你罪業息滅。」他歡喜踴躍，說道：「只要能清淨我的罪業，您讓我做什麼都行。」

尊者以神變力化現了一個大火坑，火焰熾燃，讓他跳下去。他為了滅罪，便毫不猶豫地跳了下去。但是，當他跳下去時，火焰一下子變成清流，剛剛沒過膝蓋，他渾身上下絲毫無損。

尊者說：「汝以善心至誠悔過，所有諸罪今悉摧滅。」然後為他說法，他修持以後，獲得羅漢果。

能樂講法滅殺母重罪

能樂的貪心非常嚴重，母親阻攔他去與一個女人約會，他就把母親殺了。見到那個女人之後，他的手還在發抖，女人說：「你不要怕，這裡沒有別人，只有我一

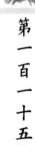

個人。」他說：「我為了你，把母親殺了。」女人一聽害怕了，心想：「連自己的母親都殺，那我更算不了什麼了。」

於是女人說：「你先待會兒，我到樓上去一下。」一到樓上，她就嚷道：「有賊！有賊！」能樂聽後嚇跑了。回到家裡，他將刀扔在地上，也大聲地喊：「賊殺我母！賊殺我母！」聞聲而來的人，都信以為真。

之後，他依照當地習俗將母親火葬了。這個時候他已醒悟，知道自己造下了極大罪業，內心無法平靜，於是便到處尋找滅罪的方法。但別人告訴他的方法，都是自己必須死掉才行，比如投水、投火等等，此外別無出路。

後來，他在去尸陀林的路上，聽到一比丘正在念一個偈子：「若人作惡業，修善而能滅，彼能照世間，如日出雲翳。」他想：「看來佛門一定有滅罪方法。」於是就出家了。

出家以後，他非常精進，很快精通三藏，而且辯才無礙。

這時有人問他：「您為何如此精進呢？」

他說：「為了滅重罪。」

「您造過何罪？」

「殺母。」

大家一聽，趕緊將此事告知佛陀。佛陀說，殺母之人不能出家。於是僧眾將他開除了。

　　但他不想還俗，於是就以出家相，來到偏遠之地，並在那裡建立了道場。因為他精通三藏，所以培養了眾多弟子，其中很多人已證得了阿羅漢果。

　　因為講經說法、培養僧眾等的功德，他死後雖然墮入無間地獄，但時間極短，之後立即上升天界了。上升天界以後，他一觀察因緣，知道是佛法的力量讓他滅盡了重罪。於是來到佛前報恩，聽法以後，證得初果。

　　類似的公案，《百業經》㊾等經典中還有很多。

　　曾有個道友說：「我要是再不好好修的話，那就完蛋了！想想出家前壞事幹盡，真跟瘋子一樣！」

　　不管你以前怎樣，現在知道懺悔就好。龍猛菩薩在《親友書》中也說：「何人昔日頗放逸，爾後行為倍謹慎，如月離雲極絢麗，難陀指鬘能樂同。」雖然以前是特別放逸的人，但學佛以後，行為上倍加謹慎、精進懺悔，那他也必將如月離雲，絢麗而光照世間，就像難陀、指鬘、能樂一樣。《別譯雜阿含經》亦云：「若人先造惡，後止不復作，是照於世間，如月雲翳消。」

　　其實不僅是我們，即便是歷史上的高僧大德，有的也做過壞人。像奔公甲格西、博朵瓦格西、伏藏大師列繞朗巴等，他們在修行以前，顯現上也是造過很多罪業的。當然，漢地的傳記中，這樣的事例也不在少數。

㊾比如，其中有一則，就是「王布果殺五千人得度證果」的公案。

因此，大家也不要灰心，以為罪業太多了懺不淨。其實也不是。只要具足四種對治力，誠心誠意、認認真真地懺悔，就一定能清淨。

當然，如果懺悔時東張西望、胡言亂語，或者一邊打妄想、一邊懺悔，這樣的意義不大。有些人雖然口裡在念懺悔文，但心裡卻毫無慚愧，甚至認為「我也沒什麼罪業啊」、「以後懺悔也可以吧」、「反正懺罪是罪業的功德，那我今後造罪也沒事啦」……諸如此類，這種「懺悔」不僅不能清淨罪業，反而會助長造業的趨勢。

因此，懺悔時一定要有慚愧心。如米拉日巴尊者說：「若想懺罪能淨否？憶念善法則清淨。」如果你想了解，自己的罪業是否能清淨，就看你在懺悔時是否憶念善法了。如果憶念了，有慚愧心、悔改心，那就能清淨。

就像剛才講的那些公案，雖然他們以前造的業很嚴重，但一旦認識到罪業以後，向善之心也極為猛烈，在這種心態下，即使只用短短時間，即使只念十萬金剛薩埵心咒，也都是能夠懺淨的。相反，一個人若無慚愧的話，即便罪不重，即便念得再多，也不一定能清淨。

所以，不論是誰，懺悔時一定要具足四種對治力，這是關鍵！

丁二（四種對治力）分四：一、所依對治力；二、

大圓滿前行廣釋（七）附大圓滿前行實修法

厭患對治力；三、返回對治力；四、現行對治力。

《大乘集菩薩學論》引《四法經》云：「佛言：慈氏，若菩薩摩訶薩成就四法，滅先所造，久積過罪……」這裡所說的「四法」，就是指四種對治力。

不論你是哪一個傳承，修的是哪一個懺悔法，只要具足四種對治力，就一定能懺罪清淨。

戊一、所依對治力：

在這裡，所依對治力就是指，將金剛薩埵作為皈依境，具足願菩提心與行菩提心。

以金剛薩埵為皈依境

藏地人修金剛薩埵，一定會先請一幅金剛薩埵的唐卡，或者一尊金剛薩埵像，以此為皈依境來懺悔。

雖說在本體上，諸佛菩薩是無別的，但在修懺悔時，將不共的佛尊作為對境，更有殊勝的緣起。當然，如果是在別的場合，也有其他的所依對境，比如，《三聚經》裡的三十五佛（那天，個別道友製作了一些三十五佛的唐卡，我覺得那個很好），或者通常的三寶所依——佛像、佛經、佛塔，以及善知識等，這些都可以，都屬於所依對治力。

---

⑤《大乘集菩薩學論》中，《四法經》云：佛言：「慈氏，若菩薩摩訶薩成就四法，滅先所造久積過罪。何等為四？所謂悔過行、對治行、制止力、依止力。」

很多人喜歡將《般若攝頌》、密宗續部及《大藏經》作為懺悔的對境，其實這是非常殊勝的。像我們經堂裡就有《大藏經》，如果你要懺悔的話，在它面前一邊磕頭、一邊懺悔，那功德是很大的。當然也可以找上師：「上師啊，我向您懺悔，我以前殺過生，我以前做過什麼什麼……」這樣發露懺悔也很好。

不過，有的弟子只說懺悔，不說罪業：「上師啊，我向您懺悔，我有很大的罪業。」

上師很好奇：「什麼罪業？」

「嗯——這個不能說。」當然，這不是發露懺悔，可能是不好意思吧。但猶豫了一會兒，又說：「上師，您不是有他心通嗎？反正您是佛，您就用盡所有智、如所有智觀一觀吧，我自己不方便說。」

這時，上師也不好意思了。說「不知道」的話，那就失去「佛」的位置了，所以乾脆就說：「對對對，知道了。」（眾笑）

願行菩提心

此外，在懺悔時，願行菩提心也是必不可少的。如果少了菩提心，即使具足四種對治力，也只能稍稍減輕罪業，達不到徹底清淨的效果。而如果相續中生起了無偽菩提心，那麼，不論往昔造了多少罪業，也都會自然而然清淨的。

大圓滿前行廣釋（七）附大圓滿前行實修法

如《入行論》云：「如人雖犯極重罪，然依勇士得除畏，若有速令解脫者，畏罪之人何不依？」一個犯了極重罪業的人，如果能依止一個勇士或大人物的話，便可除去怖畏，比如，不用入監獄、不用判刑，等等。同樣，若有一種方便可以迅速解脫的話，那些畏懼罪苦的人，又為何不去依止呢？

又云：「菩提心如末劫火，剎那能毀諸重罪。」依止什麼呢？就是菩提心。菩提心就像末劫火一樣，一剎那間便能摧毀一切重罪。不僅如此，其實菩提心的功德太多了，在《華嚴經》裡有很多比喻說明。因此，懺悔時一定要發兩種菩提心。

當然，擺放佛像、佛經、佛塔等，還是有必要的。因為一個凡夫人，離開真實對境的話，單靠觀想是很難修起來的。

而且，這樣還有個好處，你在上師面前實在說不出口的話，可以對佛像說。不管你說什麼、怎麼說，佛像總是笑眯眯的，就坐在那兒，絕對不會說出去的。以前法王如意寶講過：「有些事，即使是跟上師講，也要觀察，看這個上師是否能保密。如果你一講，上師就把它傳遍世界了，那就最好不要講。」所以，有什麼話，對金剛薩埵講是最保險的。

以上是所依對治力。

戊二、厭患對治力：

所謂的厭患對治力，就是說，對於以往自己所造的一切罪業，生起後悔之心。如果既沒有將罪業視為罪業，也沒有以強烈的追悔心發露懺悔，就不能得以清淨。

認識罪業是很重要的。認識了之後，你會把罪業看得很重，深覺慚愧、懊悔：「為什麼我要殺盜淫妄？為什麼我要犯戒……」有了這種追悔心，也就有了破惡的力量。

如《三聚經》云：「發露懺悔，不覆不藏。」意思是，有了罪業一定要說出來，然後懺悔，不能覆蓋、隱藏。如果覆藏的話，《大般涅槃經》中說：「若覆罪者，罪則增長。」因此，有了罪，一定要找善知識或其他人發露。古德常講：「一個善於修行的人，常常發露己過，卻不宣揚功德。宣揚功德，善根則滅盡；發露己過，過失也會滅盡的。」因此，一定要經常發露。

不過，有些人「發露」罪業時趾高氣昂：「我以前幹過什麼什麼，我如何如何……」好像幹壞事很偉大，說這些別人會羨慕。這不是發露，更不是懺悔。而有些人正好相反，別人一問：「你以前做過什麼？」他就不好意思了：「唉，沒什麼可提的，無惡不作，不是人，純粹是瘋子。」這種心態還可以，知道那是罪業，有厭惡心，這樣才有機會。

大圓滿前行廣釋（七）附大圓滿前行實修法

在《極樂願文》中，大成就者喬美仁波切說：「若無悔心懺不淨，往昔罪業如服毒，當以大慚畏悔懺。」意思是，如果沒有懊悔之心，光是口頭上、行為上作些懺悔，是清淨不了的。一定要心懷慚愧：「我以前造的那些罪，真是毒藥啊，我怎麼能服毒藥呢？以後肯定要墮地獄了，解脫不了了，我該怎麼辦呢？」有了這種大畏懼、大慚愧，罪業就會清淨的。如果是以前殺過人的、偷盜過的、犯過戒的，那更要勵力行持。

當然，這種慚愧心，要真正有智慧的人才生得起來。而沒有智慧的人，是不知道慚愧的，「無所謂，墮地獄就墮地獄吧，犯戒就犯戒吧」，這種態度，是非常危險的。

因此，知慚有愧的人，才是智者。

戊三、返回對治力：

返回對治力，是指回想起自己往昔所造的罪業後，發誓從即日起，縱然遇到生命危險，也絕不再造這樣的罪業。

如《三聚經》云：「從今以後，必斷嚴戒。」《極樂願文》中也說：「若無戒心不淨故，發誓今後遇命難，亦不造諸不善業。」

這裡最關鍵的，就是縱遇命難也絕不再造。有了這種誓願，懺悔肯定相當有力量。像有些人，雖然以前幹

過很多壞事，但一出家，就能毅然決然斷除這一切：「從今以後，我即使餓死，也再不造惡業了！」有這種決心的話，罪障肯定會清淨。

《地藏十輪經》[51]裡說，有兩種人是非常了不起的，第一、從來不造惡業；第二，造了以後，知道慚愧並發露懺悔。這兩種人，都叫「勇健得清淨者」。

蘇格拉底也說：「人可以犯錯，但是不可犯同一個錯。」這個道理很好，人是應該這樣。如果以前殺過人，那以後就不要再殺了，如果對前面的罪都沒有慚愧，又再殺的話，那以世間正理來評判都是無法寬恕的，更何況出世間了？殺生也是同樣的道理，雖然世間人不這樣認識，但我們學了佛以後，就不能再殺了，再殺就說不過去了。

因此，懺悔時，一方面要認識罪業；一方面就是這裡講的，要有絕不再造的決心，這樣就一定會清淨的。

戊四、現行對治力：

現行對治力，是指盡心盡力奉行一切能對治往昔所造罪惡的善業。

比如，七支供：頂禮佛及佛子、隨喜他人福德、請轉法輪、善根迴向菩提等，以及發願行菩提心、護持無

---

⑤《地藏十輪經》云：「世尊告曰：善哉善哉，汝等乃能如是慚愧發露懺悔。於我法中，有二種人名無所犯：一者稟性專精本來不犯；二者犯已慚愧發露懺悔。此二種人於我法中，名為勇健得清淨者。」

225

偽實相之本體，這些都屬於現行對治力。

從前，塔波仁波切的一個弟子向他請教：「我往昔以販賣佛經維生，如今想起真是追悔莫及，請問上師，我該如何進行懺悔呢？」仁波切說：「就造那些經典吧！」

於是那個人著手造經典，結果經常心思外散。他又懷著十分沮喪的心情，前去上師面前匯報說：「造經典時，我心思也是經常散亂，對於懺悔罪業來說，恐怕沒有比安住空性、護持本性更甚深的了吧？」

上師異常歡喜地說：「實際上就是如此，縱然往昔所造的罪業積如山王，也能在現見本性的瞬間得以清淨。」

勇施比丘觀無生息滅淫罪

《佛說淨業障經》裡也有一則公案：有一名比丘叫勇施，有一次他到城裡化緣，一位長者的女兒對他生起貪心，從此欲心內結，患了病。

母親心疼女兒，了解情況以後，待勇施比丘再來時，就對他說：「我女兒現在病成這樣，就是因為我不讓她聽法所致，您能不能為她傳傳法呢？」比丘信以為真，於是天天來為她傳法。結果因為常常見面，也生起了欲念，把戒破了。

後來，女人的丈夫見這個比丘常來，便起了疑心，

準備殺掉他。比丘預先知道了，就弄了些毒藥給那個女人，讓她把自己的丈夫毒死，她也照做了。

但她的丈夫一死，勇施比丘便生起極大懊悔，心想：「我現在已造下極重的罪業，又行邪淫、又斷人命，這哪裡還叫比丘啊！現在我命終之後，必墮惡道了，誰能為我息滅痛苦啊？」

於是，他從一個精舍到另一個精舍，衣服拖在地上，惶恐奔走，不斷地哀嚎：「我現在就是地獄眾生啊！我現在就是地獄眾生啊！」

當時有一位菩薩尊者，名叫鼻揉多羅（今彌勒菩薩），問明緣由以後，尊者對他說：「比丘不要怕，我能施予你無畏。」比丘一聽，歡喜無量。

菩薩將他帶到一個寂靜的樹林中，然後湧身虛空，高一多羅樹，問比丘道：「你現在對我有信心嗎？」比丘合掌說：「在我看來，您和世尊無二無別。」

這時，鼻揉多羅菩薩入於「諸佛境界大乘妙門如來寶印三昧」，並從身上顯現出無量如來，都是金色之身，三十二相圓滿。之後，所有如來異口同聲為他說偈云：「諸法同鏡像，亦如水中月，凡夫愚惑心，分別癡恚愛……」意思是，諸法如同鏡中的影像、水中的月亮一樣，毫無實質，但凡夫因為愚昧、迷惑之心，從而生起貪、嗔、癡等煩惱。聽聞這個偈子當下，他便了知了一切法如夢如幻，從而離開一切纏蓋，獲得無生法忍。

從這個公案，及前面講的菩提心功德來看，在淨除罪業的方法中，沒有比修菩提心及護持無偽實相更為甚深的了。因此，在修金剛薩埵法門時，也應該在不離開這二者的基礎上，觀想金剛薩埵身相，觀想降下甘露、淨除罪障，念誦百字明等。

第一百一十五節課

第一百一十六節課

現在大家都在修五加行。但是，修五加行的目的，你們也知道，不是為了聽密法，而是為了成為一個名副其實的佛教徒。五加行是修行的基礎，如果質量上圓滿了，就一定能成為一個很好的修行人。

因此，大家也不要急著趕數量，勉強修完的話，利益不大；倘若報個假數字，那更是沒有必要了。我們應該注重質量。其實，對修行人而言，這每一個加行──皈依、發心、金剛薩埵、上師瑜伽、曼荼羅，都是不可缺少的。所以，希望大家都好好修加行。

關於法本翻譯的問題

同時，就《大圓滿前行》的譯本，我也想順便說兩句話。

《大圓滿前行》這本書，現在也有其他的譯本，叫《普賢上師言教》，我見過的就有兩種。當然，有不同的譯本，我也是讚歎的。比如，《金剛經》、《無量壽經》等，這些大大小小的經論，都有很多不同的譯本。但是，如果有些「翻譯」，是將以前的譯本修飾、改造一番，弄得面目全非以後，還自認為是好的「譯本」的話，那就不一定合適了。

這兩個譯本中，以前我見到的那本，是西藏人民出

大圓滿前行廣釋（七）附大圓滿前行實修法

版社出版的；前兩天見到的那本，是宗教文化出版社出版的。

　　以前的那本稍好一點，改得不多，基本上和我原來的《普賢上師言教》㊵是一樣的，當時的錯別字、譯錯的意思，還是照樣放著。這些錯的地方，還有個別教證，後來重新修訂時都改過了，但這個「譯本」裡沒改。簡單講，就是只換了譯者的名字而已。

　　後來，我碰到了這些人。碰到以後，他們自己也特別不好意思，但我沒提這件事。個人的事，我覺得還是不說為好。而且，改得也不多，不管怎麼樣，反正我這邊也沒拿書號，他們出版也可以。聽說是台灣個別人找他們（出版社）談的，並花錢買了書號。但即使是有了書號，這種「出版」方式，也還是不太好吧。

　　後面的那個「譯本」，是前兩天見到的，我倒沒細看，只是翻了幾頁，說是「在以前兩個譯本的基礎上完善的」，「譯者是華智仁波切的後世什麼什麼」……沒細看，總之很有「資格」、很「權威」。

　　當然，如果譯得好，我也隨喜，沒有任何嫉妒心，對一個法本，有不同的理解是可以的。

　　但是，就我的原則來講，翻譯的話，要麼乾脆不譯，要譯，就應該有自己的特色，不要在別人的譯本上

㊵堪布翻譯的《前行》，最初叫《普賢上師言教》。後來，又重新對照藏文作過校對、修改，現名為《前行引導文》，歸在「顯密寶庫」中。

修改，然後當成自己的作品。現在也好，以前也好，像《釋量論.成量品》、《量理寶藏論》等所有論典，我都是這樣譯的。

《虛幻休息》、《禪定休息》，劉立千譯過，我也翻譯了；敦珠法王的《藏密佛教史》，劉銳之譯過，我也正在譯。但在譯的過程中，絕對不會在人家的譯文上改來改去，最後加上自己的名字，絕對不會這樣。

我都是用自己的理解來譯的。只不過，偶爾碰上某句話、某個教證不好譯的時候，我也會翻翻別人的譯本，看看他們是怎麼解釋的，怎麼翻譯的（但有時我也發現，他們的譯文，有些地方錯了，有些地方可能自己也沒懂，就那麼放著）。除此之外，你們也可以對照著看看，根本沒有抄襲的現象。

翻譯這麼多年以來，有人給我的稱呼太高了，我擔當不起，也覺得很慚愧。但不管怎麼樣，因為自己作翻譯，所以看到那些把別人的譯本改來改去，然後加上自己名字的做法，就不太舒服。

這讓我想起敦珠法王在《藏密佛教史》的第七品中，引用榮索班智達的一段話，榮索班智達說：「以前，在印度佛教完整未衰落之時，前輩的譯師們，是憑自己的智慧，將諸佛菩薩的金剛語作清淨抉擇以後，原原本本翻譯下來的；但現在的個別譯師，卻是在前輩大德的譯文上，作種種轉變之後，自我讚歎，說自己譯得

大圓滿前行廣釋（七）附大圓滿前行實修法

最好、最可靠，但實際並非真實之義。而現在，我們這些遵照佛語來翻譯的人，和他們是不一樣的……」裡面還引用了其他一些聖者的教言，對當時一些譯師的行為，作了批評。

當然，可能現在這些人，也不至於如此，也許他們有他們的目的。但是，當我看到某些教證、內容完全譯錯了，還是非常痛心的。意義本來不是這樣的，可他們在解釋的時候，也許藏族人不懂漢語，漢族人不懂藏語，這樣兩個人就接不上了。最後，雖然漢族人把詞句理通順了，弄漂亮了，但意義卻完全錯了。非常可惜！

也許這也是一種需要吧，一定要讓人知道「我做了什麼什麼」，尤其是一本比較出名的書，如果標的是自己的名字，就會覺得比較光榮。當然，也許是這樣，也許也不是。不管怎麼樣，一個人說什麼、做什麼，只要符合道理，誰都可以接受。

學院也有一些道友在為上師們發心，翻譯一些佛法。發心是很好的，尤其是，如果能將藏傳佛教中的一些殊勝文庫譯出來，那我也非常隨喜。但是在譯的過程中，一定要謹慎，否則，既沒學過五部大論，又不通顯密教理，或者即便學了一點，也只是皮毛而已，那由這種非專業人員下筆的話，專業人士來一看，一定是漏洞百出。

所以，在藏傳佛教廣泛傳播的今天，好的和不好的

現象，都是存在的。但從某些現象來看，這和當年阿底峽尊者來藏地期間，印、藏之間的佛教交流狀況，是相似的。

當時榮索班智達也住世。在夏天的時候，很多藏地譯師就到茫耶貢塘；冬天的時候，就到尼泊爾求學。但他們和前輩的譯師們不同，前輩譯師們去依止上師時，供養的金子都是一袋一袋的，翻譯的地點，也都是非常正規的道場。但這些人沒有這個實力，只是為了與某某上師競爭，為了一些名聞利養，非要步行過去，最多在腋窩下夾一二兩金子，找的也是一般的上師……凡此種種。

後來，榮索班智達也對前輩與當時的譯師，列舉了六種差別：施主的差別，翻譯地點的差別，譯師的差別，大班智達的差別，供養的差別，法的差別。

這些差別，你們看看《藏密佛教史》，的確反映了前輩譯師的嚴謹和卓越。如果我們能夠學到或做到一點點，也應該很好了。

我倒不是說自己譯得好，但是多年以來，我翻譯的，都是從上師們那裡得過的法；而且翻譯時，也很少著力於華麗辭藻，只是以自己的一種風格，將聖者們的語言原原本本譯出來而已。這就是我在翻譯上的追求和原則。

當然，有智慧的人可以對比一下。在不同的譯本當

大圓滿前行廣釋（七）附大圓滿前行實修法

中，佛教專業人員所譯的經典和論典，你聞思以後，應該會明白的。

這是我順便說的兩句話。不管怎麼樣，在翻譯方面，以前我花過一些時間和精力，以後的話，也是會一如既往的。

丁三、真實念修金剛薩埵：

前面講過，在所有的懺悔方法中，修金剛薩埵是最殊勝的，儘管我們往昔造過許多惡業，但只要如理懺悔，一定會懺淨的。

如《金光明最勝王經》云：「若人百千劫，造諸極重罪，暫時能發露，眾惡盡消除。」一個人不是在一年兩年，也不是幾十年，而是在百千劫中造了極為嚴重的罪業，但只要在幾個月或幾年的短暫時間裡，真誠發露懺悔，所有罪業也將被根除。這是佛陀的金剛語。

當然，這也要用正確的方法才行，否則也很難奏效。

提違捨棄自焚修十善

《佛說未曾有因緣經》中，講過一則提違的故事：提違的丈夫死後，她在家守寡，雖然家境富有，但卻沒有孩子，也沒有父母，一個人過著孤苦伶仃的生活。

有一次，她問常來的婆羅門說：「我應當如何修福，才能滅除罪業呢？」

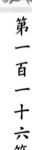

婆羅門說：「滅罪有兩種方法，若是輕罪，則要供養一百婆羅門飲食，布施乳牛等等；若是重罪，則要用家中的一切財富，布施五百大婆羅門，之後還要在恆河邊上堆積木柴，焚燒自己的身體，這樣便可滅盡一切罪業。」

提違自知業力深重，決定自焚。於是讓僕人到山裡砍了十車木柴，做好了準備。

當時有一位比丘，叫辯才。聽說此事以後，他心生憐憫，於是來到提違家中，問她道：「請問施主，你置辦這麼多木柴要做什麼呢？」

提違說：「我要自焚，以滅重罪。」

比丘說：「你的罪業只會跟隨神識，與身體是分開的，燒掉身體，如何能滅掉它們呢？而且，在你感受焚燒的痛苦時，會更加煩惱，更加造罪，這樣死去以後，後世將更加痛苦，這是受報的規律。所以，假使用火燒壞百千萬的身體，還是無法滅盡你的罪業相續。就像無間地獄的眾生，一日之中八萬生死，一劫以後罪業才消盡，那你現在燒身一次，就想滅罪，哪有這個道理呢？」

提違一聽，恍然大悟，立即捨棄了自焚的想法。

接著，辯才又為她及她的五百眷屬，講述了悔過滅罪之法[53]：「起罪之由，出身口意⋯⋯是為十惡，受惡果報。今當一心丹誠懺悔：若於過去，若於今身，有如是

大圓滿前行廣釋（七）附大圓滿前行實修法

[53]詳見《佛說未曾有因緣經》。

罪，今悉懺悔；出罪滅罪，當自立誓，從今已往，不敢復犯……」說了滅罪法以後，又教她們行持十善。提違聽了，歡喜踴躍，用百味飲食供養辯才比丘，並想終身奉事。

但辯才說：「你已捨棄邪法，入於正道，以淨修十善而成為正法之子，但若再能以十善教化天下，則是報答師徒重恩了。既然你已得度，我也就不必住在這兒了，現在我要去各方雲遊，度化其他的眾生。」

提違知道留不住師父，就想供養些珍寶之物，但師父一概不接受。無奈之下，她在無盡的感激當中，涕淚交流，叩頭辭謝，送走了師父。從此之後，她和五百眷屬到處宣講十善法，度化了無量眾生。

在辯才比丘的滅罪法中，所謂「有如是罪，今悉懺悔」、「從今已往，不敢復犯」，其實也就是厭患和返回兩種對治力。可見，所有懺悔的基礎，就是四種對治力。

那麼，這四種對治力，在上師金剛薩埵的修法中，是如何體現的呢？

金剛薩埵修法中的所依對治力
明觀金剛薩埵

在憶念四種對治力之後，進入真正念修金剛薩埵的階段。

首先，自己平平常常地安住下來，也就是所謂的庸

俗而住（不將自身觀作本尊）。安住之後，在頭頂上方一箭（即一尺許）左右的虛空中，觀想一朵千瓣白蓮花，它的上面有一輪圓月。所謂的「圓」，並不是指它大小的尺度，而是指，明月的所有部分完整無缺，就像十五的月亮一樣，毫無彎彎曲曲，而是圓溜溜的。

接下來，再觀想月輪上有一個光閃閃的白色吽(ཧཱུྃ)字。雖然在其他宗派，有觀想從「吽」字放光、收光(54)等步驟，但寧提派自宗並沒有這種觀想。

然後觀想，一瞬間，「吽」字就變成了本體為三世諸佛的總集、無等大悲寶藏具德根本上師；形象是報身的本師金剛薩埵主尊(55)，他的身色潔白，宛如十萬個太陽照耀在雪山上一般，一面二臂，右手在胸前握持表示明空無二的五股金剛杵，左手依於腰際部位握著代表現空無二的金剛鈴，雙足金剛跏趺坐，身上以十三種報身服飾莊嚴。

十三種報身服飾，也就是綾羅五衣與珍寶八飾。綾羅五衣：冕旒、肩披、飄帶、腰帶、裙子；珍寶八飾：頭飾、耳環（左右二者算為一個）、項鏈、臂釧（左右二者算為一個）、瓔珞、手鐲（左右二者算為一個）、指環（所有的指環算為一個）、足鐲（左右二者算為一個）(56)。

(54)放光、收光，意為供養聖者、布施六道眾生。
(55)有些修法中也說，如果對上師信心夠大，形象也可以直接觀作金剛上師。
(56)報身服飾中，也可將瓔珞分為長、短兩種，計為兩飾，不計指環，如圖。

ལོངས་སྐུ་རྡོ་རྗེ་སེམས་དཔའ།

報身金剛薩埵

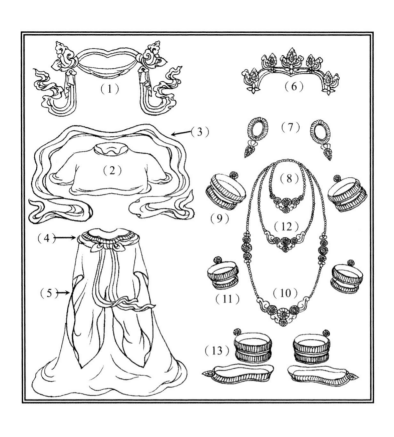

（1）冕旒（ཅོད་པན།）（2）肩披（སྟོད་གཡོགས།）（3）飄帶（དར་དཔྱངས།）
（4）腰帶（སྐ་རགས།）（5）裙子（སྨད་དགྱིས།）（6）頭飾（དབུ་
རྒྱན།）（7）耳環（སྙན་རྒྱན།）（8）項鏈（མགུལ་རྒྱན།）（9）臂釧
（དཔུང་རྒྱན།）（10）長瓔珞（དོ་ཤལ།）（11）手鐲（ཕྱག་གདུབ།）
（12）短瓔珞（སེ་མོ་དོ།）（13）足鐲（ཞབས་གདུབ།）

離開這些圖案的表示，要觀想是很困難的。當時畫這些的時候，我也請教了很多畫家和上師，但說到細緻的地方，像金剛薩埵的裝束，也有不同的說法。甚至，有些畫家畫的時候，少畫、多畫的現象都有。但嚴格來講，不能多、也不能少，否則有過失。

雙身與單身

按寧提派的這個儀軌，本尊要觀金剛薩埵與白慢佛母無二雙運。這種雙身像，在藏地是很平常的，沒有人會生分別念，更不會生邪見。而且，多數金剛薩埵的修法，也都是雙身像。因此，是密宗根基的話，對本尊有無比信心的修行人，可以直接觀雙身像。

但是，如果對密宗空樂無二的智慧沒有信心，甚至將佛父佛母視作世間男女，觀修時，心裡也始終有種不清淨的欲望或意念，那就最好修單身的金剛薩埵，不一定非要觀雙身像。

但不論觀雙身還是單身，自己頭頂上聖尊的面向，與自己的面向是相同的。比如，我自己面向東方，聖尊也面向東方。

顯而無自性

這種明觀，不是觀想成扁平的，雖然你可以參照唐卡或壁畫的形象，但在你腦海中呈現的，卻不應該是一種平的畫面，應該是立體的。但也不是像土像、金像那樣，有實質的物體自性。

如果觀的是一尊實在的銅像，可能會起一些分別念，「它的邊兒，會不會劃到我的頭啊？」所以，按生起次第的要求，聖尊是不能觀作實有的。

那應該怎樣觀呢？

從顯現的角度而言，你應將主尊佛父佛母，包括雙目黑白的顏色在內，都互不混雜地觀想得清清楚楚；而從空性的側面來說，又沒有一絲一毫實質身軀的血肉、內臟等，就像空中顯現的彩虹，或者無垢水晶寶瓶一樣。

總之，要觀聖尊是顯而無自性的。雖然顯現上了了分明，但本體上卻毫無實質，猶如水月、鏡中影像、空中的彩虹、無垢水晶寶瓶……對有空性基礎的人來講，這樣觀想應該不難。

以上是所依對治力。

金剛薩埵修法中的厭患對治力

這樣明觀以後，就開始祈禱。祈禱有兩種，一種是發出聲音的祈禱，一種是在內心憶念。

現在誠心憶念：與大恩根本上師無二無別的怙主金剛薩埵，願您以大慈大悲垂念我及一切眾生。我自己從無始以來迄今為止，身語意所造的十不善業、五無間罪、四重罪、八邪罪，違犯外別解脫的律儀、內菩薩乘的學處以及持明密乘三昧耶戒，背棄世間的盟誓、說妄語、無慚無愧等，凡是能直接回憶起來的一切罪業，在

上師金剛薩埵您面前，滿懷慚愧、畏懼、追悔，以至於毛骨悚然地發露懺悔。此外，自己想不起來的，在無始流轉輪迴的生生世世中，肯定也積累了許多罪業，這一切罪業，在此也不覆不藏一併發露懺悔，請求寬恕。但願這所有罪障，就在此時此地，蕩然無存、全部清淨。

所懺罪業

我們所要懺悔的，不只是這一生，而是從無始以來至今生的一切罪業。

在這些罪業中，十不善業，每個人都造過，有的是全部的，有的是部分的。

五無間罪，真正的不一定有，但相似的可能會有。比如，侮辱父母、對聖者不恭敬等，這些都是。

所謂四重罪，《前行備忘錄》裡有：

1. 居智者之首位；

2. 享用密咒師的財產；

3. 居比丘頂禮之前；

4. 享用修行人的食物⑤⑦。

八種邪罪：

1. 誹謗白法；

2. 讚歎黑法；

3. 對行善者積累資糧從中作梗，減少他們的資糧；

---

⑤⑦享用修行人的食物，並不是指所有修行人的食品，但如果某個修行人心裡決定期限「依靠此食品我在這個月裡修行」，假設享用了他那寥寥無幾的食品中的一點兒，那麼在他所想的期限裡，飲食就不足了。

4. 對修善的信士，說難聽之語而擾亂其心；

5. 已入密宗金剛乘壇城以後，在會眾行列中發起爭鬥、惡語相罵、爭吵不休，背棄上師；

6. 已入密乘者遠離本尊；

7. 已入密乘者脫離道友；

8. 已入密乘者捨棄壇城。⑱

別解脫戒，有居士戒、出家戒，在家出家時，可能每個人大大小小地也有違犯。

菩薩戒，有廣大和甚深兩大學派的傳承，戒條很多。

在金剛密乘中，共同密乘和不共密乘的三昧耶戒，也是無量無邊。

所謂背棄世間盟誓，就是發誓做或不做什麼，但後來卻違背了，這也是一種罪業。還有無慚無愧等做人方面的各種缺陷，所有這些罪業和過失，我們要一併在金剛薩埵面前懺悔。

發露懺悔不覆不藏

對上面所有的這些罪業，要發自內心地懺悔。

可以一邊念百字明，一邊懺悔。比如，懺悔時你就想：現在我是五十歲，出家前，我造了什麼罪；出家後，我造了什麼罪；想不起來的，會有什麼罪；即生的，乃至無始以來的什麼什麼罪……一個一個地發露懺悔。

這樣發露懺悔後，因為沒有覆藏心，所以有些罪業

大圓滿前行廣釋（七）附大圓滿前行實修法

---

⑱八種邪罪，在別處也有不同的解釋方法。

直接就被清淨了。如《涅槃經》云：「若覆罪者，罪則增長；發露慚愧，罪則消滅。」如果覆藏罪業，罪業則會增長；而如果以慚愧心發露懺悔，罪業則會滅盡。

因此，懺悔時一定要不覆不藏。只要不覆不藏，再加上是以金剛薩埵為所依，念修百字明，這樣必定能清淨無始以來的一切罪業。

當然，如果每天都能這樣懺悔，養成一種日日懺悔的習慣，那功德更是不可思議了。如《莊嚴藏續》⑤中說：若依靠上師金剛薩埵，每天念21遍百字明，即可加持墮罪，令墮罪不增長；若能念誦十萬遍，那即使是破誓言等罪業，也都能清淨，而究竟也必定成就清淨的本性。

以上觀想是厭患對治力。

金剛薩埵修法中的返回對治力

發露以後，心裡默想：「我以往因為不懂取捨因果、煩惱深重、業障現前，在學佛前、學佛後，皈依前、皈依後，在家、出家，造下了無數罪業。如今，依靠大恩上師的慈悲，我已懂得利害，所以從今以後，即使遇到生命危險，我也決不再造那種罪業了。」這就是返回對治力。

《大方等大集經》云：「若能於佛世尊前，懺悔發露一切罪，是人遠離於邪見，能到生死之彼岸。」如果

---

⑤《莊嚴藏續》云：「妙觀白蓮月墊上，上師金剛薩埵尊，依百字明之儀軌，倘若念誦二十一，即將加持墮罪等，使其不復得增長，諸成就者所宣說，故當恆時而修持，倘若已誦十萬遍，必成清淨之本性。」

能在金剛薩埵或者其他佛尊面前，真誠地懺悔發露一切罪業，並且立誓再也不造，那麼，此人從今以後就能遠離一切邪見，到達生死彼岸。

所以，依靠四力懺悔是極為必要的。簡單概括一下，在修金剛薩埵法門時，觀想金剛薩埵，是所依對治力；在佛尊面前認識並發露罪業，是厭患對治力；立誓改過，是返回對治力。

其實，這樣的修行，也並未脫離世間的道理。我們知道，世人犯錯以後，也是要先認識錯誤，認錯以後改正，改正了也就沒什麼事了，誰都能原諒。但如果明明犯了錯，卻認識不到，甚至還要掩飾，「我是對的」、「我有什麼什麼理由」……那就沒有改過的機會了，當然也就得不到別人的寬恕。

因此，修行人要懺悔，一定要從認識罪業開始。

下面念誦寧提派前行儀軌：

ཨ༔ བདག་ཉིད་ཐ་མལ་སྤྱི་བོ་རུ༔

阿　大　涅踏瑪謝喔熱

阿　於我庸俗頭頂上

པད་དཀར་ཟླ་བའི་གདན་གྱི་དབུས༔

班　嘎　達哦　旦　戒　為

白蓮月墊之中央

ཧཱུྃ་ལས་བླ་མ་རྡོ་རྗེ་སེམས།

吽累喇嘛多吉塞

吽成金剛薩埵師

དཀར་གསལ་ལོངས་སྤྱོད་རྫོགས་པའི་སྐུ།

嘎 薩 龍 秀 湊 波 革

皎潔受用圓滿身

རྡོ་རྗེ་དྲིལ་འཛིན་སྙེམས་མ་འཁྱིལ།

多吉這 怎 尼 瑪 徹

雙運慢母持鈴杵

ཁྱོད་ལ་སྐྱབས་གསོལ་སྡིག་པ་སྦྱོང་།

秋 拉 加 索 的 巴 炯

祈淨罪障皈依您

འགྱོད་སེམས་དྲག་པོས་མཐོལ་ལོ་བཤགས།

救 塞 扎 布 透 漏 夏

以猛悔心發露懺

ཕྱིན་ཆད་སྲོག་ལ་བབ་ཀྱང་སྡོམ།

辛 恰 畫拉瓦 江 鬥

後遇命難亦戒犯

ཁྱོད་ཐུགས་ཟླ་བ་རྒྱས་པའི་སྟེང་།

秋 特 達瓦記波 蕩

於您心間明月上

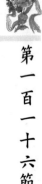

ཧཱུྃ་ཡིག་མཐའ་མར་སྔགས་ཀྱིས་བསྐོར།

吽葉 踏 瑪 鄂 記 夠

吽字周圍咒繞旋

བརྫིས་པ་སྲོགས་ཀྱིས་རྒྱུད་བསྐུལ་བས༔

得 巴 鄂 記 傑 革 為

誦咒打動相續故

ཡབ་ཡུམ་བདེ་བར་སྦྱོར་མཚམས་ནས༔

呀 葉 德 則 救 擦 內

父母雙運交界處

བདུད་རྩི་བྱང་ཆུབ་སེམས་ཀྱི་སྤྲིན༔

德 則 相切 塞 戒 珍

菩提甘露如雲湧

ག་བུར་རྡུལ་ལྟར་འཛག་པ་ཡིས༔

嘎哦 德 達 匝 巴意

降下白如冰片汁

བདག་དང་ཁམས་གསུམ་སེམས་ཅན་གྱི༔

大 蕩 卡 色 塞 堅 戒

我與三界眾有情

ལས་དང་ཉོན་མོངས་སྡུག་བསྔལ་རྒྱུ༔

累 蕩 拗 夢 德 愛 傑

業及煩惱痛苦因

ནད་གདོན་སྡིག་སྒྲིབ་ཉེས་ལྟུང་གྲིབ༔

那 敦 的 這 尼 洞 這

病魔罪障煞氣垢

མ་ལུས་བྱང་བར་མཛད་དུ་གསོལ༔

瑪利 相 瓦 匝 德 索

無餘清淨祈加持

現在，我們多數人修的是《開顯解脫道》的懺悔儀軌。而按照寧提派的這個修法，依文觀想以後，就開始修百字明。

丁四、念修百字明：

隨後，於金剛薩埵佛父佛母無二無別的心間，觀想一輪明月，大小就像壓扁的芥子，月輪的上面有一個白色吽(>)字，宛如毛髮寫成的一樣。這個通過視頻光盤，或者直接跟隨文字觀想都可以，大家根據自己的情況定，盡量觀想清楚。

一邊這樣觀想，一邊念誦百字明：

第一百一十六節課

嗡班扎薩埵薩瑪雅、嘛努巴拉雅、班扎薩埵底諾巴底叉、知桌美巴哇、蘇埵卡約美巴哇、蘇波卡約美巴哇、阿努日阿埵美巴哇、薩哇斯德瑪美扎雅叉、薩哇嘎嘛色匝美則當、協央格熱吽、哈哈哈哈吙、班嘎哇納、薩哇達他嘎達、班扎嘛麥母雜、班扎巴哇、嘛哈薩瑪雅薩埵啊。

觀想百字明好似豎立的獸角一般，互不抵觸，旋繞著「吽」字。之後，口中以祈禱的方式，念誦百字明。

以祈禱方式念誦百字明

誦咒有幾種方式，祈禱式、安住式、降伏式⑩等，這裡用的是祈禱式。祈禱念誦時，可以雙手合掌，不過最重要的還是內心裡的祈禱，祈禱上師金剛薩埵作加持，清淨自己相續中的一切罪業。

在上課前的念誦裡，念到百字明的時候，我看好多道友的表情很好，閉目合掌，神情專注。不過，心情可能很複雜，時而歡喜，為今生能值遇大乘佛法，並有緣修持金剛薩埵；時而慚愧，為前世今生竟造下這麼多罪業，自知是罪人，也擔心死後背負罪業趣入惡道……這樣念誦，真的很好。

其實，懺悔修得是否有力，也跟「共同加行」的基礎很有關係。

比如「壽命無常」，當我們了解誰都會死，誰也沒

⑩誦唸忿怒本尊心咒時，以威猛、猛烈的方式念誦。

有明天不死的把握，一覺醒來或許已成了屍體，雖然今天是人，但明天也許就墮入無間地獄……有了這種無常觀，懺悔也就有了動力：「在我死之前，一定要念完十萬百字明，盡可能地清淨罪業。」

還有「輪迴痛苦」、「因果不虛」，既然罪業一定會召感痛苦，那當我們一失人身，罪業一定會跟隨著去往後世，那時就只有痛苦，而且是永無出期地感受無量痛苦。因為憶念了這些修法，人就會精進起來，盡量地懺悔罪業。

有人說：「帶業往生不就可以了嗎？」但是，到時如果帶的業太多了，往生恐怕也很困難的。

觀想降下甘露

觀想好咒字以後，現在再觀想：從所有的咒字中，猶如寒冰被火融化形成水滴一樣，源源不斷地降下智悲甘露，通過身體從佛父佛母雙運的密處流出，由經自他一切眾生的頭頂流入，使體內的所有疾病變成膿血，所有魔障變成蜘蛛、青蛙、魚、蛇、蝌蚪、蠱子等小含生的形象，所有罪障變成煙汁、炭汁、灰、煙、雲、氣的形態，這一切的一切，猶如飛瀉的洪水沖走塵土一般，全部被甘露流毫無阻礙地沖走，從足底、肛門、所有毛孔的部位，黑乎乎地排出體外。

這個觀想非常重要！這樣修持的時候，除了前世的

定業以外，很多魔障甚至附體，都能消除。

這時再觀想，自己下方的大地裂開，無始以來的所有男女冤家債主，圍繞著死主閻羅王，它們全都是張著口、伸著手、張著爪來盛接，上面的膿血等，全部沖到它們的口、手、爪中。一邊這樣觀想，一邊念誦百字明。

如果能一次性地明觀一切所緣境，那就這樣觀想。不知道你們怎麼樣，但對我來講，這樣觀還是挺難的。因為，又是本尊佛父佛母的形象，又是外面的裝束、裡面的咒字，還有膿血、旁生等，這麼多事物要一次性觀想清楚，沒有一定生起次第的能力，是做不到的。

以前，有一個人修上師瑜伽時，始終觀不出蓮師的身像。於是他來到上師面前，難過地說道：「上師啊，我在觀想時，觀蓮師上半身時，下半身就忘了，觀右邊時，左邊就忘了……每天都這樣追著蓮師的身體觀，太痛苦了！我實在修不下去了。」上師說：「那你就不用一一觀嘛，只要憶念蓮師住在你面前，就可以了。」

在《旅途腳印》裡，我也講過一個簡單的修法，是喬美仁波切《山法集》裡的一個竅訣：先在自己的頭頂上觀想金剛薩埵，然後，從金剛薩埵發出無量金剛薩埵，住於每一個眾生的頭頂上，不管是死的還是活著的，所有眾生的頂上都安住一尊金剛薩埵。盡力念誦百字明後，自每一尊金剛薩埵降下甘露，消除了自他一切眾生的業障。再念一百零八遍百字明後，金剛薩埵化光融入自他一切眾生。

最後，所有眾生都於片刻中安住空性。

這個修法非常簡單，我自己也修了一段時間，感覺特別好。

當然，如果能細緻觀修是最好的，裡面有傳承上師的加持等很多緣起，而如果實在做不到這一點，那就時而專心致志觀想金剛薩埵的身體、顏面、手臂以及金剛鈴杵等來念誦；時而全神貫注地觀想主尊的瓔珞、飄帶等服飾來念誦；時而觀想甘露流洗滌魔障、罪障而專心念誦；時而以悔前戒後⑥的心理來念誦（有些人不願想以前的罪業，一提起來就想哭，但此時還是要一一想出來，以作懺悔）。

最後，觀想居於地下的死主閻王等，所有冤家債主全部心滿意足⑥，至此已經化解了宿怨，償清了業債。比如，以前我殺過他，那麼通過這個修法以後，命債就還了，以前我欠過他，那現在也還上了。

有些人想不通：「我這輩子沒害過你呀，為什麼你要害我？我肯定欠了你的。」那你欠了人家的，就用這個方法來償還吧。還完之後，再也沒有「欠不欠」的問題了，你不欠我，我也不欠你，一切宿怨都了了。這時，閻羅王等也都閉上了它們的口、手、爪，裂開的大地又恢復到原狀。

---

⑥悔前戒後：追悔往昔所造的罪業、避免以後再犯之心。
⑥有些修法中講，降下的黑水、膿血等到了冤家債主的手裡，就變成往昔我們欠他的那些東西：錢、感情乃至各種各樣的物品。這樣就還上了，他也心滿意足了。

第一百一十七節課

下面繼續講金剛薩埵的修法。

前段時間，有些道友要求講快一點，快一點也可以。前面有很多理論，所以講得比較廣；這裡講修法，略略提示一下，應該也就會修了。

昨天，在「念修百字明」的科判中，講到從金剛薩埵的身體降下甘露，清洗掉了自己的一切罪障與魔障，滿足了下面的怨親債主，之後大地閉合。

觀想脈輪充滿甘露

接下來觀想，自己的身體是內外透明光的自性，身體中央有一個中脈㉓，它分出的四輪形如傘輻，臍部幻化輪有六十四個脈瓣，瓣端朝上；心間法輪有八個脈瓣，瓣端朝下；喉間受用輪有十六個脈瓣，瓣端朝上；頭頂大樂輪有三十二個脈瓣，瓣端朝下，這些脈瓣也都如前一樣降下甘露。

在其他修法中，也有在頭頂上觀想「杭（ཧ）」字，從它降下甘露的。而這裡還是由金剛薩埵的身體降下甘露，甘露從頭頂大樂輪開始，依次向下流淌。首先是大樂輪的所有脈瓣遍滿菩提甘露，此時修行人便得受寶瓶

㉓這裡只講中脈，《文殊大圓滿》等其他修法多講三脈：中脈、精脈、血脈。中脈位於中央，四輪脈瓣全部與中脈相連。

灌頂，清淨了業障，獲得喜智慧，現前化身果位。

　　按照白玉派的「上師瑜伽」，後面有依靠上師瑜伽得受灌頂的修法，而這裡是金剛薩埵與上師瑜伽合修的一個竅訣。灌頂有在上師面前親自得受的，也有依靠觀想得受的，比如觀想金剛薩埵、文殊菩薩，或自己的根本上師等，這種灌頂叫道灌頂。

　　灌頂從頭頂大樂輪開始，直到四輪充滿。大樂輪有三十二個脈瓣，脈瓣向下，這是從大的脈瓣上講。實際上，每一個脈瓣又像樹葉一樣，裡面還有很多支分的脈管。甘露流經大樂輪的所有脈瓣，得受寶瓶灌頂；之後一步一步向下，流經喉間受用輪，得受秘密灌頂；流經心間法輪，得受智慧灌頂；充滿臍間幻化輪，得受句義灌頂。不僅四輪充滿，而且從它們分出的體內的一切部分，包括手指尖、腳趾尖在內，整個身體就好似一個充滿白色乳汁的水晶瓶一樣充滿甘露，這時四灌圓滿。

　　此時不僅得受了四種灌頂，而且還依次清淨了業障、煩惱障、所知障、習氣障四障；令相續生起了喜、殊喜、極喜、俱生喜四喜智慧⑭；現前了化身、報身、法身、自性身四身果位。

　　通過甘露清洗以後，自己已經成了法器，獲得了四種灌頂，遣除了四種障礙，現前了四種智慧，並種下將來獲得四身的種子，種種緣分得以成熟。

---

⑭四喜智慧：《上師心滴》、《傑珍大圓滿》中分別有說明。

觀想罪業已清淨

接著念誦：

མ་གོན་པོ་བདག་ནི་མི་ཤེས་རྨོངས་པ་ཡིས༔

滾　波　大訥莫西　夢　巴意

怙主！我以愚昧無知故

དམ་ཚིག་ལས་ནི་འགལ་ཞིང་ཉམས༔

大　策　累訥　嘎　揚　年

於三昧耶有失犯

བླ་མ་མགོན་པོས་སྐྱབས་མཛོད་ཅིག༔

喇嘛滾　布　加　湊　戒

上師怙主予救護

གཙོ་བོ་རྡོ་རྗེ་འཛིན་པ་སྟེ༔

湊喔多吉怎巴得

亦即主尊金剛持

ཐུགས་རྗེ་ཆེན་པོའི་བདག་ཉིད་ཅན༔

特　吉親　波　大　涅堅

具足大悲體性者

འགྲོ་བའི་གཙོ་ལ་བདག་སྐྱབས་མཆི༔

畫　哦　湊拉　大　加　切

眾生主尊我皈依

བདག་དང་སེམས་ཅན་ཐམས་ཅད་ཀྱི་སྐུ་གསུང་ཐུགས་རྩ་བ་དང་ཡན་ལག་གི་དམ་

大　蕩　思　堅　他　加戒革　頌　特匝瓦蕩　煙拉　各大

發露懺悔自他一切眾生身語意所失毀的一切根本支分

255

ཚིག་ཉམས་པ་ཐམས་ཅད་མཐོལ་ལོ་བཤགས་སོ། ྲ྄ིག་པ་དང་སྒྲིབ་པ་ཞེས་ཕྱུང་

策 年 巴 踏 加 透 漏 夏 瘦 的 巴 蕩 這 巴 尼 洞

三昧耶，祈求賜予加持一切罪障

ྲེ་མའི་ཚིགས་ཐམས་ཅད་བྱུང་ཞིང་དག་པར་མཛད་དུ་གསོལ༔

這 莫 湊 踏 加 向 揚 大 巴 匝 德 索

墮罪、垢染全部清淨。

上面這個念誦，與《開顯解脫道》的內容一樣，都
是祈求上師金剛薩埵，加持淨除自他一切眾生所犯的一
切罪障。

懺悔文念誦完畢以後，緊接著觀想上師金剛薩埵，
和顏悅色地安慰自己：「善男子，你的一切罪障、所失
毀的戒律均已清淨。」一定要這樣觀想。

《勝馬遊舞續》云：「無上密咒王，僅一次念誦，
亦滅一切罪，成辦諸事業。」百字明是無上密咒之王，
僅僅念一次也能滅盡無始以來的一切佛制罪與自性罪，
相續清淨了，便可成辦一切事業。所以，作這個觀想是
非常重要的，只要能這樣觀想，罪業也的確會如是被清
淨。

自身成金剛薩埵

這般予以認可之後，上師金剛薩埵化光融入自身，
以此為緣，自己以前的平庸身體，也變成了與前面所觀

想的一模一樣的金剛薩埵。

　　就在這尊金剛薩埵（即自己）的心間，觀想一個如扁芥子大小的月輪，在這個月輪上的中央，是藍色的藏文吽(ཧཱུྃ)字，吽的前面是白色的藏文嗡(ཨོཾ)字，右邊是黃色的藏文班扎爾(བཛྲ)，後方是紅色的藏文薩(ས)字，左邊是綠色的藏文埵(ཏྭ)字，吽字周圍有五個字，合起來就是「嗡班扎爾薩埵吽」(ཨོཾ་བཛྲ་ས་ཏྭ་ཧཱུྃ)。

金剛薩埵父母心間觀想月輪圖

後
右↑左
前

薩

班雜

吽

埵

嗡

　　整個懺悔修法的內容很多，上面這些實際是圓滿次第的修法。所以，以前有些上師要求，《大圓滿前行》中的不共加行部分，受過灌頂的才可以傳授。不過，按照我的上師們的傳統，不管是德巴堪布，還是法王如意寶，都沒有說聽受《大圓滿前行》之前非要受灌頂，我聽過很多次，每一次都是如此。因此，這次也不這樣要求大家。

　　當然，有個灌頂是最好的。因為，這裡有時會牽涉一些無上瑜伽的不共修法，而這些修法，顯宗、外密中都沒有。

大圓滿前行廣釋（七）附大圓滿前行實修法

金剛薩埵心咒在《大藏經》裡也有

有人說：「《大藏經》裡有百字明，但沒有金剛薩埵心咒——嗡班扎爾薩埵吽。」

其實是有的。像法賢[65]、般若[66]等譯師所譯的經續中，就有這一心咒，只不過發音稍微有點不同而已。

因此，暫時未發現的，在某些教藏中沒有的，不能說不如法或不合理。以前藏地也有這種現象，當時後譯派某些譯師認為，寧瑪巴的某些續部是假的，因為他們去印度時，在梵文中沒有發現這些續部。

但這個觀點很快就被否定了。因為智者們認為，這最多只能說是「印度暫無」，不能說是假的。更有譯師說，這些人其實只到過印度的東方，而且只有一次，所以根本不曾遍覽無量經續；而他在尼泊爾的一座經堂內，就發現了寧瑪巴的這些續部，以及更多不可思議的續部。所以，沒見到的，不能說沒有。

當年，阿底峽尊者來藏地時，他本以為自己對密續是無所不知的，但當來到桑耶那座特別大的藏經堂時，卻驚訝地發現，裡面竟有許多經續是自己前所未見的。這些梵文本及藏文譯本的經續，都是在印度佛教未遭毀滅之前，由大成就者及譯師們，從鄔金、香巴拉等剎

[65]《佛說瑜伽大教王經》，法賢譯，經云：「薩埵金剛菩薩真言曰：唵(引) 薩埵嚩日哩(二合)吽(引)。」

[66]《諸佛境界攝真實經》，般若譯，經云：「是時如來，入一切諸佛普賢菩薩三摩耶出生金剛薩埵廣大威德三昧，從定起已，於自心中出生祕密真言曰：唵(一) 縛(去) 日囉(二合)(二) 薩 怛婆(二合)(三)。」

土，以及印度各地迎請來的。

驚訝之餘，尊者讚歎道：「我對密續可以說無所不知，而且，有空行在天空給我示現了無數宮殿，裡面的眾多續部我也看過。但是今日所見，的確是前所未有，連印度最興盛時期也無法相比。可見，密法確實是無量無邊。」從此，尊者的傲慢被摧毀了。

連阿底峽尊者都是如此的話，那像我們，未見、未知的肯定就更多了。因此，千萬不要因為自己的一時之見，障礙對善法的行持，尤其是這一心咒——「嗡班扎爾薩埵吽」，它的功德，眾多續部及前輩大德的注釋中都講到過，實在是無量無邊、不可思議。

自他二利之緣起
觀想供養諸佛，自利法身之緣起

在《前行》修法裡，主要修的是百字明，但在收回觀想時，觀想上師融入自身，自己也成了金剛薩埵，這時就在心間觀想金剛薩埵心咒，之後念誦「嗡班扎爾薩埵吽……」。

在念誦的同時，觀想五咒字⑥放射白、黃、紅、綠、藍五色光，光的頂端有嬉女等供養天女，揮手散出八吉祥徽、輪王七寶、幡傘、寶幢、華蓋、千輻金輪、右旋海螺等無量供品，供養居於十方廣大無邊、不可思議剎

---

⑥「班扎爾」（ﾂﾞﾊ），兩個字算一個。

大圓滿前行廣釋（七）附大圓滿前行實修法

土中的諸佛菩薩，令他們心生歡喜，從而圓滿了資糧、清淨了罪障。

再觀想，所有佛菩薩的一切大悲、加持，變成五顏六色各種各樣的光融入自身，自己現前了殊勝與共同成就、與學道相關的四種持明[68]以及究竟果位——無學道雙運果位，這是準備自利法身的緣起。

四種持明，按寧瑪派的觀點，有些大德認為都攝於有學道，有些則認為也包括無學道，對此《大幻化網總說光明藏論》中有分別說明。而這裡的觀點是，只是與有學道相關。

這是上供的觀修方法。

觀想布施眾生，他利色身之緣起

接著又觀想，這五個咒字向下放射出無量光芒，照耀三界六道一切眾生，使他們相續中所有的罪障、痛苦、習氣等，猶如太陽出現在黑暗處一樣，煙消雲散。一切外器世界變成現喜剎土，一切內情眾生變為白、黃、紅、綠、藍五色金剛薩埵的自性（也就是五部金剛薩埵或五部佛），之後，他們全部口誦「嗡班扎爾薩埵吽……」，傳出一片嗡嗡之聲，這是準備他利色身（報身和化身）的緣起。

這種修法，不僅是念金剛薩埵心咒時要這樣觀，念文殊心咒、觀音心咒等也是一樣，在修生圓次第時，都

---

[68]四種持明：異熟、壽命自在、大手印和任運持明。

可以這樣觀想，以成辦自利、他利兩種悉地。平時有點觀修能力的人，應該這樣觀想。

《法行習氣自解脫續》中也說：「射收二利淨除分別障。」意思是，依靠觀想光的射收，供養十方諸佛菩薩，滿足六道一切眾生，便成就了二利，清淨了自他的一切罪障。

這裡講的，與上述觀想要訣是一致的。依靠這種金剛乘的善巧方便，一瞬間便可圓滿不可思議的福慧資糧，同時，也能夠成辦利益天邊無際眾生的事業。

因此，大家應安住於這樣的觀想，盡力念誦金剛薩埵心咒。

依靠善巧方便修行

對修行人而言，善巧方便是很重要的。不說別的，因為信心力、定力、慧力的不同，念咒質量也一定有差別。有些人念是念，但在念的過程中，要麼昏沉、要麼聊天，念得很不清淨。而有些人念得非常清淨，甚至次第觀想得都很圓滿。

據傳記記載，全知麥彭仁波切一生閉關多年，尊者曾說：「除了在生起次第和圓滿次第的瑜伽之中念咒外，未曾在心、口散亂時念過一串佛珠的咒文。」

看到這裡，我就特別慚愧。想想自己在念咒時，剛開始還可以，念得挺清淨的，但後來就不行了，好像每

念一圈的過程中，這個那個分別念，都會不斷地湧出來。

當然，一方面，這也是凡夫跟聖者的差別，但另一方面，也跟能否運用善巧方便有關。

如果懂得運用的話，即使來學院時間不長，但在修法、禪定等方面，也會有非常大的進步。這就是善巧方便的力量。有了善巧方便，不管是淨除罪障、積累資糧，還是利益眾生，都是非常容易的事情。因此，修行人應盡量依靠這些方便，在成辦自利的同時，直接、間接利益眾生。

如果你找不到眷屬，又不方便出去的話，那就用這裡講的方法去觀修，一方面供養諸佛菩薩，一方面布施六道眾生，既圓滿了福慧資糧，又清淨了罪障。

這的確是非常甚深的修行竅訣。

收座迴向

到最後收座時，前面觀想為現喜剎土的一切外器世界，全部收攝在內情五部金剛薩埵尊眾之中，他們也依次化光融入自身，自身也從邊緣逐漸化光融入心間的「嗡(ༀ)」字中、「嗡(ༀ)」融入「班扎(བཛྲ)」、「班扎(བཛྲ)」融入於「薩(ས)」、「薩(ས)」融於「埵(ཏྭ)」、「埵(ཏྭ)」融入「吽(ཧཱུྃ)」字的「雅布傑(◡)」、「雅布傑(◡)」融入「小阿(ཨ)」、「小阿(ཨ)」融入「哈(ཧ)」、「哈(ཧ

262

）」融入頭部的日月明點（◎）中，到「那達⑥（ས）」之間次第融入，最後「那達（ས）」也如彩虹消於空中般，消失得無影無蹤。就這樣，在無緣離戲的境界中，稍許放鬆而入定。

上師瑜伽的收座也差不多，先是上師融入五色明點，五色明點從自己頭頂入於心間，然後在上師的智慧與自己的分別心無二無別的境界中安住，無緣離戲。最後，也是這樣入定一會兒。

總結前面所講內容，「念修百字明」的觀修順序是：首先是自己的庸俗之身，在這個不清淨的身體上懺悔罪業；懺悔以後，自己也成了清淨的金剛薩埵，沒有庸俗的我；之後，連清淨的金剛薩埵也變成文字，文字融入法界，最後一無所緣，光明離戲。這時，如果你有大圓滿或大中觀的離戲境界，就在這一見解中安住。如果沒有，那就毫不執著地坐一會兒。

當又開始生起分別念時，再度將一切器情明觀為金剛薩埵剎土，並念誦：

དགེ་བ་འདི་ཡིས་མྱུར་དུ་བདག །
給瓦德 噫 涅德 達
我今速以此善根

རྡོ་རྗེ་སེམས་དཔའ་འགྲུབ་གྱུར་ནས། །
多吉森 華 哲 傑 內

---

⑥那達：代表法界的一種符號，觀修生起次第時需要觀想。

大圓滿前行廣釋（七）附大圓滿前行實修法

成就金剛薩埵尊

འགྲོ་བ་གཅིག་ཀྱང་མ་ལུས་པ། །

桌　瓦　久　江瑪利　巴

令諸眾生無一餘

དེ་ཡི་ས་ལ་འགོད་པར་ཤོག །

得耶薩拉夠　巴　秀

悉皆安置於此地

以此來作迴向、發願，願自他一切眾生，全部成就金剛薩埵的果位。

之後，在行住坐臥中，所見所聞都要觀為金剛薩埵的自性，一切都是清淨的。這就是生起次第的基本觀修方法，是將行為轉為道用的竅訣。

如果入定時修的是上師瑜伽，那在出定以後，就觀一切顯現都是上師的化身，一切聲音都是上師的聲音，一切分別都是上師的智慧，這樣修是非常關鍵的。

念誦時一定要專注

平時念誦時，不論是念修金剛薩埵，還是其他咒語經文，心思專注所緣、不散他處，並且不夾雜閒言碎語，是相當相當重要的。

念誦質量的差別

如續部中說：「若無此等持，如海底磐石，誦數劫

無果。」如果沒有等持的力量攝持，那就像一塊沉睡海底的大磐石，念誦多少天、多少年乃至多少劫，也毫無結果。

所謂「無果」，個別大德解釋說，是指果很小，並不是毫無利益。以前我也講過，像金剛薩埵心咒、百字明等，即使不會觀想也沒關係，只要念就有功德。當然，如果與有等持的人相比，這種念法還是有差距的。

有多少差距呢？續部中又說：「淨與不淨差千倍，有無等持差十萬。」清淨與不清淨念誦的差距，是一千倍；有等持與無等持念誦的差距，是十萬倍。所以，前輩大德在念誦時都特別專注，即使是每日的課誦，也不會說話的。

以前，有一位大德來學院化緣建寺院，上師如意寶特別重視，安排他在「國際學經堂」頂層的貴賓室住。當時學院的財力不強，但法王還是根據學院的能力，供養了一些錢，是桑管家和我送去的。

我們剛要進屋時，大德的侍者說：「上師念誦時不接見任何人，請你們在外面等一下吧。」我們只好等了，一等就是一個多小時……

可見，前輩大德念誦時，是非常專注的。這一點，現在有些年輕的和尚、居士做不到，他們念經時老是說話，甚至打電話。其實，還是要養成清淨念誦的習慣。

大圓滿前行廣釋（七）附大圓滿前行實修法

⑦多年前漢僧在學院的經堂。

比如，每天在念《普賢行願品》時，心一定要專注，有些雜念是正常的，但盡量不要夾雜閒言碎語。

念誦時不應夾雜閒言碎語

在念誦經咒時，夾雜庸俗不堪的閒言碎語，就成了不清淨的念誦。這種念誦，就像摻有黃銅的金銀，只能被稱為非金或偽銀，再也起不到純金、純銀的作用了。因此，鄔金蓮花生大士說：「雜有綺語誦一年，不如禁語誦一月。」

可見，綺語的過患很大。如《法苑珠林》云：「但諸綺語，不益自他，唯增放逸，長諸不善，死落三塗。」意思是，一切綺語對自他都毫無益處，除了徒增放逸、長養不善業以外，死後還要墮入三惡趣。

所以，在大眾中念經、誦咒時，禁語是有必要的。從今年開始，學院也有這個要求了，開法會時，人人都掛「禁語牌」。「地藏法會」時已經執行了，執行以後，很多喇嘛說：「有了這個牌兒，就不好意思說話了。」——你們掛了沒有？以後我們也掛，好不好？一開法會，每個人都掛個牌。不過，有些人的牌是「活」的，想說話時就揣起來，說完了又拿出來，這樣不好。

雜有綺語的念經、誦咒，沒有什麼實義。特別是超度亡靈時，正在中陰界遭受恐懼、痛苦的眾生，為了獲得饒益，會滿懷希望地跑到上師僧人們面前。（現在我們助念的居士，也是一樣。）但在那個時候，如果念經的人既

不能明觀等持，也不具足清淨戒律與誓言，而且口說綺語、心思散亂，結果中陰身知道了，便對這些人生起邪見或嗔恨，以此為緣，中陰身自己將墮入惡趣。

因為中陰身是有神通的。某些中陰竅訣說，中陰身比正常人聰利九倍，對我們的所念、所言、所行都很清楚。所以，為亡靈念經時，要格外注意。

你有生圓次第的功夫，是最好的，對亡靈最有利；沒有的話，只要心懷慈悲，以誠信仰賴三寶，這樣念誦的利益也極大。否則，若是因為念誦者自己的過失，讓中陰身墮落了，那就像華智仁波切所說：「這類上師或僧人，有還不如沒有的好。」因為，若不是這些人，中陰身最多飄來飄去，不至於墮落，但這些人的不如法行為，卻讓其墮落了，非常過分！

對亡靈來講，這是最要緊的時刻。但有些人偏偏在這個時候打電話，寺院的規定不管，該念的經也不念，只關心自己的那點小事。如今21世紀了，傳統消失了，發達的科技把什麼都衝擊了，連佛教也不例外。但不管怎麼樣，我們都要有正知正念，念經期間最好關掉電話，不要說閒話。那些話，等念完了再說也可以。

對於有智慧的人，提醒一下就明白了，一生都會如理如法；但業力深重的人，因為太愚癡了，一而再、再而三地說，也不一定起作用。

總之，念誦時一定要清淨，不僅不能說綺語，而且

還要隨文入觀，專注所緣。因為密宗儀軌都是「明觀生次詞句門」，就像世間開會用的章程一樣，修金剛薩埵、阿彌陀佛等生圓次第的儀軌時，都要靠詞句來觀修。

可是，有些人只重視腔調，「明明、觀觀、修修……」，吟誦得倒是鏗鏘有力、抑揚頓挫，但該觀的不觀，對所緣毫不專注。

不僅如此，儀軌念完以後，一到最關鍵的諷誦心咒時，很多人的心情頓然放鬆下來，端坐的姿勢也成了東倒西歪。有的人甚至吸起百惡之源的煙草⑦，談論「溝頭溝尾」的無聊事件，開啟了眾多綺語伏藏之門⑦，手上也像捋黑色腸子一樣⑦，空空地數著念珠。就這樣，把一天都混過去了。

到了下午時分，抬頭望望天空，看時間差不多了，就開始念供養咒「班扎布白得貝……」，吹打法器發出巨響，將儀軌念完。

這種諷誦儀軌的方式，簡直是形象中最低等的形象，做諸如此類的形象佛事，真不如以清淨心念誦一遍《三十五佛懺悔文》或《普賢行願品》。因為，這些念得清淨的話，只要如理如法，時間短一點也加持很大。

---

⑦當時華智仁波切在世時，藏地有些寺院有這種現象，現在蒙古一帶的漢傳佛教以及漢地的道場中也有。
⑦綺語伏藏之門：指諷刺那些言說各種毫無意義的閒言碎語。
⑦所謂「捋腸子」，就是光顧了說話，手在念珠上一劃而過，根本不是計數。

不過現在還行，「金剛薩埵法會」、「普賢雲供法會」，大家積極參與不說，也都很認真。城市裡的居士也同步在修，聽說安排得很好，大家聚在一起，非常整齊，而且念誦期間也不說話，直到念完《普賢行願品》。這樣就很好，不管念什麼，禁語是有必要的。

否則，有些上師或僧人，依靠不清淨的念誦及形象的儀軌，不僅將亡魂引入惡趣，對活人做佛事也是弊大於利。這類人享用信財的話，確實好似食用熾燃的鐵丸一般。

以菩提心攝持念誦是關要

不離菩提心

享用信財、亡財者，無論是上師還是普通僧人，都應在清淨念誦的同時，不離菩提心，這才是關要。

切切不要將注意力放在肉塊大小、油餅薄厚等供養的好壞上㊷，而應當盡心饒益那些病人或死者。現在他們正處於緊要關頭，倍受痛苦、無依無怙，所以，作為大乘修行人，應該以慈悲菩提心攝持，專心致志地念修生圓次第。

當然，前面也說過，有這種境界最好，沒有的話，只要滿懷慈心悲意，身語意三門集中精力地念誦儀軌，並盡量跟隨詞句思維，做到發音正而清晰。這樣，依靠

㊷以前，藏地施主請僧人念經時，常常供養肉塊和油餅。

對三寶無欺諦實力的信心和定解，依靠皈依處三寶的大悲力，再加上無欺因果的威力以及菩提心的無量功德等，必定會使病人或死者受益匪淺。

這一點一定要記住！特別是為人助念的人，不是活佛、上師沒關係，沒有生圓次第的境界也沒關係，關鍵是要發心清淨。只要你發心清淨，就像佛經中所說，即使一個人在亡者身邊為他念經，他也不會墮入惡趣。

因此，為病人，可以念些藥師咒、《心經》、《金剛經》等，除了定業，連藥師佛親自現前也無能為力以外，必定對他有利；為亡者，觀音心咒、阿彌陀佛名號及種種經典都行，也必定能遣除他的恐懼和痛苦。

總之，當這三種力量——我們自身清淨菩提心的力量、三寶的大悲力、因果不虛的威力聚合時，就如由三種植物配成的良藥一樣，絕對能利益到眾生。

於人墊上淨己障

在利益眾生的同時，其實修行人自身獲益也是最多的，所謂「於人墊上淨己障」。

什麼意思呢？就是你坐在別人的坐墊上，為別人念經，但卻淨除了自己的罪障。這是非常珍貴的道理！你是修行人的話，可以說，這是不可以不了知的真理。當然在《前行》裡，這種道理很多，不過，若是你一帶而過的話，也就忽略了。

因此，我們應當竭盡全力地為別人修行，念經、誦

咒、修法……你這樣去做了，將眾生安置於解脫道上時，你的罪障也就清淨了，二資也就圓滿了。

當然，一般人首先考慮的還是自己。即使是某些公認的賢良上師或僧人，應該也是明曉因果的，但就是因為害怕享用信財、亡財的過患，連對病人、死者作個加持、迴向、發願等，也都不肯。這真是已經斷絕了慈悲心、菩提心的根本。

但現在這樣的人還不少，「我不摸錢」、「我不跟人結緣」……若不是有特殊密意的話，這的確是失壞菩提心的表現。你也知道眾生可憐，需要加持，但就是待在山裡不出去，誰都不見，這也不一定合適。

自我保護得太過了，也不見得是好修行人的標誌。尤其是大乘行人，跟誰都「隔離」著，也沒有必要，只要你把握好尺度，為別人作個加持，也是有利無害的。否則，一種行為到底的話，利弊功過，也不好說。

當然，這也不是要求我們完全付出。完全付出的話，恐怕只有大菩薩才做得到。像上師如意寶，病得最嚴重的時候，還繼續給人加持、摸頂，就算在醫院裡，等著拜見的人也是排著長長的隊。這種菩薩精神，的確是非常偉大的；而與大菩薩結緣的人，哪怕一面，功德也是不可思議的。

而我們，和人接觸的話，假如能給人帶來一點利益，也是可以的。其實反過來說，交往一下，自己的一

大圓滿前行廣釋（七）附大圓滿前行實修法

些小問題也能被發現。否則，有點境界，就跟誰都不接觸了，久了以後，搞不好會出大問題的。以前就有這樣的，一個道友閉關好多年，但一出關，跟誰都格格不入。這樣的話，我看還不如多跟人結緣，盡心盡力地利益眾生。

其實，這種機緣是很難得的，如果你知道利他的功德，就不會捨棄它了。

只重視自利者不得自利

很多人之所以捨棄利他，就是因為在他看來，只有為自己做的，才是自己的功德。

雖然道理不是這樣，但那些過於注重一己私利的人，為別人做點什麼，是很不情願的。他們到了施主家以後，在大眾行列中，需要為施主家念的經不念，反而取出自己那黑乎乎的念誦集，認為自己的誦經功課不能間斷，所以裝模作樣地念起來。

他們對自己的一點點念經、誦咒，竟然如此認真謹慎，認為只有自己念誦集裡的內容，才是最珍貴的，只有念這些，才是為自己積累資糧，完全淨除自己的罪障以及享用信財的罪過，而在為施主家念誦的大眾行列中，卻東張西望、胡言亂語、心不在焉，全然不考慮那些本該救護的眾生——死者或活人的利益，這是很不應該的。

太重視自利的人都是這樣。像現在的有些發心人，

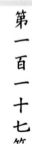

他把發心當成是給上師、給別人做的，隨便應付一下就過了。但對自己的念誦、修行格外重視，認為這些才是自己的，這些才值得認真。

其實完全錯了。你不願為他人念誦，不願為眾生發心的話，斷了慈悲菩提心不說，就算以後明白了，要盡力淨除享用信財的罪過，但以自私自利的惡心，也是做不到的。

所以，如果我們最初就能以慈悲、菩提心為本，在不離開利益眾生的動機下，盡己所知、所能，誠心誠意精進修行，那麼，無論是在自己家裡，還是到他人家裡去觀修生圓次第、念經、誦咒，都沒有絲毫差別。也就是說，在遠離私欲、一心利他這一點上，是完全相同的。因此，我們一定要以菩提心攝持而念誦、發心，乃至行持一切善法！

大圓滿前行廣釋（七）附大圓滿前行實修法

第一百一十七節課

第一百一十八節課

十萬遍百字明，學院多數佛友已經念完了，念完的，過兩天就修供曼茶。下面繼續講百字明。

丁五、懺悔之功德：

我們什麼時候死，是很難說的。但對一個修行人而言，最遺憾的，莫過於未懺悔罪業就死去了。

如《入行論》云：「罪業未淨前，吾身或先亡，云何脫此罪，故祈速救護。」在罪業未消盡之前，我很可能就先死了，那我該如何清除這些罪業呢？祈求十方諸佛菩薩速來救護我。

用「死」來激勵修行，這是每個修行人都應該有的正念。不管是老年人、年輕人，死期都是不定的，所以，盡快修完百字明，才是人生最有意義的事情。

百字明之功德

那麼，百字明到底有什麼功德呢？

如果一心專注所緣境、不摻雜庸俗語言，一次性念誦一百零八遍百字明，往昔所造的一切罪障及所失毀的戒律，一定會得以清淨。這是上師金剛薩埵親口允諾的。

如《金剛頂經瑜伽文殊師利菩薩法》云：「於心上誦百字真言加持自身，假使過去世中造種種惡業、五無

275

間等一切罪障，由此百字真言加持故，一切罪障悉皆消滅。」

《無垢懺悔續》中也說：「百字明是一切善逝的智慧精華，能夠淨除所失毀的戒律與分別念的罪障，堪稱為一切懺悔之王。倘若一次性念誦一百零八遍，便可酬補一切所失之戒，不會墮入三惡趣。任何一位瑜伽行者如果能發誓念誦，不但此人今生會被三世諸佛視為勝妙長子而加以護佑，而且命終之後，也無疑會成為諸佛的長子。」

這是一次性念一百零八遍百字明的功德。學院好多道友這樣發願了，每天一百零八遍，能這樣發願，既被諸佛視作長子，又不墮惡趣，利益是不可思議的。而諸佛的承諾，也是最好的保證。世間人都喜歡買保險，但你買醫療保險，不能保證不生病；你買養老保險，也不能保證不衰老……即使是今生的畏懼處，也得不到保障。而念百字明，卻為今生來世上了最有保障的「保險」。

如果明明知道自己造過很多惡業，也擔心果報現前，那為何不趕緊懺悔呢？臨死前，每天念一百零八遍百字明，今生來世都好，何樂而不為呢？

此外，進入密宗金剛乘以後，無論失毀了根本誓言還是支分誓言，如果每天觀想金剛薩埵而念誦二十一遍百字明，就能令墮罪的異熟果不會越來越增長，這叫加

持墮罪。

如果念誦十萬遍百字明，則可徹底清淨一切墮罪。如《莊嚴藏續》中說：如果念誦十萬遍百字明，那麼一切墮罪都能從根本上得以清淨。此續中云：「妙觀白蓮月墊上，上師金剛薩埵尊，依百字明之儀軌，倘若念誦二十一，即將加持墮罪等，使其不復得增長，諸成就者所宣說，故當恆時而修持，倘若已誦十萬遍，必成清淨之本性。」

修的時候，按照《開顯解脫道》，或者寧提派的儀軌都可以，噶舉、格魯等的儀軌也可以。藏地各教派都有金剛薩埵的儀軌，甚至漢地對金剛薩埵也相當重視，像《瑜伽焰口》最後所誦的補闕真言，就是百字明。

修百字明的重要性，我已經強調很多次了，不是為了完成個數字，不是為了聽密法，而是要清淨我們無始以來的罪障。清淨罪障，這才是最重要的！

而在清淨罪障方面，金剛薩埵是「最專業」的，依靠他，沒有消不了的罪障。即使是聞名或見身，也有不可思議的功德。如《佛說無二平等最上瑜伽大教王經》云：「若人得聞金剛薩埵名字，及見身者，於七生中得最上地。」意思是，如果有人聽聞到金剛薩埵的名號，或者見到他的身相，於七世（七世有不同算法）中，必定得最上成就。

因此，能夠見聞到金剛薩埵的法相、名號，或者他

的心咒及百字明，都需要福報。沒有福報的人，是見不到的。

我前面說的那個公安人員，以前在成都保護上師，他就天天念百字明，給我的印象很深。後來我常常在想：連做這種工作的人也知道懺悔，為什麼那麼多人還不重視呢？明明是罪業深重，還覺得有趣、覺得成功，實在是顛倒。

當然，世間人的話，也情有可原，但作為佛教徒，為什麼也不重視呢？很多人口口聲聲談大法、高法，百字明、五加行提都不提，即使提起來，也認為是下等的修法，自己根本不需要。其實這是最大的錯誤！如果一個人的罪障沒有懺悔清淨、資糧沒有積累圓滿，高層次的境界是得不到的，即使得到一點，也不會穩固。因為，你的罪障特別深重的話，功德光明是不可能呈現的。

前面也講了，我們的阿賴耶就像明鏡，罪業則如明鏡上的塵垢，從小到大，乃至從無始至今，在此期間所造的一切罪業，沒有得以清淨之前，生圓次第的影像是不可能顯現的。

何時才能顯現呢？當用四種對治力的「布」精勤擦拭，將阿賴耶上的煩惱、所知、習氣等一切障垢清淨以後，裡裡外外的功德萬象，才能了然呈現。

因此，在了知百字明的功德以後，應該結合四種對治力，精勤懺悔。尤其是入密的人，更要常修懺悔。-

入密者當常修懺悔

當今時代，藏地的上師僧人、俗家男女，可以說都受過灌頂，都是入了密宗之門的。我看現在漢地也有這個趨勢，凡是佛教徒，有些可能是好奇，只要有灌頂，就去接受。在座的應該都得過了，得過了灌頂，也就是入了密乘了。

入密者的兩條出路

入了密乘以後，應該謹守誓言。倘若守誓言，便可以獲得圓滿佛果，否則，就像有些人，受了灌頂卻從不守誓言，勢必招致墮入地獄的下場。

就像竹筒裡的蛇，要麼上去，要麼下去，再無別的出路。同樣，入密之人，要麼獲得佛果，要麼墮入地獄，沒有第三個去處。誠如智悲光尊者在《功德藏》中所說：「入密士夫之去處，惡趣佛外無三處。」

儘管也有大德解釋說，這是從嚴格角度來講的，但對一個修密的人來講，還是應該引起重視。

密乘誓言眾多

要知道，密宗的三昧耶戒分類細緻，種類眾多，極其難以守護。

阿底峽尊者也曾說：「從我入了別解脫戒以來，一塵不染，纖毫不犯；入菩薩戒以來，偶爾有犯；但從進入密乘以來，卻接連不斷地出現過失。」連尊者尚且如此，那我們這些對治力薄弱、喪失正念、無有正知、不曉墮罪種

大圓滿前行廣釋（七）附大圓滿前行實修法

類的人，所犯的墮罪數量，毫無疑問會多如雨水。

我個人而言，小乘戒律、菩薩學處、密乘誓言，這些都受過。事部、行部、瑜伽部的灌頂，乃至時輪金剛、傑珍大圓滿的灌頂，也都得過。這裡面的戒條，顯宗有顯宗的戒條，像別解脫戒、菩薩戒；密宗有密宗的誓言，像十四條根本誓言，「時輪金剛」的二十五條誓言，「大幻化網」的五條誓言，學《三戒論》時都講過。那麼，我受了這麼多的戒條或誓言，如果沒有守護好，到底有利有害呢？一想，就感到特別恐懼。

每天念二十一遍百字明

因此，我們應當立下誓言：隨時隨地念修金剛薩埵對治這些墮罪，從今以後，最起碼每天不間斷念誦二十一遍百字明。

這一點極為重要！無論你學顯、密宗，這樣修持是很方便的，藏地很多修行人都是這樣。我的話，也習慣了，早上一睜眼，就「嗡班扎薩埵薩瑪雅……」念二十一遍。有時念著念著睡著了，也忘記念了幾遍，所以醒了又重新念。

這算是個小修行，習慣了，誰都不會忘的，而且有很大利益。我們造罪業，不說學佛以前「起心動念，無非是罪」，就是入了佛門，大大小小的三種戒律，也違犯了不少。所以，除了集中性地懺悔以外，養成日日懺悔的習慣，罪業就不會累積。否則，犯了也不懺，就這

麼擱置在相續裡，日後必定成為解脫的最大障礙。

其實，每天念二十一遍，這個要求不高，修起來也不花時間。但這麼一個簡單修法，華智仁波切強調，上師如意寶也強調，可見意義是很大的。所以，我在德巴堪布面前聽《前行》的時候，就開始這樣修持了。

我聽的第一部法，就是《大圓滿前行》。記得剛從學校裡跑出來的時候，學校、家裡都反對，不像現在。但我顧不了那麼多，還是出家了。因為我對佛法有信心，特別是《大圓滿前行》，一直以來，都覺得很有緣分，也常常拿在手裡，時不時地翻一翻。

道友們的話，我希望你們也能隨身帶著它，隨時隨地翻幾頁，這樣對修行很有幫助。否則，有些道理，久了不看就忘了。凡夫人都有這個毛病，心態老是會變。為什麼境界穩固不下來，修不上去？就是因為這個。

聖者和我們不一樣，他的信心、修法都非常穩定，絕對不會變來變去。比如斷惡，起個惡念，他會當下懺除；而且，他會一直這樣修。

所以，我們要學的話，就可以用些方便來約束自己。比如，每天翻翻《前行》，每天念二十一遍百字明，這樣習慣了，也算是一種穩定了。

不可與破誓言者接觸

剛才講了，入密者守護誓言至為緊要，但這不僅要

大圓滿前行廣釋（七）附大圓滿前行實修法

求自己誓言清淨，還要注意的一點是：不能與破誓言者接觸。

株連失戒

一個精通生圓次第要訣的人，可以依靠正知正念以及明觀等方法，令三昧耶不失毀。但是，如果他與失毀根本誓言的人交談、往來，甚至同飲一個山谷的水，也會產生相對失戒、株連失戒的罪業。

從這裡看，破誓言的人是相當可怕的。「同飲一個山谷的水」，要避免是很難的，可以說，根本做不到。比如，喇榮山溝的水，一個破誓言的人喝了，按理整個山溝的水就不能喝了，喝了就會受牽連。但這是做不到的，而這種現象，也是經常有的。

為什麼現在人不易成就、不易現前境界？跟這些不無關係。罪業深重是一方面，會遮障佛性，但你交往的人，如果有這種嚴重破根本誓言的人，那也會染上過患，妨礙你的成就。

所以，我們務必要精進懺悔、淨除罪障。如《無說義懺續》云：「酬補失罪交往失戒者，於失戒非器者宣講法，不加警惕彼等失戒者，必將染上冒瀆晦氣㉕過，一切此生違緣來世障，以悔自過之心發露懺。」

在這段懺悔文裡，講到了要酬補的幾種罪業：

首先是，與破戒者交往的罪業。這裡的「破戒者」，

㉕冒瀆晦氣：違犯誓言招致的不祥。

是指破了密乘誓言的人，而且是公認的、明顯的那種。比如，對金剛上師，不是稍微有點看法，而是已經有了嚴重矛盾的，與這種人交往過的話，一定要懺悔酬補。

其次是，給破誓言者講法的罪業。法王如意寶規定過：嚴重破密乘誓言者，不得參加任何密宗的法會及灌頂。這個規定，從學院建立到現在，一直都在執行。有些人自以為有悲心：

「可憐啊，這也是眾生啊！過來過來，我給你講法。誰都不攝受你，我攝受你……」這就是給失戒的非法器宣講佛法。

因為以上這些罪業，再加上對其他破誓言者不加警惕，就會染上晦氣。對這些今生來世的違緣及罪障，一定要像懺悔自己的過失一樣，發露懺悔。

破誓言者能毀具誓者

此外，在僧眾集會行列中，即便只有一個破誓言的人，在場的人也都將被他的晦氣所染污，具體點說，就算是有成百上千的具誓言者，也不會得到絲毫修行的成果。

這是非常可怕的！對某些人而言，已經有這種趨勢了，他對自己的上師，不僅僅是誹謗，甚至故意製造違緣，這是非常危險的！如果是三恩德上師[76]，你故意誹謗他，那就嚴重了。

如果是在處理問題時，因為意見不統一，上師與道

大圓滿前行廣釋（七）附大圓滿前行實修法

---

[76]三恩德上師：賜予密法、灌頂、竅訣的上師。

友、道友與道友吵架了，過夜前懺悔就清淨了，這不是破誓言。破了根本誓言的話，就像一滴壞奶能毀壞一鍋鮮奶，一隻帶瘡的青蛙能傳染同住的全部青蛙一樣，一個破誓言者，能毀壞集會中所有具誓言者，甚至摧毀灌頂或法會的一切功德。如頌云：「猶如一滴腐奶汁，可毀一切鮮奶汁，失毀誓言之一人，能毀諸具誓言者。」

所以，學院特別注意這一點，也一直在嚴格執行法王的規定。每次開法會前，對於真正破了誓言的人，管家詳細觀察以後，絕對不讓參加，一次法會都不讓開。

當然，我們最應該警惕的還是自己。即使以前沒有破誓言，但如果以後因為種種原因，成了一個破誓言者，那這比破了小乘根本戒、菩薩根本戒，要嚴重得多，可以說完全不相同。一旦到了這種地步，再加上超過三年沒有恢復，那可就成了整個世界的仇敵，太可怕了！

因此，我們不僅要警惕破誓言者，而且要警惕自己。

破誓言者染污成就者

不僅是一般的修行人，就算是一位上師、高僧大德或成就者，也避免不了被冒瀆晦氣染污上。

舉個例子來說：往昔，卓滾朗吉日巴尊者在匝熱地區期間，一次，由於當地的山地鬼神製造違緣，將正午的太陽隱蔽不見，變成繁星閃爍的漆黑夜晚。可是尊者卻無阻無礙地來到了黑紅血湖畔，唱起金剛歌、跳起金

⑦⑥三恩德上師：賜予密法、灌頂、竅訣的上師。

第一百一十八節課

剛舞，並在石頭上留下足跡，至今仍然清晰可見。就是這樣一位大成就者，後來卻因為一個破誓言的弟子來到面前，結果染上了冒瀆晦氣，從而導致神志不清，甚至不能言語，成了啞人。

這是真實的歷史。這麼一位大成就者，卻被破誓言的弟子，害得神志不清了。所以，在一些老上師身體不好時，弟子們會特別注意，提防破誓言的人靠近。像法王如意寶，當時六十多歲了，再加上身體也不好，我們開會商量以後，因為擔心有這種人，所以盡量拒絕了外來的訪客。

《欽則益西多吉密傳》中也有一則公案：有一次，尊者讓一個弟子烏金南加，從萬丈懸崖上跳下去。烏金南加便一邊祈禱上師，一邊跳了下去。但他並未著地，在半空中就被接住了，並且甦醒了前世的功德。

尊者欽則益西多吉說：「其實，他是嘎瑪朗巴的轉世，因為被破誓言者染上了晦氣，智慧一直未能甦醒。而我用這種猛厲的方式，令他復甦前世的智慧，也的確非常稀有。」

以前，在上師如意寶的弟子中，有一個公認的破誓言者，就是開啟珠日神山伏藏時的那個阻攔者。他在上師面前聽過《時輪金剛》等密法，但後來又故意誹謗，是藏地公認的破誓言者。

這個老人現在還活著，不過上師的傳承弟子，都不

會跟他說話。他在世間，也算是有點地位，所以，有一次開佛學研討會，他也去了。當時我們一下子認出來了，就推說有急事，趕緊跑了出來，一剎那都不敢待，更不敢說話。真正破了誓言的人，你若是接觸他，對生命和修行，都有非常大的障礙。

當然，得是公認的，不是你覺得是就是了。否則，你覺得這個破誓言，那個破誓言，這樣不合理。如果真的破了，或是暗地裡誹謗上師，那跟這種人交往的話，確實不好。

現在世間人講「和諧」，提倡「共處」，就世間層面而言，這樣很好。但若是站在密乘的高度，尤其是不共誓言或成就的層面來看，當一個人依止了合格的上師，又對他誹謗的話，這是非常嚴重的過失。對這種人，一定要注意！一定要注意啊！（當然，如果是以上師名義騙人的假上師，到底是不是上師還要分析，這個不好說。）

此外，成就者俄堅巴也在道歌中說：「雪域乞人仁親花（指其本人），僅有失戒敵可害，唯有師尊能救護。」他說：仁親花我這個藏地雪域的乞丐瑜伽士，在這個世界上，只有破誓言的敵人，才能傷害到我；只有上師尊者，才能救護我的今生與來世。

俄堅巴曾用道歌講述了自己的人生歷程，他教誡我們：一定要遠離破誓言者，要感恩自己的上師。的確，上師洞察了實相之後，為我們傳授顯密教言，讓我們認

清輪迴的過患、解脫的功德，尤其是，他加持我們生起菩提心，這都是無法想像的恩德。所以，唯有上師才能真實救護我們。

總之，對破誓言者，大成就者都要小心提防的話，我們為何不防範呢？更要防範。不僅要防範破誓言者，更要守護好自己的誓言。

極力懺悔

密宗誓言難守護

不過，要守護好三昧耶誓言，是十分困難的。那些吹噓得過多少灌頂，但從不觀察自相續，還認為自己具足誓言而心生我慢的人，終究一事無成。正如密宗諸續部中說：「三門即使一剎那離開三壇城之本性，也違越密宗誓言。」

這樣嚴格一講，可能我們誰都沒有資格傲慢了。雖然也有講解中說，這種失壞誓言只是念修金剛薩埵部分的，不是完全失壞。但不管怎麼說，密宗金剛乘的誓言，是非常難守護的。

那麼，詳細分類的話，這些誓言不下十萬種，數量繁多，而且失毀的話，罪過也相當嚴重。《上師心滴》中曾講了三種「海」：誓言次第解脫海、薈供次第如意海、上師次第悉地海。其中的「誓言次第解脫海」，從身口意等角度，講了許多根本及支分誓言。但這些誓

言，很多人不看，只看最高的修法，這樣不好。

管家講戒律，誰都不願意聽，但不願意聽的往往被開除；我們講誓言，誰都不喜歡，但不喜歡也得講，就像世間的法律，你不懂的話，違犯了就得受處罰。

《三戒論》云：「犯罪倘若未懺悔，今生之中遭不幸，後世轉生金剛獄，痛苦無與倫比處。」失壞誓言以後，若不精勤懺悔的話，即生會遭遇種種不吉祥的事，而來世還要轉生金剛地獄，感受無量痛苦。

還有續部中說：「金剛羅剎痛飲其心血，短壽多病失財畏怨仇，長久住於無間地獄中，極其恐怖感受難忍苦。」破誓言的人，金剛羅剎會喝他的心血，心血被喝完了，這個人肯定會多病、短命，因為耗失了福德，從而也會失財，並且畏懼怨敵，凡是不吉祥的事情都會出現，而來世還要墮入金剛地獄，感受無邊恐怖難忍之苦。

當然，如果是守護誓言的人，即生一切順利圓滿、心想事成，而來世的安樂，更是無法言喻。

因此，我們必須隨時隨地、兢兢業業觀修金剛薩埵，念誦百字明，懺悔一切所失毀的戒律、墮罪，想得起、想不起的，都要懺悔。如古大德也曾說：「初需未染罪，一旦染上罪，懺悔極關要。」

三戒比較

如果加以懺悔，那麼，失毀密宗誓言的罪業，也可輕而易舉得以清淨。

按聲聞乘的觀點，如若違犯一次根本墮罪，就像瓷器破碎一般，無法恢復；破了菩薩戒，則如同珍寶用品破碎，依靠能工巧匠可以修復一般，依靠他緣善知識或念《三聚經》等，可以酬補；密乘戒，則好似稍有凹陷的珍寶用品，敲一敲就恢復了，也就是說，自己依靠本尊、密咒、等持，念修百字明等來懺悔，則完全可以清淨無餘。

可見，密宗誓言一方面可怕，但另一方面，只要隨時能提起正知正念，犯了也容易懺悔，這也是一種優勢。

懺悔的期限

當然，如果違犯後，毫不遲疑立即懺悔，就容易清淨。時間拖得越久，罪業會越來越增長，懺悔也有一定的難度。

學院的要求是不過夜。比如，兩個道友吵架或打架了，過夜之前一定要懺悔。這是上師如意寶的要求，我們也一直這樣執行。

執行過程中，有時兩個道友都有正知正念，知道生嗔恨不好，馬上懺悔；懺悔之後，也不記在心上，這樣就清淨了。但有時也互不相讓，甚至在上師面前也是憤憤不平，過後在路上見了，也彆彆扭扭的，這樣不好。

除了這兩種情況以外，還有一種，就是一個想得開，一個想不開。想得開的，他馬上向另一個懺悔，即使人家不接受，自己方面已經算清淨了。另一個人的話，再嗔恨，也害不到別人，只能害自己。

大圓滿前行廣釋（七）附大圓滿前行實修法

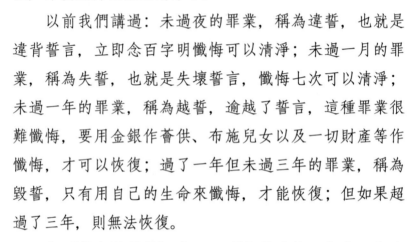

其實這就是煩惱的本性，嗔也好、貪也好，只能害自己，而且是一切傷害中的罪魁禍首。因此，明白事理的人應該立即懺悔，越快越好。

一旦超過三年，就已經逾越了懺悔的期限，那時候，即使懺悔也無法清淨了。

以前我們講過：未過夜的罪業，稱為違誓，也就是違背誓言，立即念百字明懺悔可以清淨；未過一月的罪業，稱為失誓，也就是失壞誓言，懺悔七次可以清淨；未過一年的罪業，稱為越誓，逾越了誓言，這種罪業很難懺悔，要用金銀作薈供、布施兒女以及一切財產等作懺悔，才可以恢復；過了一年但未過三年的罪業，稱為毀誓，只有用自己的生命來懺悔，才能恢復；但如果超過了三年，則無法恢復。

如《誓言莊嚴續》中云：「倘若逾越三年者，永遠無法再恢復，假設接受焚二者⑦，必定墮入金剛獄，恆時唯有受痛苦。」

所以，了解誓言是很重要的。否則，密法、灌頂倒是求了很多，但連守護誓言的概念都沒有，重視程度還不及小乘戒，那這樣的話，不求好一點。求了灌頂，一旦與金剛道友發生嚴重矛盾，或者誹謗了金剛上師，這樣就失壞誓言了。而失壞以後，三年一過，一輩子都沒有恢復的機會了。再說，這種人對其他人的染污，也肯

---

⑦倘若上師接受了這個弟子的懺悔，那兩人的相續都將被焚。

定是在所難免的。

針對上述問題，上師如意寶曾在藏地雪域，作過一番整頓。當時，學院也開除了一部分明顯破誓言的人。到目前為止，這些人還是被「隔離」著，不能跟僧眾一起灌頂、開法會。但這些人散布在各地，也是怕碰上他們，所以每次出去開法會時，我們都要先了解一下有沒有這些人，有的話，絕對不去。尤其是「文革」期間批鬥自己根本上師的人，這些人，絕對不允許參加任何灌頂和修法。

當然，那一部分人，現在基本都已經離開世間了。

利他者也要懺悔語障

此外，想要利他的人，也要懺悔語障。比念修金剛薩埵如，有些人想憑藉咒力與加持，來救護他眾、中止冰雹、消除瘟疫、治病救人以及使幼童健康成長等，這樣就必須淨除語障。否則，只是念一念或吹口氣，不一定起作用。而清淨語障的方法，沒有比念修百字明更為殊勝的。所以，隨時隨地精進念誦百字明至關重要。

華智仁波切的至尊上師如來芽尊者，曾以開玩笑的口吻說：「想救護他眾、享用信財亡財的人，首先必須淨除語障。為此念誦一千萬遍百字明，是必不可少的。」

他的上師為什麼要這麼說呢？應該是有密意的。可能當時在藏地，想度化眾生、享用信財亡財的人比較

大圓滿前行廣釋（七）附大圓滿前行實修法

多，所以他的上師說：「你想當一個給別人超度念經的師父，就先念一千萬遍百字明，淨除語障吧。」

不過，現在有些人，不要說一千萬，連念十萬都很費勁，念了半天，念珠上的記號一直不動。可能也是不好念，但再不好念，也要好好念，因為功德太大了。像如來芽尊者的弟子，有許多念了一兩千萬遍百字明，最低也都圓滿念誦了二三十萬遍。

老喇嘛又發願念一億觀音心咒

相比之下，我們的念誦能力太差了，要是精進的話，有些數量也可以達到的。記得在《前行》講到20節課時，有一個老喇嘛來找我，是我父親的朋友。他說自己用十七年，念了三億觀音心咒。當時他是79歲，又在我面前發願說：「現在，我想用三年時間，再念一億。」

今天，他又來找我，說這一億已經念完了。我算了一下，還不到三年，接近三年。發願那年他79歲，《前行》講到63節課時，我又提過他，算算時間，今年應該是82歲了。今天他又說：「你能不能在初十那天空出點時間，我想再發個願。如果還有三年壽命的話，我再念一億。」

他是一個非常精進的老喇嘛，除了吃飯、晚上稍微睡一會兒以外，剩下的時間都在念觀音心咒。如果我們也有這種精進的話，三年不要說十萬百字明，聞思、修

第一百一十八節課

法、念經……很多事情都做得到。只不過，多數時間我們比較散亂而已。

袞卻格西，記得以前講過，他在喜馬拉雅山閉關十六年，修行數量非常之多。比如，百字明，120萬；磕大頭，150萬；金剛經，10萬部；三十五佛禮懺文，10萬遍……

2001年，他示現圓寂時，出現了種種瑞相，並留下許多稀有的舍利。當時，這件事不僅讓國際上的許多佛教徒倍感振奮，而且，也引起了眾多新聞媒體的關注。

從這些出名或不出名的修行人身上，我想大家都能汲取一些力量，有了力量，就應該精進懺悔。

百字明是咒王

總而言之，上師金剛薩埵是集百部於一部的自性，而且是唯一的百部總集，稱為大密一部金剛薩埵。浩瀚無垠、不可思議的一切寂猛本尊，也無不包括在金剛薩埵之中。

至於十方諸佛從金剛薩埵的本體中，如何散射、收集的道理，《大幻化網》中有詳細闡述。比如，從金剛薩埵這一尊佛，可以幻化一千尊佛、一萬尊佛，乃至十萬、百萬、無量諸佛，這是散射；而收集時，無量佛尊又可全部融於金剛薩埵一尊當中。此外，像「時輪金剛」、「密集金剛」、「大圓滿」等所有傳承，其實也

大圓滿前行廣釋（七）附大圓滿前行實修法

可以全部包括於金剛薩埵的修法中。

不僅如此，因為將金剛薩埵的本體觀為根本上師，所以在這一修法中，也總集了上師瑜伽（也就是說，上師瑜伽與金剛薩埵合修），由此稱為珍寶總集的觀修法，是極其甚深究竟的法門。

總之，正如前文所說：密咒當中，沒有超過咒王百字明的。因此，我們應當了知，何處再也沒有比這更深的法了。

下面是這一品的總結偈：

聞益竅訣然卻耽詞句，稍許實修然為散亂欺，

我與如我迷相眾有情，願得生圓精華祈加持。

最後，華智仁波切謙虛地說：雖已聽聞像金剛薩埵修法這樣最具價值的竅訣，可是只知耽著詞句；雖有稍許實修，但因業力、煩惱深重，不具正知正念，總是被散亂欺惑，無法修持圓滿。我和像我一樣被相狀迷惑的一切有情，在十方諸佛及傳承上師、空行護法面前祈求加持護佑：願自他一切眾生，都能獲得生起次第與圓滿次第的精華教義，都能通過修持百字明，淨除一切罪障，修行圓滿成功。

【淨除業障法——觀修上師金剛薩埵之引導終】

第一百一十九節課

不共加行中，百字明已經講完了。今天講第四個——曼茶羅的修法。

將《大圓滿前行》作為修行指南

講《前行》的過程中，從不共加行開始，節奏稍微快了些。尤其在講懺悔時，本該多發揮一點，但時間一過，時機也就過了。不過總的來講，這次傳講也算是一個「廣釋」。

《大圓滿前行》是很重要的修行法門，因此，學院裡的法師都應該講。按照傳承上師的傳統，我們講聞的次數還不夠，應該多聽多講。至於菩提學會的道友，我非常希望大家把它作為必修課，也正是為了讓大家深入了解共同與不共加行的要領，這次才作了廣釋。

雖然這是一部藏傳佛教的修行書，但你去了解就會發現，裡面的道理不僅與漢傳、南傳相通，在公案方面，除了個別的源於藏地以外，大多數也出自《大藏經》。我本人的話，較為滿意的地方，也是引用《大藏經》的眾多經論作依據，對很多內容作了細緻解釋。因此，這可能是自《大圓滿前行》誕生至今，不論藏文、漢文，講得最廣的一次了。

剩下的，最多還有一冊講義。圓滿以後，就給後人留下了一部參考資料。但這些是否有意義，我還不敢

大圓滿前行廣釋（七）附大圓滿前行實修法

說。因為有時凡夫人覺得非常有意義的事情，回頭一看，卻毫無價值，不過是分別念而已；但有時覺得一文不值的東西，卻直接間接呈現了諸多利益。所以，這種事情我也說不準。

但不管怎麼樣，在此期間，我和發心人員都下了一定的功夫。就像以前，在講解《入菩薩行論》過程中，我一直擔心能否圓滿，但通過發心人員和我的努力，短短一兩年時間，就出了十本書。直到現在我都覺得，那是我一生最大的成功。對後人的話，即使沒有大的利益，也應該會有些參考價值吧。

至於《大圓滿前行》，我想也是一樣，今後的事我說不準。但我希望，現場及以後通過光盤法本學習的人，都能將《前行》當作一生最主要的修行指南，依靠《前行》調伏自相續，斷除煩惱、增上智慧，如果能這樣做，必定會讓你的人生有所改變。

雖然《前行》的文字淺顯易懂，但其內容特別特別深奧，就算是一個簡單的比喻或公案，也都蘊含著非常深邃的意義。因此，千萬不要等閒視之，認為這只是初學者的入門書，就像小學一年級的課本，上二年級就不用學了，上了大學更不會再看一眼，這樣對待《前行》就錯了。如果是這樣，那我們的傳承上師們，為什麼一輩子看《前行》，一輩子修加行？

你們要知道，其實，讓佛法融入相續不是個簡單事

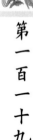

情，不是一上來就能做得到的，這需要長期的努力和精進。也就是說，要長期修學《前行》的每一個引導：共同加行裡的人身難得、壽命無常、輪迴痛苦、因果不虛；不共加行裡的皈依、發心、金剛薩埵、積累資糧、上師瑜伽，這些要一個一個地認真修持，才會呈現真正的效果。尤其是前面的共同加行部分，如果在這次講解中，因為發心或其他原因，學得不踏實的，以後一定要空出時間，反反覆覆學習。

發願每天念二十一遍百字明

不管怎麼樣，每天早上念二十一遍百字明，這個功德我再三強調過了，這個應該不難。無論是誰，發心再忙，也肯定做得到。再說，我們業力那麼深重，連這一點都做不到的話，學佛也沒有什麼意義了。

你們就在我面前發個願吧，每天念二十一遍百字明。二十一遍，最多幾分鐘，可以嗎？可以就舉個手——（多數道友舉手）

好！每天念二十一遍百字明，不是一天兩天，而是有生之年。如果早上忘了，下午或者晚上補上；如果今天忘了，明天必須補上，好吧？

發願以後就要堅持，形成習慣就好了。以前我聽《前行》的時候，上師並沒有要求，是自己在心裡發的願。發願以後，就算偶爾忘了，也都在第二天補上了，

大圓滿前行廣釋（七）附大圓滿前行實修法

所以，可以說從未間斷過。

二十年以後，你們也可以回憶曾經發過的誓言。其他的不好說，但今天這個誓言，應該很簡單吧。希望到時候沒什麼可遺憾的。

那下面，從今天開始，我們講曼荼羅的修法。

在不共五加行中，供曼荼羅不像有些修法，可以邊走邊念，這個一定要坐下來修，而且手要運動，因此比較累，也比較花時間。但這個修法相當重要，所以，不要像完成任務一樣應付。

剛學佛的人，常會問些莫名其妙的問題：「我今天沒修，明天接著修，這算不算斷了傳承？」沒有這種說法。這不像一個東西，斷了就接不上了，你去年磕了兩萬個頭，雖然中間中斷了，但今年接著修，前後的數字都算。

百字明沒修完的，繼續修。修完以後，再修曼荼羅，這樣觀想起來就不會衝突。兩個同時修的話，也可以，但最好分開時間，在固定時間裡只修一個法。比如，上午修百字明，下午修曼荼羅，這樣念誦和觀想都比較完整。

曼荼羅的修法很簡單，各班的法師以前都修過，所以共修的時候，可以具體教一下他們。

這個修法，我們要求三個月修完，最遲也是明年的「持明法會」之前修完。當然，對精進者來講，規定的時間足夠了；但懶惰的人，一輩子也修不完，不要說一

輩子，再給他加幾世，也不一定修得完。因為這種人煩惱多，業障重，邪見重重，甚至都不聽課，所以也不會修吧。

一般來講，在積累資糧方面，越有福報的人越有意樂，所以希望大家一定要努力。個別發心太忙的，以後空了再修也可以，但每天象徵性地修一點也好。不管是在哪個發心部門，也不管做什麼事情，抽點時間出來，我想還是可以的。

第四、積累資糧

首先，華智仁波切結合本品內容，對如來芽尊者為主的根本上師，進行讚歎及頂禮：

雖知世俗然積二資糧，雖證勝義無修然入定，

雖已現前雙運仍精進，無等上師足下我敬禮。

華智仁波切說：我的上師雖已完全通達世俗如夢如幻、虛假不實，但仍然不斷積累福德與智慧二種資糧；雖已證悟勝義中遠離能修、所修，但仍然在眾生面前，不斷示現入定、禪修；雖已現前現空雙運的金剛持果位，但仍然精進不輟。

其實，我們的上師們也都是如此，儘管已現前無二雙運果位，但仍然謹慎取捨因果，行善不斷。誠如蓮花生大士所說：「是故見比虛空高，取捨因果較粉細。」

因此，作者在自己無與倫比的上師面前，畢恭畢敬、五體投地頂禮。

我希望，這個偈頌對我們的修行，始終都有一些提醒和督促的作用。看看這些偉大的上師，他們是如何做的？其實，越有境界的人，越謹慎、越精進。但現在有些人恰恰相反，見解極其低劣，不說唯識、中觀、無上密法，就連聲聞乘的人無我都不懂，自己的行為不如法不說，還口口聲聲地蠱惑別人：「沒什麼可修的，沒什麼可積累的，沒什麼可精進的……」

這些不懂佛教的人，這些似是而非的語言，毀壞了多少人的善根？傷害了多少人的慧命？我想，很多人心中是有數的。

因此，希望大家牢記聖者的教誨，踏踏實實修行正法、積累資糧。

第一百一十九節課

丙四（積累資糧）分二：一、供曼茶羅；二、古薩里。

丁一（供曼茶羅）分六：一、供曼茶之必要；二、所修曼茶羅；三、供三十七堆曼茶羅；四、三身曼茶羅；五、供品潔淨；六、積資之理。

戊一、供曼茶之必要：

在未圓滿福慧資糧之前，無法獲得自性清淨與離垢清淨的佛果，同時也不能現前色身與法身，如《中觀寶

鬘論》云：「諸佛之色身，由福資所成，法身若攝略，由慧資所生。」其實不說佛果，即便是無倒空性的證悟，也要相應圓滿二種資糧。

在二種資糧中，福德資糧尤為重要。為什麼現在很多人修行不成功？不能證悟？就是因為福報不夠。這種福報，不像發財一下子就來了，也不是大德一加持就有了，一定要依靠勤作，一點一點積累。如果前世缺乏積累，今生修其他法也很難有顯效，只有供曼茶羅——這一三世諸佛所賜的最勝方便，才是捷徑。它的觀想，就像意幻供養一樣，可以代表真實財物，而福德也是不可思議的。

因此，這一修法不僅是凡夫，歷代大德也極為重視。像宗喀巴大師，據傳記記載，在閉關期間，他精進供曼茶羅，先用手腕的前面修，磨破了，就換側面、背面，不斷轉換著位置修，最後連骨頭也露了出來。據說，就是因為如此苦行積累福報的原因，大師所創立的格魯派，各個寺院都財富圓滿，事業極為廣大。而當時大師所用的曼茶盤，後來被龍王請到龍宮供養了。

修行需要福報

其實，不僅是這些大的事業，就是一個人出家，也要靠福報，不是想剃就剃：「上師，您給我剪一下吧，我要出家。」哪有那麼簡單？不懺悔，也不積累福報，一個地地道道的俗人，想一下子變成「金光閃閃」的比丘、比

大圓滿前行廣釋（七）附大圓滿前行實修法

丘尼，哪有這麼容易？按漢地的規矩，要出家，就要幹粗活，服務僧眾；就算出了家，也要為常住做事，培福報。

藏地有這樣一則故事：有一個人出家以後，依止上師。上師讓他為僧眾印經，並說：「有福報就會有智慧，你從現在開始培福報。」於是他每天用印經板刻印經書（那時候沒有油印機、複印機，靠的是印經板手工勞作），從早到晚、日復一日、年復一年地印，一直印了幾十年。

但有一天，他突然厭煩了。心想：上師是不是說錯了？為什麼我積累福報這麼久，但還沒有開智慧，還是這麼笨呢？不如我請文殊菩薩作個證明吧。

於是他說道：「文殊菩薩啊，上師說『只有積累福報才能開智慧』，現在我要把印經板扔到空中，如果它掉下來，就說明上師說錯了；如果不掉下來，那上師就是對的（他只是找個藉口而已，自己也知道百分之百會掉下來）。」說完以後，將板子扔了上去。

但等了一會兒，板子竟然沒掉下來！他抬眼一看，文殊菩薩顯現在空中，接住了那塊印經板。菩薩說：「不要對上師生邪見，你的上師說得完全正確。你要繼續為僧眾發心，以後會開智慧的。」

他又驚又喜，愣愣地站在那裡。長期印經的福德現前了，就像無著見到彌勒一樣，他見到了文殊菩薩。從此以後，他對上師再也不生邪見了，只有信心和感恩。他依然天天印經，最終也開啟了智慧。

所以，福德是非常重要的，而供曼茶羅的目的也在於此。有些人修加行是另有原因，「不修就聽不成密法了」、「別人都修，我不修不好意思」……其實這些想法是不合理的。還有人說：「您不是說，在規定時間裡完成五加行可以得蓮師像嗎，我現在一直在努力，就是為了得蓮師像。」蓮師像固然殊勝，但以「得到什麼」的目標而修，效果不會好。剛才的發願也是，如果有壓力，「反正堪布說了，那就發願吧」，勉強舉了手，然後每天修的時候痛苦一番，這樣也沒有必要。

修行應該是自覺自願的。不管是哪個修法，了解它的功德以後，修一輩子都可以。像這個供曼茶羅，有的人已經修過多次了，但再修一次也好，為什麼呢？因為修這個法，一方面是積累資糧，一方面也是懺悔，有遣除違緣的作用。

藏地有種說法：「一福壓百禍。」有了福德，便能遣除一切違緣。下面講一則公案：近代有位圓照比丘尼，是中國三大比丘尼之一，90歲時圓寂。年輕時，她曾依止過貢嘎上師。

在依止過程中，她對「金剛橛」很有信心。為了以後閉關時可以自護，她向上師求這個法。上師說：「金剛橛是很好，但對你來說，最主要的還是供曼茶羅。所謂『一福壓百禍』，你的福德增上以後，可以遣除一切道障。」

不過，她一方面擔心，怕女身修行違緣多，一方面對

金剛橛信心強烈，所以一再請求。後來上師也勉強傳了。

得法以後，她精進修持，還修出了一些感應：她可以將金剛橛插進石頭裡；插到水裡，也不會倒下去……見有如此威力，她不怕了，離開上師到終南山閉關去了。

修了很長時間以後，突然有一天在她打坐時，對面山上有一塊磐石崩落下來，正好朝她壓了過來。在接近她的一剎那，她趕緊拿起金剛橛，朝它一指，磐石當下裂成兩半，從兩邊滾走了。這時她很慶幸，覺得幸虧修了金剛橛。但是不久，她在走路時卻摔了一跤，手臂斷了。當時大雪封山，看不見任何人影。不過幸好遇到一個上山採藥的老人，給她治好了。

經過這些挫折，她終於明白：「上師說得對，『一福壓百禍』，金剛橛雖然殊勝，但如果當初聽上師的話，多供曼茶羅，這些違緣根本就不會出現。」從此之後，她非常精進地供曼茶羅。而且，在她的開示中，也常常強調福德的重要性，讓人多供曼茶羅。

這是真實的歷史，很有說服力。因此，大家若想保證以後的修行順暢，一定要多供曼茶羅。而且最好將曼茶盤帶在身邊，就像阿底峽尊者那樣，隨身帶一個曼茶盤，遇到戒律上稍有違犯，或者起了不好的心念，就立即停下來供曼茶羅，一邊懺悔，一邊積累資糧。

發心也要福報

其實不僅是修行，發心也要福報。特別是有些利益眾生的地位，如全知麥彭仁波切[78]再三強調說，有些顯赫高位，用黃金也買不到。因此，利益眾生的機會是很難得的。有些發心人員，平時只是普普通通的修行人，而依靠發心，卻能利益無量無邊的眾生。包括我身邊的個別發心人員，很多年一直在做事，我覺得這就是福報問題。

沒有福報的人，覺得這是一種壓力：「好痛苦！什麼時候把我換下來？」弘法利生，好像是在監獄服刑：「唉，判了我六年，什麼時候才能釋放啊？」每天算日子，度日如年。有些一釋放，就消失了，不知道是去了天上、天下，還是龍宮，也不知道做什麼去了。

對我個人而言，有人發心也可以，沒有也無所謂，我弘揚佛法是隨緣的，不會強迫和施加任何壓力。如果因緣具足，那就多做一點，

否則就簡單一點，我沒有什麼特別的要求。但對發心人來說，能做到什麼程度，福報的的確確非常重要。

以前，上師如意寶講「福力王子」的公案時，一直強調：「我們修行人特別特別需要福報！沒有福報，做任何善事都不會成功。」看看學院裡的法師、輔導員，其實智慧都差不多，但有福報的，就能長期講經說法；閉關修行的人，也是一個道理。所以，同樣在學院裡聞

大圓滿前行廣釋（七）附大圓滿前行實修法

[78]《君規教言論》云：「人中顯赫之高位，縱以黃金亦難買。」

思修行，有沒有福報，差別是很大的。

菩提學會裡也是一樣，有福報的人，即使開頭不太精進，但他能堅持下來，現在還不斷在學；但沒有福報的話，即使剛開始特別精進，智慧、人格也都不錯，但後來一出違緣，心就變了，或者心死了，心一死，再也恢復不到原來的狀態了。

因此，不論是為了修行，還是利益眾生，都要供曼茶羅、積累福報。有人說：「我是修空性的，要什麼福報啊！」這純粹是不懂佛理。好像自己的境界，比如來芽尊者、無垢光尊者還高，他們都不會說這種大話。

有些人聽到過「空性」這個詞，就以為理解了。其實就像因明裡講的，「名」是一樣的，但它的真實「義」，可以說邊都沒沾上。不了解空性的人，拿空性說大話，沒有任何意義。

《月燈三昧經》云：「為求菩提修勝因，積集福德及智慧。」菩提的殊勝之因是什麼呢？福德和智慧。不想求菩提則另當別論，想求菩提的話，這二種資糧就不能缺少。

在座的，多數應該是希求菩提的，不過也許有個別人懷著其他目的，有其他目的的話，就不給他說真實竅訣了。（眾笑）

證悟空性要依靠因緣

經中說：「乃至殊勝二資未圓滿，期間不能證悟勝空性。」這和上面是一個道理。有些人特別著急：「您給我傳個大圓滿吧，就給講最高最高的境界，我實在來不及啦！沒時間修加行……」給你傳一百遍也沒有用！以前不也傳過嘛？但你不積累資糧，不淨除罪障，證悟是不可能現前的。證悟也要靠因緣啊！

靠什麼因緣呢？經云：「當知勝義俱生智，唯依積資淨障力，乃與具證師加持，依止他法誠愚癡。」想通達勝義空性的俱生智慧，一定要依靠兩種因緣：

第一、積累資糧和淨除罪障。供修曼茶羅，是積累資糧；修金剛薩埵，是淨除罪障。

第二、具證悟上師之加持。

這是最殊勝的兩種方法。捨棄它們而尋找其他途徑，實在是愚癡。

這個教證特別重要！會修行的人，受一兩個教證啟發，就上路了。像禪宗裡的大德，以及大圓滿的傳承祖師，很多都是如此。有些人也有這種善根，一旦與法相應、相契合了，像這樣短短一句教言，修行就有了方向：在我以後的修行中，絕不捨棄積資淨障，一定要祈禱上師！

前段時間我看到一個教言，它說：「如果你常常祈禱上師，心會越來越滋潤，越來越調柔，越來越堪

大圓滿前行廣釋（七）附大圓滿前行實修法

能。」這一點我也有感受。上師不同於老師，老師對學生，除了理論上的講解以外，沒有心對心的傳遞，而上師是從內心將智慧傳遞給弟子，這就是佛教中所謂的「意傳加持」。得到這種加持的弟子，他們對自己傳承上師的那種信心與感恩之心，可以說無以言表。

我們都想解脫，也都想證悟空性，但要證悟空性並不是那麼容易的，它有它的因緣。誰對這種因緣具有善巧的智慧，誰才有機會。

因此，一定要記住這兩點：積資淨障，祈禱上師。

菩薩也要積累資糧

就算是現量證悟了空性，也還是需要積累資糧。因為，在尚未獲得圓滿正等覺果位之前，還要使修行進步，使修道日益增上。

菩薩都要努力，何況凡夫了？所以，千萬不要得少為足。也許是傲慢吧，有些人剛當上法師，就不修行、不學習了。那天我問一個熟人：「你怎麼還沒當法師啊？」他說：「不當法師也好，當了法師，我擔心自己會起傲慢心。」我覺得他說得也對。人是不好說的，本來是特別好學的人，但一考上大學，一當上公務員，就再也不學了，也有這種情況。

所以，沒有理想就不會有進取。而作為希求菩提的修行人，不但現在要積累資糧，有生之年要積累資糧，

乃至成佛之前，都要勤勤懇懇地積累福慧二種資糧。

幾位尊者的教言

大瑜伽士帝洛巴尊者，曾給他的心子那若巴，傳授過一個極為簡單的竅訣，讓他終身受益。他說：「吾子那若巴，顯現此緣起，未證無生義，莫離積二資⑦。」意思是，我的兒子那若巴啊，你要知道，顯現都是緣起法，是從因緣而生的，因此，在你尚未證悟究竟的無生空性意義之前，千萬不要離開對二種資糧的積累。

但現在有很多人，根本就不重視積累二資。甚至有人說：「不用供曼茶羅，不用念百字明……你們不必修加行，只要交給我六百塊錢代替，就OK了。」這種說法很不好。這是我聽來的，也不針對誰，但如果確有其事，那就不合理了。

當然，也許這也是一種積累資糧的「方式」，用錢代替加行。不過，我們最好遵循古德的教言，踏踏實實地積累資糧。就像這裡講的，在未證悟空性之前，緣起顯現是不滅的，正因為它不滅，所以要積累資糧、淨除罪障。這是我們應該永遠謹記的竅訣！

瑜伽士布瓦巴，印度八十位大成就者之一，他曾在道歌中說：「雖具不求世俗佛果大把握，然應盡力精勤不斷積福資。」雖然已經具有對世俗佛果無求的把握，

大圓滿前行廣釋（七）附大圓滿前行實修法

---

⑦原文說「莫離二資之車輪」，此處按意思譯。

但還要不斷地精進積累福德資糧。

我們有什麼把握呢？有些人連小資糧道的把握都沒有，卻已經不再積累資糧了，這是特別可怕的事情！《大智度論》云：「佛法相雖空，亦復不斷滅，雖生亦非常，諸行業不失。」意思是說，一切萬法的顯現雖是空性，但不會斷滅；雖然有產生，但也並非常有，所謂不斷亦不常，因此，一切業都不會失壞。這就是因果不虛的定律。

這種定律——「善有善報、惡有惡報」，在得到佛果之前是不會滅的。佛經中常有記載，說三地菩薩為求正法，還要越過火坑等等，有很多感人的故事。菩薩尚且要斷惡行善，那自己的境界自己清楚，既然還在因果中受束縛，就不應該妄自斷言：「不用懺悔、不用積資。」否則，這對自他來講，都是很大的障礙。

此外，無等塔波仁波切說過：「雖然積資淨障也是本來清淨，但要從微薄資糧開始積累。」意思是，就積資淨障的本體而言，當然是本來清淨的，但在未達到離垢清淨之前，從世俗層面來講，一定要積累資糧，而且要從最微薄的資糧開始。比如，供一朵花，燃一支香，點一盞燈……這些福德，都要盡力行持。

我的寺廟（多芒寺）那邊有個道友，我認識他已經三十年了，出家前就認識。他也是隨身帶著曼茶盤，不管到了哪個聖地、哪個寺院，一坐下來，就開始供曼茶，作

簡供。他已經習慣了，多年前是這樣，現在也是這樣。

有一次，我們一起去伏藏大師大樂洲的一個伏藏山洞。在那裡，他給我講了一些他的經歷：他曾去過什麼什麼地方，供了多少多少曼茶……可以說，供曼茶是他最主要的修行，他隨時隨地都在修。

這就是真正的修行人。但我們很多人不重視加行，認為這只是臨時修法，觀人身難得，要求的數量觀夠了，就不觀了；念百字明，十萬遍念完，就不念了；磕頭等也是如此，根本不重視，修過了就不再修了，這不是修行人的行為。

一個修行人，在有生之年，乃至在得佛果之前的生生世世，都應該修持這些法，以此淨除罪障、積累資糧。

供曼茶羅是積資最勝方便

佛陀以大慈大悲以及善巧方便，宣說了不可思議積累資糧的方法，而其中位居首要的，就是供曼茶羅。

密續云：「若於諸佛剎，無餘三千界，莊嚴妙功德，供養圓佛智。」在供修曼茶羅時，我們應該將所有佛剎以及一切三千大千世界中的所有莊嚴以及勝妙功德，全部供養佛智⑧。或者，最後一句也可以解釋為，為了圓滿現前佛的智慧，而作如是供養。

供曼茶羅，是藏地各教派都重視的修法，格魯、薩迦、噶舉、覺囊、寧瑪，沒有一派是不強調的。而在漢

大圓滿前行廣釋（七）附大圓滿前行實修法

311

地顯宗的修法中，雖然沒有明顯的「供曼茶羅」的字眼，但在佛像前供花、供水果等，所表達的是同一種意義。因為所謂曼茶羅，其實就是壇城或佛壇的意思。

因此，某些教派中未提及的修法，我們不能盲目否定它的合理性。就像一個產品，雖然自己廠裡不生產，但你不能認為，其他廠家生產它也沒有意義。同樣，對自己宗派裡不提倡的，動輒以「這不合理吧」、「我好像沒聽過啊」來排斥它，這顯然是孤陋寡聞的表現。要知道，世間任何一個事物，它的作用與價值，都不是以人人皆知來斷定的。所以，該修的法要修，不要因為一些粗淺的了解，障礙自己積累資糧。

兩種曼茶羅

那麼，在供曼茶羅時，按照大圓滿心滴派自宗的傳統，包括所修曼茶羅、所供曼茶羅兩種。

所修曼茶羅，是擺放在佛堂裡作供養對境用的，你可以將它觀想為五方佛，也可以觀想為皈依境；所供曼茶羅，是我們修五十萬加行時要修的，也有幾種。

關於曼茶羅的質地，根據自己的經濟條件，上等者，使用金銀等珍寶曼茶羅；中等者，使用青銅等材料製成的曼茶羅；下等者，使用石板、木板等光滑的平臺

---

⑧或說供五方如來，下面講「所修曼茶羅」時會講到，以五個供堆供五方佛。

作為曼荼羅，無論哪一種都可以（這次菩提學會發的獎品中，就有一個曼荼羅，是我特意設計的，挺小的，挺莊嚴，隨身帶著應該很方便）。

經濟條件好一點，用金子、銀子做，這是最好的。沒有這個條件，也沒關係。像以前的藏地，條件比較差，很多人連一般的曼荼盤都買不起，所以都用光滑的石塊代替。從一些大德的傳記上看，他們就是這樣修的。

不管怎麼樣，每個人根據自己的情況來修就可以。

供堆分四等

所擺放的供堆[81]：上等者，用松石、珊瑚、青金石、珍珠等奇珍異寶。

以前，我去台灣時，見那邊很多居士非常重視供修曼荼。用的材料，也都是這裡說的「奇珍異寶」，真正的珊瑚、琥珀、瑪瑙，碾得細細的，一直供、一直修。當時我特別羨慕，覺得他們福報太大了，都是大老闆，這輩子都這樣，那來世更不得了了。

所以，我也有點擔心：「到了來世，那麼多的錢，怎麼處理呀？」（眾笑）

中等者，用藏青稞、橄欖子等藥物及果實。

下等者，用青稞、大米、小麥、豆類等穀類。

「藏青稞」和「青稞」，有差別是吧？不管怎麼樣，用這些穀類做供堆時，每過兩天洗一下比較好。以

---

[81]供堆：供曼荼羅所用的物質。

大圓滿前行廣釋（七）附大圓滿前行實修法

前我們修的時候，一般會準備兩份：供這一份時，另外一份就洗了、曬著；供了一段時間以後，這一份就拿去洗了，供另一份，這樣換著用。

我覺得，用糧食供挺好的。現在有些所謂的珍寶，是不是珍寶也不知道，就是些五顏六色的石頭，可能也挺貴的，當珍寶也可以。不過，太大了可能不方便，曼茶盤小小的，供物大大的，所以弄細一點好。然後，這些供品一定要乾淨整潔，裡面可以噴一點藥物或香水，這也很重要。

最下等者，僅僅用碎石、瓦礫、細沙等為所緣境，也完全可以。

就像以前的有些大德，他們在修行時，的確什麼都沒有，只能將細沙洗得乾乾淨淨的當供物。現在的話，可能誰都不需要這樣了，至少，用糧食應該沒什麼問題。

好一點的，糧食裡面再加些珍寶也可以。

以前很多老修行人就是如此，自己有幾顆珊瑚、水晶珠、珍珠之類的，就加到穀類裡面，這樣來供養也很好。不管怎樣，修行時，供物都要乾淨，並認認真真地擦拭曼茶羅的基盤。

第一百二十節課

《大圓滿前行》的「所講之法」中，分共同外前行、不共內加行、往生法。

《大圓滿前行》非常重要，它是實修的竅訣書，講的都是實修法。現在正在講不共內加行的「積累資糧」。

理論與實修相結合

現在，有很多佛教徒只重視理論，比如中觀、因明、俱舍、般若、戒律，但沒有實修的話，那就跟高等學校裡的學術研究差不多了。老師講、學生聽，理論上都明白，可一涉及實修，就停住了。

就算是在佛教團體中長期聞思的人，也不能太理論化了，天天背誦、講考、辯論，甚至造論，理論上花去太多時間的話，一實修起來，還是有一些障礙。所以，作為一個修行人，平時將理論與實修相結合，是非常重要的。

就我個人而言，入佛門是從《前行》開始的，所以在我的一生中，始終認為修加行是特別特別重要。

剛聞思的人，很多都不懂這一點，他一上來就從最高的境界下手。特別利根者當然可以，但作為一個平凡的修行人，從「人身難得」開始，次第修下去，這個才是正途。

大圓滿前行廣釋（七）附大圓滿前行實修法

隨時隨地供曼茶羅

修完外前行，又修完內加行的頂禮、皈依、發心、百字明以後，現在進入積累資糧的修法。

積累資糧，在我們的傳統中，前輩大德最重視的，就是供曼茶羅。

供曼茶羅，不應該僅僅是五十萬加行中的一個，而應該也是你平時的重要修行。比如，當你到了一個聖地、道場、寺院，或者在佛像、佛塔前，就應該供曼茶，一百、一千……隨你的意樂進行供養。

不知道你們見過沒有，藏地修行人去五台山時，很多人就在那座大塔前，供十萬曼茶。印度金剛座也有，1990年，我們去那裡時也看到過，很多藏人、西方人，就在金剛座前供十萬曼茶。這是相當殊勝的修法。

因此，不論你前往什麼地方，隨身帶個曼茶盤是有必要的。就像阿底峽尊者那樣，隨時隨地都可以供養。今年我做的那個，可能隨身帶著還行，平時供的話，稍微大一點比較方便。

不管怎麼樣，一個真正的修行人，應該常常供曼茶。有條件的，佛堂裡可以擺設佛像等所依，然後陳設五供，在這種環境裡供曼茶，功德特別大。

對修福德有一個新的認識

通過這次供曼茶羅，我希望大家對修福德有一個新

的認識，不要對積累資糧不重視。

有些人口口聲聲說：「一切都是空性，有什麼可積累的？」

如果真有這麼高的境界，倒也可以。但「空」的話，你不修善，同樣也可以不吃飯、不賺錢。但有些人理論上說空，實際上又空不了，還是要拼命賺錢，那修行也是一樣，一定要積資、修福。

人與人的福報不同，這是顯而易見的。就說在座的各位，有的人，無論哪方面都很差勁，但有的人，各方面都不錯。什麼原因呢？就是前世積累的資糧不同。這一世的話，怎麼說也很短，但來世是極其漫長的，為了來世，我們現在一定要積累資糧。

還有人說：「供曼茶羅有什麼用？拿著米在那裡擦來擦去的，有什麼功德？事情是做出來的，錢是賺來的，自己不努力，這樣供有什麼意義？」

有這種分別念，我也理解，因為對因和果的道理，用思維是無法測度的。下面講一則《舊雜譬喻經》裡的公案：

有一次，佛陀到舍衛城乞食，來到一個女居士的家門口。這位女居士戒行圓滿，她將飲食供養到佛的缽中以後，退到一面，恭敬而住。

這時佛陀為她說法：「種一生十，種十生百，種百生千，如是生萬生億，得見諦道。」意思是，種下一，可以

大圓滿前行廣釋（七）附大圓滿前行實修法

生長至十；種下十，可以生長至百；種下百，可以生長至千，乃至生長至萬、至億……最終便能見到真諦。

女人的丈夫不信佛法，他聽了佛陀的偈頌，就說：「瞿曇沙門，你太言過其實了吧，施一缽飯，能得那麼多的福嗎？」

佛問：「你從哪裡來？」

他說：「我從城中來。」

佛問：「你見到的尼拘類樹有多高？」

他說：「高達四十里，每年能收穫數萬斛的果實，它的核就如芥子一樣，很小很小。」

佛說：「那要栽種多少才能長這麼大的樹，一升嗎？」

他說：「不用不用，只一粒種而已。」

佛說：「你也太言過其實了吧？種一芥子，就能長到四十里高，得十萬果實？」

他說：「真是這樣的。」

佛說：「大地無知，尚能成熟如是果報，更何況以歡喜心供養佛陀一缽飯，這個福德，是無法衡量的。」

這樣一說，夫婦二人心開意解，當下獲得須陀洹果。

從這裡看，修福的道理的確深細難知，偶爾生些懷疑，也是正常的。但是一直懷疑的話，慢慢就成了邪見，當邪見的「癌細胞」一擴散，自他的一切善根就被

摧毀了。

因此，有智慧的人，應當利用「懷疑」來追尋真理，這樣慢慢有了正見以後，就會深信佛語，深信福德的果報不可思議，從而積福行善。如《因緣品》云：「諸福真奇妙，其果極善妙，無似福解脫，是故當積福。」

堪布阿瓊修曼茶羅

那麼，要積福的話，供曼茶羅是最殊勝的。供的時候，有真實的珍貴供品，當然最好；沒有的話，觀想也是一樣的。

供曼茶的方法，《前行引導文》中講得不廣不略，但我建議大家，還是看一下《前行備忘錄》。在那裡面，堪布阿瓊根據上師的竅訣，以實修的方式，對入座、出座的具體修法，作了闡釋。

我譯《前行備忘錄》的時候，前面放了堪布阿瓊的傳記，裡面有好多感人的故事，你們都看一看。沒有書的居士，可以上網找，你們天天上網，看些亂七八糟的東西，也沒有意義，如果能利用它學些佛法，也是很好的。

堪布阿瓊的傳記記載：堪布修完十萬百字明以後，來到上師[82]面前。上師讓他放捨，休息幾天。《入行論》

---

[82] 紐西龍多，華智仁波切之弟子。

大圓滿前行廣釋（七）附大圓滿前行實修法

裡說「放捨」有兩種：一種是在一件善事完成時，徹底放捨；還有一種，是在行持善法的中間，身心實在太疲憊了，適當休息一段時間，再繼續行持。

就這樣，休息十天以後，堪布又來到上師面前。這次上師讓他供曼茶羅，並借給他三寶所依：身所依，一尊釋迦牟尼佛像；語所依，一本《般若攝頌》及一本《大幻化網頌詞》；意所依，一尊噶當塔。

（噶當塔，與如來八塔的形狀稍有差別，據說是阿底峽尊者入藏時，從印度尼西亞帶來的。我們知道，泰國、印度尼西亞等地的佛塔，都是尖尖的那種，的確跟噶當塔有些類似。記得在《泰國遊記》裡，我好像提過：雖然沒見到可靠歷史，但噶當塔與泰國、印尼等的佛塔，說不定真有一些淵源。不管怎麼樣，我們修的時候，用噶當佛塔也可以，八大佛塔中的任何一座也可以，都是意所依。）

接著，上師又結合三士道及戒定慧三學，給他講了噶當佛塔的象徵意義。然後，又贈與他一尊全知無垢光尊者的像，裡面裝有尊者的些許腦肉，以及智悲光尊者的頭髮，特別有加持。同時，還給了他一些做燈芯的棉花等，讓他在供曼茶期間使用。

回去以後，他按照上師的吩咐，將房間打掃得乾乾淨淨（我們在供曼茶羅期間，有單獨佛堂的話，最好清理乾淨；沒有佛堂的話，也應該搞一搞衛生，讓房間乾淨一點），在石板上放置好上師賜予的聖物，並在這些

所依前，陳設了日常五供。

　　然後，他準備了四馱糧食，作為供曼荼羅的供品。
（四馱還是挺多的，一馱就是一個犛牛能馱得起的，四馱的話，大
概要四五百斤，或者六七百斤。）在修持之前，他很仔細地將
裡面的小石子及燕麥、鳥糞、碎食渣等雜物，都揀了出
來，然後又作了清洗，之後就修了起來。

　　修到約三萬遍時，堪布阿瓊又到上師那裡去，上師
讓他再繼續修持七萬以及增補的數目，並問他念的是哪
個供養偈。他回稟上師說，自己念的是法王赤松德贊作
的供養偈。上師很讚許。

　　後來，有一次他夢見依卓瑪護法神。護法神把他帶
到一個山頂，在一塊清淨的草坪上，他見到了無垢光尊
者。尊者將水晶置於他的頭頂上，為他唱了一個前後都有
「阿」字的六句大圓滿偈文。當時他生起無比敬信，當下
中斷了分別……出定時，他也醒了過來。醒來以後，他非
常歡喜，並在無垢光尊者的像上，找到了幾顆舍利。

　　修完曼荼羅以後，他把上師借與的東西都還給了上
師。上師問他：「你是否見到了大全知無垢光尊者？」
他已經忘了那個夢，而且也並未現量見到，所以就說：
「我沒有見到。」

　　過了一段時間，上師又問他見到沒有，他還是說沒
見到。於是上師問：「那你是否做過相關的夢呢？」他
說：「夢倒是做過。」接著，他把夢境詳細地告訴了上

大圓滿前行廣釋（七）附大圓滿前行實修法

師。上師聽後，特別歡喜，說無垢光尊者已經把大圓滿的所有法都傳給了他。之後，又在其他弟子面前讚歎說：「阿樂（對阿瓊的親切稱呼）見到了大全知。」

堪布阿瓊，據某些歷史說，是布瑪莫扎的化身。如果是這樣，他是不用修的，但在顯現上，他還是修得特別特別認真、圓滿。

不要等老了再修

聖者的顯現是有原因的，所以，我們對於修福、修加行，千萬不要懈怠，千萬不要等老了再修。

有些發心人員確實很忙，不要說供曼茶羅，就是發心本身，白天工作、晚上加班，一直在忙。這樣暫時沒辦法的，以後空出時間修也可以。

但除了這些人以外，大家都要修，現在就修，不要拖延。一個人能活多久很難說，現在有機會了，就應該修法。否則的話，總是「我不空，我還要做什麼什麼，等我老了以後再修……」，這種心態，可能永遠都修不了。

昨天，我家裡來了個領導。這個領導的為人很好，但他的看法和我不同。他說：「我是這樣想的，現在我身為國家幹部，要好好上班，為人民、為國家做些有意義的事情，一直到我六十歲之前，都是這樣，好好工作；退休以後呢，六十到七十歲之間，我想陪著家人遊山玩水，好好享受一下天倫之樂；這些都結束以後，

七十歲，我準備從七十歲開始正式修行，迎接死亡，為後世積累資糧，這樣就很圓滿了。」

表面上，我只能隨順他，但心裡一直在嘀咕：「七十歲，到底能不能活到那個時候啊？活七十也不容易啊！就算活到了，能不能修啊……」

可能這也是世人的普遍想法。尤其是年輕一點的人，上班下班，養兒育女，「等兒女們上了大學，成家立業以後，我再慢慢修吧……」抱著這種想法的人，讓他們現在修，很難；但等到他們退了休，人都七老八十了，要修的話，更困難。

所以，因緣成熟的時候，一定要修。不修的話，我們末法眾生福德太淺薄，就會很難接受教化，甚至死後還會墮入惡趣，就像從沙中榨不出油一樣，哪裡會有快樂呢？如《因緣品》云：「福德淺薄者，難化墮惡趣，如沙中無油，彼者豈有樂。」

我們的傳承上師們特別重視加行，這是有道理的。你們可以看看，那些加行修得好的人，修行非常穩固，永遠都不會變，也不會退轉。但加行修得不穩的人，暫時也許會有點小神通，看到點什麼、出點什麼境界，但時間久了以後，這些全部就消失了。

所以，修行人一定要打好基礎。尤其是像曼荼羅這樣積累福報的法門，一定要努力修持，而且要現在就修，不要等老了再修。

下面正式講曼荼羅的修法。曼荼羅，分所修曼荼羅與所供曼荼羅兩種。如果有條件，這兩個都要供。

戊二、所修曼荼羅：

首先，在所修曼荼羅的基盤上，放置五堆所供物。這五堆，可以明觀為五部佛，也可以明觀為皈依境。

如果明觀為五部佛，那麼，將位於中央的一堆觀想成毗盧遮那佛，由如來部尊眾圍繞；前面的一堆觀想成金剛不動佛，由金剛部尊眾圍繞；南方的一堆觀想成寶生佛，由珍寶部尊眾圍繞；西方的一堆觀想成無量光佛，由蓮花部尊眾圍繞；北方一堆觀想成不空成就佛，由事業部尊眾圍繞。

或者，像明觀皈依境那樣，將中央的一堆，觀想成與根本上師無二無別的蓮花生大士，大圓滿傳承諸上師以重樓式安坐；前面的一堆，觀想成釋迦牟尼佛，由賢劫一千零二尊佛圍繞；右側的一堆，觀想成八大隨行佛子，由大乘聖者僧眾圍繞；左側的一堆，觀想成聲聞二聖㉘，由小乘聖者僧眾圍繞；後面的一堆，觀想成光芒四射的方格架內，層層疊疊放置著法寶經函㉙。

不管是哪種觀想，都要將所修曼荼羅放在供臺上。

㉘聲聞二聖：指舍利子與目犍連。
㉙大圓滿續部、經律論三藏等所有經函。

供桌

按照我們的傳承，所修曼茶羅擺放在供桌上之前，要先供一遍三十七堆曼茶，再供一遍三身曼茶，之後便供到供臺上。

三層供

這個供桌有三層，最上面一層，擺放三寶所依：佛像、經函（《大般若經》、《般若攝頌》、《七寶藏》等）、佛塔；中間一層，擺放所修曼茶羅；底下一層，擺放五供。

五供：神饌、花、水、燈、香。供的時候，從左到右；收供水的時候，從右到左。供水最好是七杯，條件所限的話，一杯也可以。就這樣，五供環繞在所修曼茶羅的周圍。這些具體做法，《前行備忘錄》裡講得比較清楚。

如果經濟條件有限，只有一個曼茶盤，那對所修曼茶羅，只是在心裡明觀也可以。或者，也可以按有些上師的做法，先把所修曼茶供一遍，放於佛臺上，這樣表示一下之後，再取下來供。

一般來講，所修曼茶羅要每天早上供一遍，擺在佛臺上；到了晚上臨睡前，就取下來收好。如果覺得每天這樣

有點麻煩，也可以一直供著，直到供曼茶修完為止。

那天有一個道友問：「某某道友要搬家，那個所修曼茶羅一直放在那兒，我可不可以搬？」他不敢動，害怕一動了的話，會不會有什麼不對。我說：「沒問題，那個每天收都可以。」可能有些道理沒學的話，做什麼都不太踏實。

供品

至於供品，供所修曼茶羅時，多用些珍寶比較好，因為供了以後，一直擺放在那裡就可以了。而所供曼茶羅，多用珍寶的話，有些太大了，一撒到基盤上，聲音特別響，而且每次拿在手裡也不方便。所以，最好用米、青稞等，再加些綠豆、紅豆，或者象徵性地加些珍寶，像珊瑚、珍珠都可以。反正，你們根據自己的情況看。

不管怎麼樣，如果條件允許的話，最好每次都用新的。比如，我今天用的供品，修完就收在一個口袋裡，下次再用新的糧食。這樣沒有吝嗇的話，一天換一次，最少一星期換一次，如此全部供下來，可能需要好多糧食。（你看堪布阿瓊就用了四馱，好幾百斤。）但若沒有這麼多糧食，有些上師也是把供品換著用：這次供這份，把另一份洗淨、曬乾；

然後再供另一份，把這份洗淨、曬乾。此外，供品一定要乾淨。特別是糧食，像以前的老修行人，他們在供之

前，都會先把糧食洗淨、曬乾，把裡面的小石頭、渣渣等雜物清除掉，然後才開始供養。這是很好的修行傳統。

　　然後，在曼茶羅的基盤上，放五堆供品，這五堆或觀作五部佛，或觀作皈依境，在這些殊勝對境面前供養，自然可以迅速清淨罪障、積累資糧。

　　那麼，所供養的是什麼呢？是須彌山及四洲的一切財物，這遠遠超過一點點的金銀，或者幾千、幾萬塊，功德非常大。當然，這主要是通過意幻供養實現的。意幻供養的功德，我們講過，如果發心清淨，它和真實供養是一樣的。

戊三、供三十七堆曼茶羅：

　　所供曼茶羅有幾種，首先是供三十七堆。

擦拭曼茶盤

左手持　右手擦

　　在供曼茶羅的過程中，左手拿著曼茶羅，並持念珠計數，用右手腕來擦拭基盤。

　　左手拿曼茶羅，這是共同承認的。但用哪隻手拿念珠，在堪布阿瓊的《前行備忘錄》中，說是右手。除了堪布阿瓊這麼說以外，其他的我還沒見過。而且，右手我也試過，好像很不方便，又拿念珠、又擦拭基盤，尤其是水晶念珠的話，去抓米時，聲音有點雜。在很多上師的傳承

中，一般是用左手拿念珠，所以，我們也用左手。

這樣，左手拿念珠，並持曼茶盤，右手長時間擦拭基盤。與此同時，內心專注所緣，不散他處而念誦七支供。

念一遍百字明

之後，要念一遍百字明。念百字明之前，有些儀軌中有這樣的懺悔文：自他一切眾生無始以來，所造一切身口意之罪業，如擦淨曼茶羅上的灰塵一樣，一切得以清淨。

這個懺悔文可以念，也可以只在心裡想，然後就念一遍百字明。念完以後，按《前行備忘錄》的觀點，還要念一個《入行論》的偈頌：「為持珍寶心，我今供如來，無垢妙法寶，佛子功德海。」

我們平常修的時候，《入行論》的偈頌一般也不念。所以，念完百字明以後，就直接開始，一邊念誦儀軌「嗡巴雜布米阿吽⋯⋯」，一邊供三十七堆曼茶。

對於這種供養，堪布阿瓊提到了三種清淨：意樂清淨，不是為了今生救畏或善願，而是為了擁有珍寶菩提心；對境清淨，不是外道本師、邪魔之類，而是三寶尊；供品清淨，是清淨的珍寶等物，並且心無吝嗇。具足這三種清淨非常重要。

擦拭曼茶盤的意義

那麼，擦拭曼茶盤有何意義呢？擦拭曼茶盤，並不是曼茶盤上有不清淨物需要擦淨，而是要通過這種苦行的方式，來淨除自己二障的垢染。

其實，曼茶羅的基盤表示我們的相續，上面的垢染表示我們的業障，而擦拭，則象徵著清淨業障。正因為這一點，從前很多噶當派的大德，將曼茶羅視為懺悔的最佳方便。

他們在供曼茶羅時，先用手腕⑧來擦拭曼茶盤，當手腕磨破生瘡時，就用手的側面來擦拭，又磨破時，再用手背來擦拭……像宗喀巴大師就是如此。

因此，擦拭曼茶盤的時候，絕不能用其他的氆氌、軟布等來擦，只能用手來擦，這是往昔噶當派大德的傳統，我們也要遵循這樣去做。

擺放供堆

接下來，一邊念儀軌，一邊供三十七堆曼茶。

下面的《三十七堆曼茶羅儀軌》，是薩迦法王八思巴⑧所作，因為簡便易行，所以為格魯、薩迦、噶舉、寧瑪等新舊派普遍使用。

此外，無論是新派還是舊派，各自都有許多與眾不同的儀軌。尤其是寧瑪派的每一個伏藏品中⑧，都有一種供曼茶羅的儀軌。寧提派也是同樣，關於廣供三身曼茶羅的儀軌，是依照無垢光尊者在諸《心滴》中親口說的眾多言教。所以，無論採用哪種儀軌來供養，都不矛盾。

---

⑧很多竅訣書講到，手腕處有智慧脈，用這裡擦拭，有助於開智慧。
⑧八思巴：藏傳佛教薩迦派第五代祖師，元帝忽必烈之國師。

大圓滿前行廣釋（七）附大圓滿前行實修法

在供三十七堆的時候，首先念誦：

ཨོཾ་བཛྲ་བྷུ་མི་ཨཱཿ་ཧཱུྃ

嗡巴雜布米阿吽

གཞི་རྣམ་པར་དག་པ།　　　དབང་ཆེན་གསེར་གྱི་ས་གཞི།

耶　南　巴　達巴　　　王　親　色　戒薩耶

清淨本基　　　　　　　大自在金地

同時左手拿著曼茶盤，右手灑牛淨物⑧及香水。

接著念誦：

ཨོཾ་བཛྲ་རེ་ཁེ་ཨཱཿ་ཧཱུྃ།

嗡班扎日客啊吽

同時用右手拇指和無名指拿一束花（或一粒米）在
基盤上右向旋繞⑧，最後安放在中央。如果有現成的鐵圍
山⑨要放，也在這時候放上。以下一邊念誦儀軌一邊安放
供堆：

ཕྱི་ལྕགས་རི་ཁོར་ཡུག་གིས་བསྐོར་བའི

謝　架　熱扣　耶　給　夠　哦

外鐵圍山環繞

དབུས་སུ་རྩུ་ལ་རེ་ཡེ་རྒྱལ་པོ་རི་རབ།

為　色吽拉熱意加波熱繞

中央須彌山王

---

⑧像繞那朗巴、秋嘉朗巴、嘎瑪朗巴，還有我們很多近傳上師的著作裡。

⑧牛淨物：黃牛所出糞、尿、酥油、酪和乳等五物總名。但現在一般不這麼
做。

⑧有說左旋三遍、右旋三遍，但我們的傳統是右旋三遍就可以。

⑨曼茶羅中最大的那個圈代表鐵圍山。

ཤར་ལུས་འཕགས་པོ།

夏 利 帕 波

東勝身洲

གྲུབ་བ་ལང་སྤྱོད།

訥 瓦 浪 秀

西牛貨洲

ལུས་དང་ལུས་འཕགས།

利 蕩 利 帕

身洲及勝身洲

གཡོ་ལྡན་དང་ལམ་མཆོག་འགྲོ།

右 旦 蕩 拉 求 畫

行洲及勝道行洲

སྒྲ་མི་སྙན་དང་སྒྲ་མི་སྙན་གྱི་ཟླ།

扎 莫年蕩扎莫年戒達

惡音洲及惡音對洲

རིན་པོ་ཆེའི་རི་བོ།

仁波切熱喔

珍寶山

འདོད་འཇོའི་བ།

鬥 久 瓦

如意牛

འབོར་ལོ་རིན་པོ་ཆེ།

扣漏仁波切洛

ལྕོ་འཛམ་བུ་གླིང་།

霍 匝 哦 郎

南贍部洲

བྱང་སྒྲ་མི་སྙན།

相 扎莫年

北俱盧洲

རྔ་ཡབ་དང་རྔ་ཡབ་གཞན།

鄂呀 蕩鄂 呀 煙

拂洲及妙拂洲

དཔག་བསམ་གྱི་ཤིང་།

畫 薩 戒 向

如意樹

མ་རྨོས་པའི་ལོ་ཏོག

瑪謀波漏斗

自然稻

ནོར་བུ་རིན་པོ་ཆེ།

吾仁波切

金輪寶　　　　　　如意寶

བཅུན་མོ་རིན་པོ་ཆེ།　　བློན་པོ་རིན་པོ་ཆེ།

怎母仁波切　　　　輪波仁波切

玉女寶　　　　　　大臣寶

གྲུང་པོ་རིན་པོ་ཆེ།　　རྟ་མཆོག་རིན་པོ་ཆེ།

浪波仁波切　　　　達求仁波切

大象寶　　　　　　紺馬寶

དམག་དཔོན་རིན་པོ་ཆེ།　གཏེར་ཆེན་པོའི་བུམ་པ།

瑪　混　仁波切　　得　親　波哦　巴

將軍寶　　　　　　寶藏瓶

སྒེག་པ་མ།　ཐེང་བ་མ།　གླུ་མ།　གར་མ།

給巴瑪　　幢瓦瑪　　樂瑪　　噶瑪

嬉女　　　鬘女　　　歌女　　舞女

མེ་ཏོག་མ།　བདུག་སྤོས་མ།　སྣང་གསལ་མ།

美鬥瑪　　德布瑪　　囊薩瑪

花女　　　香女　　　燈女

དྲི་ཆབ་མ།　ཉི་མ།　　ཟླ་བ།

這恰瑪　　涅瑪　　　達瓦

塗香女　　日　　　　月

རིན་པོ་ཆེའི་གདུགས།

仁波切　德

珍寶傘

ཕྱོགས་ལས་རྣམ་པར་རྒྱལ་བའི་རྒྱལ་མཚན།

秀 累 納 巴 加 為 加 燦

尊勝幢

ལྷ་དང་མིའི་དཔལ་འབྱོར་ཕུན་སུམ་ཚོགས་པ་མ་ཚང་བ་མེད་པ་འདི་ཉིད་དྲིན་ཅན

拉蕩美 花 救彭色 措巴瑪倉瓦美巴的涅真堅

將此等無不圓滿之人天受用供養大恩

རྩ་བ་དང་བརྒྱུད་པར་བཅས་པའི་དཔལ་ལྡན་བླ་མ་དམ་པ་རྣམས་ལ་དབུལ་བར་བགྱིའོ།

匝瓦蕩 結白吉波花旦喇嘛達巴那拉 哦玩結慪

具德諸根本及傳承殊勝上師……

在念誦「須彌山王……」時，在中央放上一大供堆，之後安置東勝身洲等四大洲時，將自己的這一方向或供養對境方向作為東方都可以，無論如何都要從東方開始，依次右旋來放。

安放代表身洲及勝身洲等附洲的供堆時，每一洲在東方、西方各有附洲，要按照順序來放。比如，東勝身洲之後，先放左邊的附洲，再放右邊的附洲，先左後右；南贍部洲、西牛貨洲、北俱盧洲，也是如此。三十七堆曼茶羅分布圖

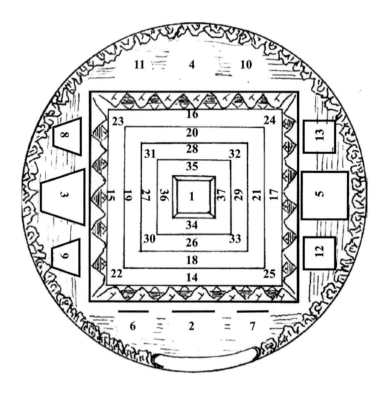

1.中央須彌山王 2.東勝身洲 3.南贍部洲 4.西牛貨洲 5.北俱盧洲 6.身洲 7.勝身洲 8.拂洲 9.妙拂洲 10.行洲 11.勝道行洲 12.惡音洲 13.惡音對洲 14.珍寶山 15.如意樹 16.如意牛 17.自然稻 18.金輪寶 19.如意寶 20.玉女寶 21.大臣寶 22.大象寶 23.紺馬寶 24.將軍寶 25.寶藏瓶 26.嬉女 27.鬘女 28.歌女 29.舞女 30.花女 31.香女 32.燈女 33.塗香女 34.日 35.月 36.珍寶傘 37.尊勝幢

三十七堆曼茶羅分布圖

再放置東方代表珍寶山、南方如意樹、西方如意牛、北方自然稻的供堆。然後將代表輪王七寶及寶藏瓶的供堆，依次放在四方四隅。表示嬉女等外供四天女，置於四方；表示花女等內供四天女的供堆，放在四隅。之後東、西、南、北，依次為表示日、月、珍寶傘、事業尊勝幢的供堆。

當念誦到「將此等無不圓滿之人天之受用」時，在那些供堆上面，無有空隙地堆積供物。如果有寶頂，最後就放在所有供物上面。

在「供養大恩具德諸根本及傳承殊勝上師、佛菩薩眾」這裡，有些人說需要加上「無不圓滿、圓滿悅意」，但是華智仁波切的上師如來芽尊者說：「這一句在本論當中沒有，實屬多餘。」（《喇榮課誦集》裡也沒有。）

關於曼荼羅的觀想次第，如來芽尊者在親傳引導時就講了這麼多，再沒有別的說法，所以在此，華智仁波切也沒有撰寫。然而，本引導文中說：另見《集密意續釋》有詳述。所以，如果想要廣泛了解，不妨參閱此書。

總的來講，供曼荼羅，是將三千大千世界的所有珍寶供品，在十方諸佛菩薩面前作供養，所以意義及功德都很大。

不管是哪一個教派，格魯、薩迦、噶舉等，在供的

時候都一樣，放好鐵圍山以後，就從中央須彌山開始，東、南、西、北，依次堆放。這個圈裡面放滿了，就把第二個圈擺上；滿了，再放第三個圈；最後日、月、珍寶傘、尊勝幢，最後全部填滿，放上金頂。之後，雙手供在佛臺上，或者供養在上師面前。

最後念到「將此等無不圓滿之人天受用」時，如果是為了求灌頂，可以加念一句「弟子為了求灌頂」；如果是為了求法，可以加念「弟子為了受持妙法」。之後接上「供養大恩具德諸根本及傳承殊勝上師……」。

法尊法師譯過一個《供曼陀羅文觀行述記》，裡面講述了很多這方面的道理，你們也可以參閱。

十萬加行供七堆曼茶羅

五加行中修的十萬曼茶羅，供的是七堆曼茶羅：

ས་གཞི་སྤོས་ཆུས་བྱུགས་ཤིང་མེ་ཏོག་བཀྲམ། །

薩耶　布　切　謝　向　美門　扎

塗香鮮花遍大地

རི་རབ་གླིང་བཞི་ཉི་ཟླས་བརྒྱན་པ་འདི། །

熱繞　朗　月　涅得　堅巴　的

須彌四洲日月飾

སངས་རྒྱས་ཞིང་དུ་དམིགས་ཏེ་ཕུལ་བ་ཡིས། །

桑　吉　揚德　莫　得破瓦意

觀想佛剎作供養

འགྲོ་ཀུན་རྣམ་དག་ཞིང་ལ་སྤྱོད་པར་ཤོག །

畫 根 那 大 揚 拉秀白 秀

願諸眾生行佛刹

供的時候，最好用藏文念這個偈頌。

偈頌的意思是：

先觀想塗香及鮮花遍滿大地，以為莊嚴；

再觀想須彌山與四洲（共五堆），以日、月（二堆）為裝飾（所謂「七堆」，指的就是這七堆），將須彌山、四洲及日月中的所有珍寶財富，以觀想的方式取到面前；

再觀想一切佛刹中的三世諸佛，將剛才的所有珍寶全部供養；

最後，願一切眾生都能前往清淨刹土。

為何供七堆

麥彭仁波切《開顯解脫道》中的「供三身曼茶羅」也很殊勝，但我們這次主要是供七堆曼茶羅。因為一方面以前是這樣供的，一方面，這也是法王赤松德贊的金剛語。

在堪布阿瓊的自傳中也講過，他最初也抉擇過，是用將揚欽哲旺波的供養偈，還是七堆的供養偈？都是金剛語，但他還是選擇了後者。

這個偈頌是怎麼來的呢？當時，蓮花生大士來到藏地時，法王赤松德贊將自己的一切眷屬、財富全部供養

給蓮師，並念誦了這個偈頌。

從此，它就被廣泛使用，並用來修持。因為是聖者的金剛語，所以加持力很大，否則，一般人自己造的，沒有什麼意義。在個別修法中，也有念咒語的，但在我們的傳統中，是念偈頌。念一遍就是供一次，一共供十萬次。

供七堆的方法

供完三十七堆曼茶羅以後，就將它放在供臺上⑨₁，然後開始供七堆曼茶。七堆曼茶羅要供十萬遍，工程很大，所以既要保證速度，也要保質保量。

供七堆時，曼茶盤上面那幾個圈就不用了，只用基盤⑨₂，用左手持著。然後，以藏文念誦這個供養偈。

念第一句「薩耶布切謝向美鬥扎（塗香鮮花遍大地）」時，右手抓一把供品不撒，同時，手腕在基盤上盡量擦拭。

念第二句「熱繞朗月涅得堅巴的（須彌四洲日月飾）」時，就放供堆：從中間須彌山開始，然後東⑨₃、南、西、北、日、月，依次安放，總共有七堆。

七堆曼茶羅

第三句「桑吉揚德莫得破瓦意（觀想佛剎作供養）」，

---

⑨₁如果你只有一個曼茶羅，等三十七堆供完後，可以把供物倒進口袋裡，然後再用它供七堆。
⑨₂曼茶盤的質地與前面一樣，金、銀、銅等都可以，供品也是，米、紅豆、綠豆等都可以，左手拿念珠計數。
⑨₃東方，是靠近自己身體的這一方向，即圖中「2」。

這一句是觀想佛剎作供養。手上的動作：供養七堆，可以在念這一句結束時完成，也就是說，在念第二句和第三句時，盡量把一把米依次撒完，供完七堆。

念第四句「晝根那大揚拉秀白秀（願諸眾生行佛剎）」時，用右手在基盤上一擦，或不擦也可以。再將米全部倒入盆裡或袋裡，接著開始下一次供養，同時左手就撥一下念珠計數，這樣一遍就供完了。

十萬遍，就是以這種方式修持的。

第一百二十節課

第一百二十一節課

戊四、三身曼茶羅：

化身曼茶羅是九堆，報身曼茶羅是五堆，法身曼茶羅是一堆。

依照寧提派的儀軌，供養三身曼茶羅時，首先是共同化身曼茶羅。

解釋三身曼茶羅

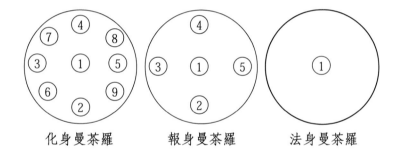

化身曼茶羅　　　　　報身曼茶羅　　　　　法身曼茶羅

化身曼茶羅

化身曼茶羅，表示一位化身佛所化的世界。像釋迦牟尼佛，就是在眾生面前顯現的殊勝化身佛。觀修時，觀想將他所化世界中的一切微妙供品，全部供養給昨天講的所修對境——五部佛或皈依境等。

那麼，一位化身佛的所化世界有多大呢？是三千大千世界。也就是說，四大部洲、須彌山乃至梵天算為一個世界，這樣數到一千，稱為一千小千世界；一小千世

界算為一個，這樣的世界數到一千，就稱為二千中千世界；中千世界算為一個，這樣數到一千個，就叫做三千大千世界。

這個「三千大千世界」，所擁有世界的數目，是無法想像的，它的廣大也是不可思議的。而這一具有百俱胝四大部洲的世界，是一位化身佛的所化刹土。像釋迦牟尼佛，他的所化刹土就叫具諍世界，也即娑婆世界。

這個化身曼荼羅要供九堆，對這九堆，很多上師也並未明確指出每一堆表示什麼。有個別解釋中說，輪王七寶一個算一堆，共七堆，再加上自己的身體及善根，一共九堆。但這種說法，也不一定很恰當。

一般認為：外面的那個圈表示鐵圍山，是一個世界的界限。而九堆當中，中間一堆是須彌山，四方四隅八堆，是代表這個世界的八方。

一位化身佛的所化範圍，有百俱胝這樣的世界。所以，接下來觀想：在不可勝數、不可思議這樣的刹土中，天境人間的輪王七寶、八瑞相等，有主、無主應有盡有的上等物品，加上自己的身體受用、壽命福德、權利地位、三時中所積累的善根、幸福安樂的事情等，凡是最為喜愛的一切的一切，都無一遺漏地堆積起來，不帶有芝麻許的貪愛執著之心，全部供養上師化身尊眾。

供養時，用九堆來代表所有世界中的一切微妙供品，並以此作供養。

以上是共同化身曼茶羅。

報身曼茶羅

接著再用心觀想，幻化出無數個五大莊嚴剎土，均由不可思議的良田、無量殿、嬉女等無量供養天女作點綴，以此供養上師報身尊眾，這就是不共報身曼茶羅。

報身剎土具有五種決定[94]：處決定、本師決定、眷屬決定、法決定、時間決定。這裡是一地至十地菩薩的清淨所見，在這些菩薩的所見中，也有天人的良田、無量殿及嬉女等，當然，這也是報身剎土的自性。

總之，報身曼茶羅有五堆，中間、東、南、西、北。

法身曼茶羅

將無生法界安立為曼茶羅的基盤形象，所顯現的四相[95]等一切分別識聚，安立為一個智慧供堆的形象，以此供養上師法身尊眾，這就是殊勝法身曼茶羅。

在供這個三身曼茶羅時，擦拭基盤和前面一樣。念化身曼茶羅偈頌時，就把第一個圈放上，裡面供九堆；念報身曼茶羅偈頌時，就放第二個圈，裡面供五堆；念法身曼茶羅偈頌時，放第三個圈，只供一堆，表示法界清淨，然後把寶頂放在最上面。這樣，一個三身曼茶羅

---

[94]詳見《前行備忘錄》。
[95]四相：修習密乘大圓滿道，證得有學乃至無學所有道相：法性現前相、覺受增長相、覺性如量相和法性滅盡相。

就供好了。

這是把三個圈都用上的供法。也有簡易的做法，就像供七堆一樣，只用基盤：一邊念三身曼荼羅的偈子，一邊就像供七堆那樣，就在基盤上加供堆，九堆、五堆、一堆，不用加圈，就這樣堆在一起，然後擦掉，再供。也有上師是採用這種供法的。

有些道友已經按《開顯解脫道》修了三身曼荼羅，那些數字都可以算。其實，按堪布阿瓊等上師們的傳承，修十萬曼荼羅時，上等者，供寧提派的三身曼荼羅十萬；中等者，供三身曼荼羅三萬，供七堆曼荼羅七萬；下等者，全部供七堆曼荼羅。

所以，我們全部供七堆的話，應該是最簡易的了。

念誦三身曼荼羅

精通了以上觀想要訣以後，應該懷著強烈、誠摯的信心和恭敬之心念誦下文：

ཨོཾ་ཨཱཿཧཱུྃ།　　སྟོང་གསུམ་འཇིག་རྟེན་བྱེ་བ་ཕྲག་བརྒྱའི་ཞིང་ཿ

嗡啊吽　　洞　色　傑定謝瓦差　傑揚

嗡啊吽　　百數俱胝三千世界剎

རིན་ཆེན་སྣ་བདུན་ལྷ་མིའི་འབྱོར་བས་གཏམས༔

仁　親　那登　拉莫　救　為　達

充滿人天七寶等財富

བདག་ལུས་ལོངས་སྤྱོད་བཅས་པ་ཡོངས་འབུལ་གྱིས༔

大 利 龍 秀 吉 巴 永 簸 記

以及我身受用悉供養

ཆོས་ཀྱི་འཁོར་ལོས་བསྒྱུར་བའི་སྲིད་ཐོབ་ཤོག༔

秋 戒 扣 路 結 為 這 透 秀

願獲轉法輪王之國政

འོག་མིན་བདེ་ཆེན་སྤྲུལ་པོ་བཀོད་པའི་ཞིང་༔

慪 曼 得 親 德 波 夠 波 揚

報身佛處大樂密嚴刹

ངེས་པ་ལྔ་ལྡན་རིགས་ལྔའི་ཚོམ་བུ་ཅན༔

愛 巴 哼旦 熱 哎 措 哦 堅

具五決定五部供堆者

འདོད་ཡོན་མཆོད་པའི་སྤྲིན་ཕུང་བསམ་ཡས་པ༔

鬥 運 秋 波 震 碰 薩 益巴

無量欲妙供雲悉供養

ཕུལ་བས་ལོངས་སྐུའི་ཞིང་ལ་སྤྱོད་པར་ཤོག༔

破 為 龍 給 揚 拉 秀 巴 秀

願獲圓滿報身之果位

སྣང་སྲིད་རྣམ་དག་གཞོན་ནུ་བུམ་པའི་སྐུ༔

囊 這 那 大 運 訥哦波 哥

現有清淨童子瓶佛身

ཕྱགས་རྗེ་མ་འགགས་ཆོས་ཉིད་རོལ་པས་བརྒྱན༔

特 即瑪 嘎 秋 轟 肉 被 堅

345

大悲不滅法性遊舞飾

སྐུ་དང་ཐིག་ལེའི་འཛིན་པ་རྣམ་དག་ཞིང༔
哥蕩　特　利　怎　巴那大　揚

明點持身淨剎悉供養

ཐུལ་བས་ཆོས་སྐུའི་ཞིང་ལ་སྤྱོད་པར་ཤོག༔
破　為　秋　給揚　拉　秀巴　秀

願獲殊勝法身之果位

這是寧提派的三身曼茶羅，有三個偈頌，供一次時間還是挺長的。《開顯解脫道》裡只有一個，很簡便。但不管用哪一個，平時多供三身曼茶羅，意義非常大。

喬美仁波切有一個簡修曼茶的竅訣，竅訣中說：供曼茶羅，不僅是五十萬加行中的一個修法，平時也應多修。比如，每天最好都能供三十七堆曼茶羅；如果做不到，那每天供一百遍三身曼茶羅；這個也做不到，每天供一百遍七堆曼茶羅；連這一點都困難的話，那至少也得念一百遍咒語[96]。可見，供曼茶羅，應該是每天都有的修行。

這種修行，喬美仁波切說，是遠離三垢的清淨供養。如果是作其他供養，凡夫人的話，初、中、後都會摻雜不清淨的念頭。比如，你用錢來供養或行善，但這個錢，最初你賺的時候，可能就心懷狡詐欺騙，口說妄

[96]嗡鬲那曼扎勃匝梅嘎薩莫扎，薩帕鬲那薩瑪耶啊吽。

語等，有很多不善的成分；中間供養的時候，本來是為了積累資糧，但一做起來，又難免有傲慢、競爭等煩惱和痛苦；供養之後，往往又會產生吝嗇心、後悔心，這三種垢染，一般人都很難避免。

而供曼茶羅就不同，剛開始，你是根據條件置辦曼茶盤及供品的；中間修持時，也主要是作意幻供養；供養之後，肯定不會有什麼吝嗇、後悔，輕易就遠離了這三種垢染。所以，這是特別殊勝的積資方法，不僅富人能修，窮人也能修。而且，自古以來的高僧大德，也都是依靠這一修法，積累了廣大的資糧。

我們要知道，即使現前了佛果，如果缺少福德資糧，也無法現前三十二相、八十隨好。因此，不想成佛另當別論，想成佛的話，就一定要積累資糧。

有些人自視過高，以為自己是利根，不用積累資糧。其實，只要你是凡夫，就一定背負著很多罪障，就一定欠缺福德。所以，每個人都要重視這個修法。下面從偈頌上解釋這三種供養。

化身曼茶羅

嗡啊吽

百數俱胝三千世界剎，

充滿人天七寶等財富，

以及我身受用悉供養，

願獲轉法輪王之國政。

這是化身曼荼羅的供養偈。

「嗡啊吽」是加持咒。偈頌的意思是，觀想在百俱胝，也即整個三千大千世界中，遍滿人天七寶為主的一切財富，再加上自己的身體、受用、善根、福德等，將這一切的一切全部供養給聖尊，願自他一切眾生都能獲得轉法輪王之國政——化身佛的果位。

釋迦牟尼佛就是化身佛，在獲得如是國政之後，再為無邊眾生轉法輪，宣講八萬四千法門。這才是我們的目的。你供曼荼羅，把三千大千世界中最好的事物，全部堆積起來供養十方三世諸佛，不是為了自己快樂、漂亮、開心、發財，而是為了讓自他都成就佛果。

因此，修行就像射箭一樣，目標不準確的話，果位也不會廣大。

報身曼荼羅

報身佛處大樂密嚴剎，

具五決定五部供堆者，

無量欲妙供雲悉供養，

願獲圓滿報身之果位。

報身剎土，也就是五部密嚴剎土，具有五種決定或說五種圓滿，是五部如來所居之地。

那麼，修的時候要觀想，將報身剎土中的各種各樣極其殊勝的無量欲妙供雲，以普賢雲供的方式，全部供養報身剎土一切聖尊，願自他一切眾生都能獲得圓滿的

第一百二十一節課

報身果位。

法身曼茶羅
現有清淨童子瓶佛身，
大悲不滅法性遊舞飾，
明點身持淨剎悉供養，
願獲殊勝法身之果位。

現有清淨的童子瓶佛身，以大悲不滅的法性遊舞來裝飾，這是大圓滿不共法語。也就是說，在現前成就的童子瓶佛，也即眾生皆具的如來藏上面，大悲是不滅的，並呈現為法性遊舞的一種現象，同時還有明點、身持、清淨剎土等，也都清淨於法身剎土中。

當然，這些是無法用分別念來想像的，但總的你可以觀想，將這一切清淨妙用，全部供養法身剎土，並祈願：自他一切眾生都獲得殊勝的法身果位。

以上三身曼茶羅的偈頌，修的時候，一般都用藏文來念誦。

以苦行方式供曼茶羅

計數的時候，左手握著曼茶盤，右手安放供堆。如果曼茶盤太大了，供一會兒，手就會痛。但這次製作的比較輕，應該問題不大，不過，久了還是會痛的。但不管怎麼痛，在沒有達到根本無法握住之前，一定要以頑強的毅力，將手抬起握著曼茶盤。最後，左手實在拿不

住了，就將它放在前面的供臺上，一邊供，一邊計數。

當然，這是特殊開許，一般情況下是不能這麼做的，要一直拿著。到了用餐、喝茶等間歇階段時，先收好前面所供的曼茶羅，然後再去。當重新開始時，再如前一樣，首先供養三十七堆曼茶，並且繼續計數。通過這種方式來供曼茶羅，必須要圓滿供足十萬遍。

其實，這也是一種苦行。這種苦行，不論是念百字明，還是磕頭、修曼茶羅，都是要的。當然，這也要精進的人才行，不精進的人不行。不精進的人，他明明可以做到的事，也喜歡找無數藉口，「我病了」、「我太忙了」……但精進的人，即使再忙，重要的事情也是不會放鬆的。

所以，修行人付出一點苦行是值得的。像這裡，以頑強毅力持著曼茶盤，也算是苦行了。

所謂「苦行精進求正法」，並不單指口中無食、身上無衣的行持。其實，任何約束或勤奮的行為，比如晚睡早起、不散亂，嚴格地過一種修行生活，這都是苦行，都是在求正法。如果時時刻刻都能如此，像現在供曼茶羅，憑著苦行與安忍，堅韌不拔地供修不輟，就一定能圓滿廣大資糧。所以，我們一定要身體力行。

修曼茶羅如此，修其他加行如此，發心利益眾生也是如此，一個精進的人，做任何事都能以苦行的方式進行。你們也可以看看，有的人確實特別精進，一天八九

第一百二十一節課

個小時坐在電腦旁工作，但除此之外，還跟其他道友一樣，修完了加行，課也照上不誤，同時又能做其他的許多工作。

有些人既不發心，也不聽課，但加行還是修不完，不知道他來這裡幹什麼。如果是在城市裡，修不完我理解，因為那些居士有很多壓力，單位的壓力，家庭的壓力，內心的壓力……所有壓力堆到一個人的肩上，要撐起來，確實是很困難的。

但在學院裡，每天就是聽幾堂課，也沒別的事，這樣都修不完的話，肯定是有問題的。要麼就是不修，要麼就是他上師不強調，而他把那個上師當「如意寶」，上師不修，他也就跟著，這可能不太好。

這種事是存在的。外面也有，就是因為懈怠，有些人慢慢就從學會裡退了，從學佛的群體中退了，但有什麼辦法呢？不過，我還是想提醒一下：真正想學佛的話，不是口頭上依止某某上師，表面上得個什麼法就夠了。你要轉變相續，一定要實修。

你們看看，華智仁波切一輩子修了多少次加行？堪布阿瓊，他在修加行的過程中，又是如何苦行的？所以，大家在這方面一定要精進。

我要求你們看《前行備忘錄》，一個是看堪布阿瓊有什麼竅訣，一個是看他是怎麼修的。傳記裡供曼茶羅的那一段，書每個人都有，有些人卻不看，這個我有很

大圓滿前行廣釋（七）附大圓滿前行實修法

大的意見。

當然，你們都重視這個修法，這個我知道。而且最近你們也忙，每個人又都有些自己的事情，這個我也理解。但不管怎麼樣，一個人對聞思、對修行的重視程度，從他的行為中，還是看得出來的。

今天，有個英國佛教徒給我打電話，說她是某某上師的弟子，上師有一個很簡略的兼修法，可以將曼茶羅、百字明、皈依等一起修，不用一一修，她說她很喜歡這種修法。

當然，這種「快餐式」修法也很好，應該也是上師的方便，我不反對。可是，如果在行持善法上越來越簡略，做瑣事上卻越來越廣大的話，那是不是也在給自己找藉口呢？

供七堆曼茶羅

暫時不能做到廣供三身曼茶羅的人，也可以念誦下文，供七堆曼茶羅：

ས་གཞི་སྤོས་ཆུས་བྱུགས་ཤིང་མེ་ཏོག་བཀྲམ། །

薩耶 布 切 謝 向 美 鬥 扎

塗香鮮花遍大地

རི་རབ་གླིང་བཞི་ཉི་ཟླས་བརྒྱན་པ་འདི། །

熱繞 朗月涅得 堅巴 的

須彌四洲日月飾

སངས་རྒྱས་ཞིང་དུ་དམིགས་ཏེ་ཕུལ་བ་ཡིས། །

桑　吉　揚德　莫　得破瓦意

觀想佛剎作供養

འགྲོ་ཀུན་རྣམ་དག་ཞིང་ལ་སྤྱོད་པར་ཤོག །

畫　根　那大揚　拉秀白秀

願諸眾生行佛剎

這個偈頌，前文中講實際供修時講過了，是國王赤松德贊迎接蓮師時，奉獻自己的國土、臣民及一切受用時所念誦的供養偈。後來，藏地從前譯派到後譯派，眾多高僧大德及修行人，也是用它來供曼茶羅的。

它的意思是，用塗香、鮮花鋪滿整個大地，須彌山、四大部洲以日月為嚴飾，觀想將此世間的一切欲妙全部供養諸佛菩薩，願一切眾生能行於清淨剎土。

供的時候，中間一堆是須彌山，然後是四洲——東、南、西、北，東是靠近自己的位置。最後是日和月，日東、月西，這樣一共七堆。

七堆曼茶羅

如果動作快的話，每一堆也不一定分得清，但這個不要緊，最重要的還是觀想。應該觀想：將三千大千世界的所有供品、欲妙，天上、人間的一切珍寶之物，也包括自己的身體、善根、圓滿、快樂、福德等，全部供養十方諸佛菩薩。心裡一

直存有這種觀想，是非常重要的。

外、內、密三種觀想

在觀想上，喬美仁波切有外、內、密的三種觀修法。

外供曼茶羅：如剛才講的一樣，觀想在上師、十方諸佛菩薩以及本尊空行面前，供養三千大千世界的一切供品。供修之後，不必將皈依境收回，讓其自行消失，或住於空性無緣中即可。

內供曼茶羅：對境同前，觀想自己的身體是須彌山，四肢是四大部洲，整個身中的血肉等，全部觀成世間的一切欲妙及供物，並以此供養上師諸佛，最後將皈依境融入自己的身體。

密供曼茶羅：對境同前，從自心幻化出普賢雲供作供養，最後全都入於與皈依境無二無別的境界中。

這三種觀想方法很殊勝，也可以隨時修持。能修的話，無勤中便可積累極其廣大的資糧。

供三身或七堆曼茶羅之後，最後還要加上咒語：

章格日　屙那曼扎拉勃匝梅嘎薩莫扎　薩巴屙那薩瑪意啊吽

以三殊勝攝持

無論怎樣，在供養的過程中，應該以三殊勝來攝持。最初是加行發心，心裡要想：「這次我供曼茶羅，是為了利益天邊無際一切眾生。」中間是正行無緣，真

正的無緣，對一個未證悟的人而言，是很難的，所以，只要盡量減少雜念，不被雜事中斷，也算是無緣了。不管怎麼樣，相似地以對空性的了解作攝持，或最後收座時安住一下空性，也都算是在積累智慧資糧了。最後是結行迴向。

以三殊勝攝持是十分重要的，這一點與其他修法完全相同。

以前，藏地非常出名的朗吉日巴尊者說：「所謂供曼茶羅，伸手便可積累廣大資糧，所以，再沒有比它更為甚深的法要了。」

想想也是，單單依靠手，便能積累廣大資糧的法門，可能除了供曼茶羅，再沒有其他的了。其實，要積累資糧，特別是廣大的資糧，是非常不易的。像修寺院、行慈善等很多善舉，前世沒有一定福報的話，要做這些是特別特別困難的，即使你想發心，也不一定有機緣，不一定有這麼大的福分。

但是供曼茶羅，誰都可以。所以，一定要依此來圓滿自己的資糧。

戊五、供品潔淨：

陳設乾淨、新鮮供品

在供曼茶羅期間，用青稞、小麥等穀物供養時，如果自己經濟富裕，絕不能重複使用陳舊的糧食，完全要

用新鮮糧食作供養。

堪布阿瓊用了四馱，還是挺多的。昨天，我看到很多人往回背大米，五十斤、二十斤、十斤，都可以。不管怎麼樣，每個人根據自己的實際情況，可以適當更換所供的糧食及供品。一天換一次可以，一個禮拜換一次也可以，如果不捨得，像前面說的那樣，洗淨、曬乾，不斷換著供，只要沒有吝嗇心，這樣也可以。

否則，有吝嗇心的話，就不好。不僅是供曼茶羅，做任何功德都一樣，只要是沒有吝嗇，根據自己的條件做就好。

這樣供養之後，將所供的糧食施給鳥類、鼠類或盲人、乞丐等，或者堆放在佛像、佛經、佛塔前，或倒在一些乾淨的地方等，都是可以的。只要不歸為己有，如何處理，自己可以決定。

如果實在太窮了，一次供養的糧食，反反覆覆來供，也是允許的。

但不管怎樣，都要先將供品中的土灰、稗子、鳥糞等所有雜質清除乾淨，有時還要用柏樹芽燒煙熏過以後，做到所供物清淨、清潔，並且用藏紅花等香水浸濕後，再來供養。

第一百二十二節課

下面我們繼續講供曼荼羅。

遠離吝嗇、愚癡，以信心如法供養

對於一貧如洗、沒有供品的窮人，或者真正能夠觀想「一塵中有塵數剎」而作意幻供養的那些利根者，佛經中開許可以供養土粉、瓦礫等。而自己本來擁有萬貫家財，卻捨不得用來上供下施，反倒擺出誦咒、觀想等種種相似的理由，而自以為是的那些人，其實是自己騙自己。

現在世間上有些人學得並不究竟，只稍微懂得一點點，卻聲稱只要念相應的咒語，五加行也可以不修，吃肉也不會有過失……這種懶惰、愚癡的行為，不但騙自己，還騙他人，是非常不合理的。

有些人不懂，還勸別人：「算了、算了，供養這些有什麼用，心安住就可以了，心裡觀想就可以了。」如果自己有財物，就不能這樣做，比如你不吃飯，是否觀想自己吃了就能解除飢渴呢？恐怕還沒有達到這種境界。

實際上供養的功德特別大，供養曼荼羅是對諸佛菩薩供養的最佳方便方法，通過供養，即生、來世都能得到無量無邊功德。《華嚴經》中云：「供養能盡一切

苦，供養必得諸佛智，此應供處供無等，是故歡心供養佛。」可見，在無上應供處諸佛菩薩面前供養，能除一切苦，能獲得無上智慧，所以應該以歡喜心供養曼荼羅，或其他世間財物，乃至最無上的供品。《本事經》亦云：「施三寶福田，名最勝施者，所在常安樂，後當證涅槃。」意思是說，在三寶處以清淨心作供養，這叫最殊勝的布施，今生、來世都能感受安樂，後來必定證得涅槃果位。

而且，諸續部及竅訣中明明說「清潔美妙之供品」，以及「配製清潔欲妙供」，而並沒有說「骯髒污穢之供品」。因此，我們絕不可以將自己的殘湯剩飯等骯髒不堪的物品作為供品，或者好的青稞留給自己吃，渣滓作為供物或磨成做神饈食子的糌粑等。

前段時間，有一個人跟出家人說：「這個飲料你們帶走，我供養你們。我不喝垃圾食品，請師父們慢慢喝！」這是很不如法的，過失非常大。

誠如往昔噶當派諸大德所說：切切不要自己享用新鮮的部分，而將發霉的油餅、發黃的菜葉等供養三寶。將有辣味或腐敗的酥油等作為神饈，或者做成酥油燈來供養，而自己食用新鮮的酥油，這些都是耗盡福德之因，所以必須堅決斷除。

平時供養的時候，有些人喜歡將自己多餘的，或實在吃不了的東西作供養，這也是不合理的。一般藏地有

這樣的習慣，在穿新衣服前都會在空中甩一甩，表示供養諸佛菩薩；享用任何一種食物前，也會獻新供養諸佛菩薩；提水前，也會用水的獻新供養諸佛菩薩，其功德非常大。

做神饈、食子等時，要軟硬適度此外，

在做神饈、食子等時，軟硬程度一定要做成與自己食用的一樣，不能考慮簡便易行而做成軟軟綿綿的食子團。

以前法王如意寶要求學院每天都修「普賢雲供」，所以每天都要供三千盞燈、三千個食子等數量極大的五供。那時金剛降魔洲也一起參加，很多道友應該知道，所做食子的軟硬程度應與自己吃的糌粑一樣，不能太軟了、也不能太硬了，太硬了根本沒辦法做，太軟了消福報。

阿底峽尊者曾經親口說過：「西藏人是不會富足的，因為人們做的食子團軟軟塌塌。」阿底峽尊者對西藏經濟的印象很不好。可能他在印度各方面的生活條件都很不錯，所以來到藏地後，一會兒說西藏是餓鬼世界，連享用對清淨福田供養一斗青稞果報的人都沒有，一會兒說西藏不會富裕。當然，他老人家也不一定是說全西藏人。所以，一定要如理如法地做食子。

在藏漢兩地用淨水作供養可以圓滿資糧

此外，阿底峽尊者還這樣說過：「在藏地，僅僅用水來積累福德也已足夠了！在印度，由於氣候過於炎熱，而沒有西藏這樣清淨的水。」確實，印度地處熱帶，水不如藏地的清澈。以前法王去印度時，看起來印度的水還有點混濁。所以，只要自己能夠精進，在藏地以供養清淨的水來積累資糧，也會得到想像不到的功德利益。在漢地，水的質量也很不錯，如果精進以水供養，功德也非常大。

作水供時，要將七個供水杯等供器認認真真擦得乾乾淨淨，排列的時候要整齊，間距也要適度，不可有過窄過寬、東倒西歪等現象。並且，水中不能混有穀類、灰塵、含生等雜質。水器中的水也不能滿滿當當或極度不滿，供臺上不可有溢出的水流等。一定要做到精緻美觀，令人賞心悅目。

我以前講過，希望道友們能在自己家中，每天供七杯淨水。如果實在不行，供幾天以後撤也可以。以前有一位道友說：「我供了七天以後，水慢慢就沒有了，可能是護法神經常來的原因。」他自己懶惰，水自然乾了，還說是護法神。

《普賢行願品》中也說：「如是最勝莊嚴具。」所以，無論是哪一種供品，甚至擺放、羅列的形式都要做到美觀莊嚴，使人舒心悅意。這樣，依靠恭敬諸佛菩薩之因，便可圓滿自己廣大的福德資糧。

第一百二十二節課

供養關鍵要有清淨的心

作為在學院常住的道友，這些供養的道理應該會懂。希望大家經常供養諸佛菩薩，哪怕是一盞燈、一支香、一朵花，乃至我們所看見的莊嚴房屋等悅意之物，以及自己所喜歡的人，都可以供養。

三寶沒有執著，只要供養就能積累非常廣大的資糧，但心一定要清淨。

供一盞燈得成佛授記的公案

當然，在自己窮得叮噹響、實在無能為力等情況下，以一顆清淨的心，供養骯髒的殘湯剩飯、低劣物品等也未嘗不可，因為諸佛菩薩並沒有乾淨、骯髒的執著分別念，往昔也有貧女仲涅瑪供養世尊酥油燈的公案。

這個公案我母親最先給我講過，她一個字都不認識，但很多佛教公案都會講；我還沒上學，一個字都不認識的時候，她就在我們耳邊經常講這些公案。因為年齡小，公案記得牢，長大之後學習佛法，感覺基本上與佛經中的文字差不多，只不過個別詞來源於藏民族的生活習慣而已。我小時給很多人講過這個公案，80年代在學校讀書時，也常講這個公案，以勸大家多作供養。可能大家也會講，因為我們以前學習過。

據《賢愚經·貧女難陀品》記載：佛在世時，有一叫難陀的女人特別窮，什麼供品都沒有。她每次看到國王臣民供養佛陀及僧眾，就特別內疚，責備自己前世沒有

造善業，即生當中如此貧窮，不能供養福田。

後來她四處乞討，得到了一枚錢，就去油店買油。因為錢少只能買一點點油，賣油人知道情況後，很可憐她，給了雙倍的油。她非常歡喜，做了一盞燈，拿到祇洹精舍去供養佛陀，並發願「來世得智慧照，滅除一切眾生垢暗」。

第二天早上，目犍連準備滅燈，但始終滅不掉。佛陀告訴他：「這盞燈是以菩提心供養的，你這樣的聲聞根本沒辦法熄滅。」這時貧女剛好前來禮拜佛陀，世尊當即為她作了成佛的授記。

可見，哪怕是供一盞燈，如果以菩提心攝持，其功德也不可思議。因此，我們不能以善小而不為，也不能阻礙別人行持善法。

供低劣食物獲大果報的公案

另外，曾經有一位患了麻瘋病的女子，在行乞的時候得到了一碗米湯，並以之供養聲聞大迦葉尊者。當時一隻蚊子落入湯裡，麻瘋女試圖除去蚊子，結果手指掉落在米湯中。但是大迦葉尊者為了滿她的心願而喝了米湯，並作為自己全天的齋飯，這使得麻瘋女無比歡喜，以此因緣，她死後轉生到三十三天。⑨

在南傳經典《長老偈》中，也有一則相似的公案：

---

⑨詳見《根本說一切有部毗奈耶藥事(卷12)》之「大迦攝波」與「癩女」的公案。

長老大迦葉尊者勸比丘知足少欲時說：我在乞食的過程中，遇到了一位麻瘋病患者，他布施我食物時，手指掉在了缽中，我享用食物的過程中，從來沒有生起過厭惡心。

在漢文《大藏經》中，有一部《佛說摩訶迦葉度貧母經》，情節雖然不同，但非常好，方便時希望大家看一看，經文很短。經中說：當時迦葉尊者去王舍城找窮人化緣，見一貧母身無分文、一貧如洗，身體瘦弱、常生疾病、衣食無著。於是尊者近前找她化緣。

當時，她除了向富人乞討來的臭惡米汁之外，一無所有，因此特別傷心地說：「您應該給我布施，在這個國家當中，再也沒有像我這樣貧窮的人了。」

迦葉尊者說：「我就是來滅你貧窮的，只要你能布施我一點點東西，來世就會富貴。」

然後她就把剩下的米汁供養給了迦葉尊者。尊者當即喝下，並為她作了迴向。

貧母死後轉生到天界，威德巍巍，震動天地。帝釋天問她：「你前世造了什麼樣的業，居然有這麼大的福

---

⑱偈云：「我從山居走下來，進入城市行乞食。行禮如儀見一人，麻瘋患者正進食。滿手鱗癬與病狀，將一勺食布施我。於彼置食入缽時，一指掉落於其中。我於牆角坐下來，享用他布施之食，吃時以及結束後，我無絲毫厭惡感。」

⑲在佛陀的弟子中，迦葉尊者專找貧窮的施主化緣，須菩提尊者專找富貴的施主化緣，他們倆的特色完全不相同。現在也有人特別重視富貴人，與他們交往就特別歡喜。但是，須菩提尊者找富貴人化緣的目的，是破他們的吝嗇和慳貪，以度化他們。

報?」天女就講了自己的前因後果。

歸結於心

作為後學者，我們對這些公案應該生起真正的信心。當然，在實際行動中，不一定非要布施或供養特別多的錢財，但一定要有這樣一顆心，我原來講過「慈善是心」。但是，這一顆心不能開心的時候有，不開心的時候沒有，甚至否定、駁斥，那就不合理。

所以，供養曼茶羅時也是同樣，以清淨意樂盡己所能做成純淨悅意的物品而供養，是殊勝的要訣。《諸法集要經》云：「是心能作罪，亦能修福業。」如果我們這顆心經常對旁邊的人生貪心、生嗔心、生嫉妒心，經常看不慣他人，甚至人坐在聽法的行列中，心也一直外散，那就以心造了各種各樣的惡業。如果心地善良，即使行為有時候不是特別如法，也有非常大的功德。

因此，在供養時一定要管好自己的心。

戊六、積資之理：
出世間成就源於積累資糧

供曼茶羅等精勤積累資糧的方便，在修道過程中是不可缺少的修法，不管是什麼身分的人都需要修。

有些人說：「我不用修五加行，直接修大圓滿就可以了，上師跟我有特殊因緣，已經慈悲開許了。」但我認為，即使上師有大神通，你是利根者，也要修福德。

第一百二十二節課

以前阿那律尊者眼睛瞎了，衣服爛了都沒辦法補，他大叫：「誰求福德？來幫我縫衣服吧。」這時，佛陀來到他面前，告訴他：「我希求福德，我幫你補衣服。」他嚇壞了，說：「佛陀！我不是說您，說的是其他人。」佛陀說：「我為什麼不能做，成佛後也不能停止積福，福德越多越好。」

在顯現上佛陀還要不斷積福的話，那我們連十萬曼茶都不需要修，確實有點懷疑。不敢說不對，因為眾生的根基不同，很有可能是布瑪莫扎那樣的頓悟者。但一般來講，很多大圓滿祖師對積累資糧和淨除罪障都很重視，包括上師如意寶，點點滴滴都不輕視。

前段時間我跟幾個道友交談，大家都說：「上師如意寶在世時的那些老弟子非常好，特別重視念誦等積資淨障，而現在一代不如一代。」也有這樣的悄悄話。說實話，很多高僧大德在世時，講一堂課也能斷除他人眾多邪分別念，甚至影響一輩子。因此，積累資糧的方便是不能捨棄的。

如續部中說：「未積資糧無成就，沙子不能榨出油。」不積累資糧而希望獲得成就，是不可能的，如同想從河邊的沙子中榨出油來一樣，就算是費盡九牛二虎之力擠壓沙子，也不可能從中得到一點一滴油的成分。

反之，想通過積累資糧來獲得成就，則好似榨芝麻得油一樣，榨多少芝麻就會出多少油，哪怕是僅僅將一

大圓滿前行廣釋（七）附大圓滿前行實修法

粒芝麻放在指甲上擠壓，它也會使指甲變成油漬漬的。佛在經中也說：「未曾積累資糧欲得成就，好似攪拌水想得油；積累資糧欲得成就，恰似攪拌乳想得酥油。」

成佛是我們的共同目標，對大小乘佛教徒來講，這都是最重要的。現在世間很多年輕人常問：「生命的意義何在？正確的人生目標為何？」不作長遠考慮就另當別論，若考慮長遠，時時刻刻都要想「我要成佛」。

佛陀在經典裡面講：作為國王，事務繁多，所有經典的意義要一一修持根本無法實現，若唯一修持一法則能獲得成就。哪一法呢？在行住坐臥，做任何事情時，都要有「我要成佛」的心念。

在座的各位也是如此，千經萬論要全部精通、一一修持，也有一定的困難，所以時時刻刻都要有「我要成佛」的願望，作為希求成就者，這特別重要。因為，若堅固了目標，就會創造它的因——積累資糧和淨除罪障。

確實，若沒有積累資糧，則不可能獲得佛果。以前，趙州禪師在佛堂前掃地，一個和尚問他：「您是得道高僧，怎麼還掃地呢？」他說：「灰塵是從外面飛來的。」這位僧人說：「佛門是清淨聖地，怎麼還有灰塵呢？」趙州說：「你看，又飛進來了一個灰塵。」其意是說，心不清淨，分別這麼多，不掃不行。

我覺得，漢地禪宗叢林之所以要出坡，也是為了培

養福報。以前，百丈禪師提倡農禪並重，自己也立下了
「一日不作，一日不食」的誓言，因此他的一生都在不
停地勞作。晚年有一天，有僧人見他年老，心中不忍，
便把農具藏了起來。因找不到農具只好休息，當日他也
拒絕吃飯，說：「我沒有德行，怎敢叫人養著我呢？」
後代禪林受他的影響，很多禪僧每天都要勞動，以培養
福德。

　　在印度，現在有很多藏傳佛教的大寺院，許多大德
要求所有僧人都要種地。印度不像其他地方，僧眾有很
多西方信士供養，但大多數都要自己幹活，那些出家人
很能幹，非常好！

　　昨天，我看到女眾綜合樓有幾位尼僧在搬煤炭，其
中一位是本屆夏令營的營員，那時她還沒有出家，是美
國的一位留學生。我好不容易才認出來，因為她渾身都
有煤炭灰。我故意問她：「你不在像花園一般的美國好
好讀書，到這裡天天做『煤人』幹嘛？」

　　話雖這麼說，不過我心裡始終認為：不管是什麼身
分的人，哪怕是總統、法師，做一些事情都有必要。因
為人沒有必要擺架子，一直很傲慢地享用別人的勞動成
果，而應多幹活、多做事、多培福報，以前很多高僧大
德的行為都是這樣。現在有些富貴家庭的孩子，所有人
都要為他服務，自己只想享受，這是很不好的。應該以
各種方式培植福德，尤其應為僧眾等福田做一些有意義

大圓滿前行廣釋（七）附大圓滿前行實修法

的事，這對以後的成就非常有利。

因此，獲得終極殊勝的成就，是圓滿二種資糧的正果。正像前文中所說，如果沒有圓滿福慧資糧，就無法獲得具備二種清淨的佛果。龍猛菩薩也親口說：「此善願諸眾，圓滿福慧資，獲得福慧生，殊勝之二身。」意思是，以此善根迴向給一切眾生，願他們圓滿福德資糧和智慧資糧，在獲得圓滿的福慧二資糧後，出生殊勝二身——法身和色身的果位。《菩提道燈論》裡也講過：「福德智慧二資糧，圓滿佛位之因也。」

其中，通過圓滿有緣福德資糧，可獲得殊勝色身；依靠圓滿無緣智慧資糧，可獲得殊勝法身。如《中觀寶鬘論》云：「諸佛之色身，由福資所成，法身若攝略，由慧資所生。」所以，如果我們不積累福報，天天都觀空性，到一定的時候，就會出現「沒有色身、唯有法身」的佛陀。當然，這是從假設的角度來講的，實際上不會有這種情況。相反，若只積累資糧，不觀空性，也不是很好。

對一位好老師來講，他會重視學生德智體全面發展，如果只重視某一方面，這種片面的教學對孩子是不利的。同樣，對一位好上師來講，他會關心弟子積累二種資糧。在這方面，我不是自讚毀他，的確我們遇到法王如意寶是非常幸運的。因為，如果上師只注重福德資糧，而不重視中觀、大圓滿等空性方面的教法，甚至不

懂、排斥，那弟子也只會懂得積福；如果上師只對空性非常精通，而對積累資糧的世俗善法不太重視，那弟子也會只偏重於智慧。所以，我們不但要二資並重，還要以此引導後人。

世間成就也源於積累資糧

而且，暫時的世間成就，也都來源於圓滿資糧。如果自己從來沒有積累過資糧，那麼無論下多大的功夫，也無濟於事。

一位道友多次跟我說：「您可不可以給我加持一下？我想發財。」我說：「我已經加持過無數次了。」確實，沒有積累資糧的話，想發財也很困難。比如，僅僅就眼前的受用、飲食、財物來說，有些人依靠以往積累資糧作為後盾，不費吹灰之力自然而然財源滾滾。可是有些人整個一生都是千方百計、勤勤懇懇、兢兢業業經商務農等，結果卻沒有芝麻許收益，最終竟然落得個餓死的下場，諸如此類的事情，是我們在現實生活當中有目共睹的。

以前，我家鄉有一個人非常窮，前段時間我去寺院又碰到他，現在還是那樣窮。其實，一個村裡的牧民，人均收入基本上是相同的，他們家也有很多年輕人很能幹，但始終窮困潦倒。所以人的福報特別奇怪，有些人根本不需費力，錢嘩啦嘩啦就來了；而有些人再怎麼努

力，錢嘩啦嘩啦就沒有了。我每次看到他，都會想到積福很重要。因為我小時候他就很窮，現在他眼睛都綠了（馬上要死的比喻），還是那樣窮。

相信大家從自己的親朋好友、左鄰右舍，也能看到這樣的情況。以前，藏地有一位國王開展了三次「均貧富」的運動，但後來富貴的照樣富貴，貧窮的照樣貧窮。所以，積福非常重要！

若未積福，上師三寶和財神、護法神也無能為力

再者，有些想通過修財神、護法神等得成就、獲財富的人也是一樣，如果自己沒有往昔所積累的布施果報，那麼護法神們也愛莫能助。

現在漢地有人特別喜歡求黃財神的灌頂，對於有福報的人來講，這能起到助緣的作用，黃財神有辦法讓你發財；如果自己一點福報都沒有，灌多少個頂也不一定能發財，只能在相續中種下一些善根。

現在很多人都這樣說：「您可不可以給我一張財神的照片？我想隨身帶著。」「您給我念個財神的咒語好不好？我想經常念。」可能他們天天都在祈禱：「財神！財神！我要發財！我要發財！」有些上師也隨順眾生，拿著一個木棒邊加持邊祝願：「發財發財，發大財！」但不知發了沒有？

按理來講，單堅護法神和紫瑪護法神都是財神，多

祈禱有好處，所以不要墮入一邊。不過對於真正的修行人來講，錢財少一點比較好，錢財多了，心容易散亂，經常產生痛苦，從而耽誤修行。若一點錢財都沒有，也很苦惱。戒律裡面講，應發願過中等生活，不墮兩邊。

從前，一位深居山裡的修行人生活拮据，一無所有，於是他便開始觀修單堅護法神，結果真的修成了，已經達到了人與人交談般的境界，可是卻沒有獲得任何悉地。單堅護法神對他說：「因為你以前布施的果報一分一毫也沒有，所以我實在無法給予你悉地。」

一天，在眾多乞丐的行列中，這位修行人得到了一碗稀粥。回來後，單堅護法神問他：「今天我給你悉地了，你知道嗎？」那人說：「我僅僅得到了一碗稀粥，而且不只是我，所有的乞丐都得到了，不知道您所賜的悉地到底是什麼？」

單堅護法神說：「盛粥時，你的碗裡落的一大塊油脂，就是我賜的悉地啊！」

以前有些人想吃肉，就以這個公案作證明，說單堅護法神都賜給別人油脂，自己也可以吃肉。其實並不是這個意思，只不過象徵性地說明福德很重要，否則，即使有護法神的幫助也沒辦法。所以，在供齋時，如果碗裡得的好吃的東西比較多，有可能是護法神的加持。但是，沒有福報的話，想發財也沒辦法。

以前，有一世的噶瑪巴非常有威望，知名度相當

大圓滿前行廣釋（七）附大圓滿前行實修法

高，每天都有來自十方的供養。他有一個侍者，天天都為他收供品。這個侍者很貪財，心裡特別羨慕，一直想：「上師每天都有這麼多供養，我這麼辛苦，怎麼沒人供養我呢？」

上師以他心通了知他的想法後，對他說：「明天所有供養全部歸你。」

那位弟子特別高興，一直盼望明天多來一些供養。結果白天沒來任何供品，到傍晚時只有一位老鄉供養了一塊乾牛皮。他很傷心，上師跟他說：「可能你前世只積累了一塊乾牛皮那樣的福德，而我前世積累的福德多一點。」從此他反觀自心，了知這跟前世有關，心裡就想得開了。

可見，如果自己實在不具備往昔所積累的布施果報，即使修財神法，也不能遣除貧窮。假設世間的財神等也能夠賜予受用的悉地，那麼諸佛菩薩的威德、神變勝過他們百千倍，並且全部是未受囑託而利益一切眾生的，必定會在這個世界上降下受用妙雨，一瞬間消除一切貧窮。但他們並沒有這麼做，是因為一切受用財富等，唯一要靠自己積累福德才能獲得，僅僅祈禱他們想發財，並不一定能真正發財。所以，古大德說：「精勤如山王，不如積微福。」

《諸法集要經》中也講過：「若人不行施，如無燈求光，捨離於善業，何能有樂報？」意思是，如果人沒

有行持布施，就像沒有燈求光一樣，捨離於善法怎麼能有樂報呢？反之，如果我們積有福德，不勤作也能獲得樂果。薩迦班智達在《格言寶藏論》裡說⑩：如果依靠福德來成辦事業，就如同陽光能普照萬物，而不必依賴別的助緣；若僅僅依靠精勤來成辦事業，則如同燈光照明一樣，仍然需要依靠外力。所以，自身一定要有福德，否則，做什麼事都會違緣重重。

既然福德這麼重要，那我們應該怎麼做呢？有些人會想：「如果我有很多錢財，就可以上供下施，可是我現在沒有錢，怎麼辦呢？」唯一的辦法就是以供曼茶羅的方便方法來修，把整個大千世界的所有財富供養十方諸佛菩薩，這是高僧大德留給我們的秘訣。

在短暫的人生中，每個人都應該對自他來世做一些有意義的事。現在我們從道理上已經明白，那就不要馬虎，都要好好修曼茶羅等加行。如果再不好好修持，那就太愚癡了！

大圓滿前行廣釋（七）附大圓滿前行實修法

---

⑩《格言寶藏論》云：「若依福德成諸事，如同陽光不依餘，若依精勤成事業，如同燈光仍依餘。」

第一百二十二節課

第一百二十三節課

　　繼續講積累資糧的供曼茶羅。前面介紹了前世的福德很重要，下面接著講：

值遇殊勝福田，以清淨心作微小供養可積大福德

　　當今時代，在一些窮鄉僻壤的地方，人們看到稍有受用、地位之人，便大呼小叫、大驚小怪地喊道：「上師知！這個人多麼多麼了不起啊！」

　　在富有的大都市中，很多人對國際上特別有錢財的人，如比爾.蓋茨、巴菲特、李嘉誠等，也非常驚訝、讚歎。

　　實際上，這些人擁有的財富，並不是特別驚人。如果遇到殊勝的福田，加上自己懷有一顆清淨的心，要達到這種程度，並不需要積累很大的福德資糧。

　　以頂生王的公案說明

　　舉個例子來說，在歷史上，我乳轉輪王（釋迦佛因地）曾以七顆豌豆的布施果報，後來統治了三十三天以下。

　　據《賢愚經.頂生王品》記載：弗沙佛出世轉法輪後，一次遊化世間，有一正在辦喜事的婆羅門子，在路上看到弗沙如來，便把自己手中的豌豆作了供養。按當時的傳統，這些豌豆要拋撒給新娘，可能就像現在漢地

375

撒鮮花「開光」、放鞭炮「驅魔」等結婚儀式一樣。本來他準備在看見新娘後拋撒豌豆，但在路上看見相好莊嚴的如來，就生起了極大的信心和歡喜心，於是馬上作了供養。

當時四顆豌豆落到佛陀缽中，一顆豌豆落在佛陀頭上。因為對境特別殊勝，以此功德，

他後來成為歷史上第一轉輪王⑩——我乳轉輪王（又名頂生王）。其中以四顆豌豆落在缽中，感得統治四大部洲。以一顆豌豆落在頭頂，感得享樂二天——四天王天和三十三天。

在《佛說頂生王因緣經》中，也記載了這則公案，不過稍微有點不同。當時由勝軍王（即波斯匿王）請求⑩，佛陀宣講了頂生王感得極大果報的前世因緣：毗婆尸佛出世後，有一商主值遇如來，心生歡喜，便以綠豆供養佛陀。因為是以拋撒的方式供養，只有四顆落入缽中，一顆擊中缽盂後掉在地上。

當時他發願：「以此布施廣大因，得佛世間自然智，願我速越生死流，先佛未度者皆度。⑩」其意是說，

---

⑩《佛光大詞典》：「《彰所知論》卷上謂，成劫之初，閻浮提有五王，由初代至靜齋名為成劫之五王，頂生王為第六世，即轉輪王之第一世。」《彰所知論》云：「是時眾人議一有德，封分田主。眾所許故，謂曰大三末多王（此云眾所許）。王多有子，相續紹王。嫡子號曰光妙，彼子善帝，彼子最善，彼子靜齋，是等謂曰成劫五王。靜齋王子名曰頂生，彼子妙帝，彼子近妙，彼子具妙，彼子嚴妙，是等謂曰五轉輪王。」

⑩在《賢愚經》中，則由阿難祈請。

⑩在藏文燒施等儀軌中，有這個偈頌，平時很多人都在念。如果我們在作布施或供養後，念《普賢行願品》有一定的困難，就念這個偈頌。總之，在供養後一定要好好發願，這很重要！

第一百二十三節課

以此布施廣大之因，讓我得到佛陀世間自然智，願我在很快的時間當中超越生死輪迴，以前很多如來沒有度脫的眾生，以我的威德和智慧力全部度化。後來他轉生為頂生王，感受統治四大部洲、能至三十三天的果報。

佛陀還說：如果擊中缽盂的綠豆沒有掉在地上，就能獲得帝釋天王的果位。但因當時綠豆掉在地上，只能統治人間而不能成為天王。

因此，從歷史上看，現在世間特別有福報、人們特別羨慕的老闆，也不一定前世造了特別大的福業。如果遇到特別殊勝的福田，以小小福德也會感召巨大的果報。

所以，我們不能認為小小功德無所謂。《雜寶藏經》中云：「若種少善，於良福田，後必獲報。」可見，如果一個小小的善根遇到了特別好的福田，一定會獲得特別大的果報。又云：「應當勤心，作諸功德，莫於小善，生下劣想。」意思是，應當以精勤心作諸功德，不要以下劣心對待小小的善法。

以波斯匿王的公案說明

又如波斯匿王的福祿，也是以前布施溫熱無鹽食團的果報。

當然，公案出處不同，說法也有差異。據《根本說一切有部毗奈耶破僧事》記載：當時阿難尊者來到波斯匿王宮中，波斯匿王非常高興，順便請教尊者一個問

題：「雖然大家都知道我是一位很有福德的國王，但很多人並不了知我從出生以來的奇妙業感——每到吃飯的時候，就會從空中降下一銀娑羅香粳米飯、兩頭熟雉（野雞）、一枚甘蔗，其中一頭熟雉落在地上，其餘都掉在銀盤中。不知這是什麼原因？」當時阿難尊者沒有回答，只說「很稀有」。

回到僧團後，阿難尊者便把這個事情講給別人聽。後來諸比丘往問世尊，世尊說：以前在此城中，有一長者曾以新粳米飯、二頭炙雉（烤野雞）、一枚甘蔗供養一位前來化緣的獨覺，但有一雉掉在地上。以此功德，這位長者於無量百千世享受天福，後於人間轉為波斯匿王，並感得這樣的勝事。但他供養時有一雉掉在地上，現在也感受這樣的果報。

所以，大家以後在供養時，不能讓供品掉在地上。一般來講，在藏傳佛教中，在供養僧眾時，掉在地上的東西都不會供養。漢地也有這樣的習慣，在供養上師、出家人時，如果菜掉在餐桌上，師父準備吃的時候，大家都不讓吃，這也符合佛教的基本思想。

當然，若對僧眾以信心供養，今生來世都會獲得福報，這樣的公案相當多。即使自己今生特別貧窮，若能把自己擁有的點滴財富供養殊勝福田，功德也非常大。

以須達施主的公案說明

記得在《雜譬喻經》裡面，有一位叫須達的施主，

一生中七次散盡家財，統統布施給孤獨的人，故被冠以「給孤獨」的美名。他第七次布施時最徹底，分文不剩，以至於他和妻子就像乞丐一樣。

後來，他在糞壤中找到一塊檀香木，賣了以後，買得四斗米。回家後，丈夫對妻子說：「我去買一點菜，你用一斗米做飯。」

此時佛陀用智慧觀察，得知度化他們的因緣成熟，就派舍利子去化緣，見到莊嚴的舍利子後，妻子就把剛做好的飯全部供養了；第二斗米煮好的時候，佛陀又安排目犍連去化緣，妻子看見以後又生起信心，又全部供養；第三斗米做好時，佛陀派迦葉尊者前往，她又全部供養；第四斗米做好時，佛陀親自前往，她一看到無比莊嚴的佛陀，就生起極大的信心，然後又全部供養。

過一會兒丈夫回來了，妻子特別害怕，試探著說：「佛陀、舍利子、目犍連、迦葉尊者前來化緣，我們應不應該供養？」須達特別虔誠，他說：「如果他們來，我們應該好好供養。」這個時候妻子說：「剛才他們都來了，我將四斗米的飯全部供養了。」丈夫聽後非常歡喜。

以此因緣，一會兒他們家就出現寶藏，很多資財都具足。後來他們又把所有財富全部供養三寶，佛陀給他們說法後，就獲得了聖果。

在其他經論中，也經常出現這樣的公案。如果自己

大圓滿前行廣釋（七）附大圓滿前行實修法

心很虔誠，遇到特別好的福田而作供養，功德就特別大。現在很多人都想供養，但供養前一定要觀察，如果沒有觀察，光聽別人說「他如何如何了不起」，就把自己最珍貴、最寶貴的東西供養了，甚至自己家裡財產並不多，也全部供養了，過一段時間知道這個人的過失後心生後悔，就不太好。

以前，佛陀的弟子不會做一些讓人生邪見的事，現在的人卻很難說。當然，現在並非沒有聖者，但像果期的目犍連、舍利子那樣，真正得果的人也不多。一個人是否是善知識，至少需要觀察一段時間，佛教有關經論裡面都是這樣講的。否則，先不觀察，後來心裡不舒服，或對佛教進行誹謗，就沒有必要。

當然，供養有很大的功德，尤其遇到特別殊勝的對境，通過供養的因緣，自己就能獲得財富等。不管是古人還是現代人，這樣的情況都不少，有些自己也明顯感覺得到。但作供養需要智慧，這是需要強調的。

以阿底峽尊者的金剛語說明

從西藏歷史來看，昔日阿底峽尊者初來西藏時，當時整個藏地要比現在⑩繁榮昌盛得多。可是尊者卻說：「西藏真正成了餓鬼世界，在西藏居然沒有一個人能享受曾經對清淨福田布施一斗青稞的果報。」

為什麼在阿底峽尊者眼裡，西藏是餓鬼世界呢？最

⑩19世紀，華智仁波切住世期間。

早智慧光國王⑩派遣精進獅子帶著黃金前往印度，迎請阿底峽尊者入藏弘法時曾說：「我們藏地經濟條件特別差，就像餓鬼世界一樣，這次能帶這麼多黃金，特別不容易。雖然您不貪著金子，但為了體現佛法的珍貴，還請您接受我們的供養，也希望您能到藏地弘法。」或許剛開始接觸的語言印象比較深，所以尊者來到藏地後，一直說藏地是餓鬼世界。不過從歷史來看，那個時候⑩印度的經濟狀況也不是特別好。（眾笑）

其實，尊者這樣說的目的，是說享受極大的世間福報，並不需要做非常大的善事，因為當時藏地連享受給清淨福田供養一斗糧食福報的人都沒有。

我原來講過，阿底峽尊者是印度國寶級的大師，國王是不開許他來藏地的，後來只好以朝聖的方式，從尼泊爾進入西藏。當時藏地四分五裂，沒有統一的國王，到達阿里時，國王菩提光將尊者迎請到寺院裡面大轉法輪。後來通過菩提光祈請，尊者造了《菩提道燈論⑩》。

在尼泊爾的時候，尊者最好的譯師精進獅子就圓寂了。當時尊者說：「我的舌頭已經斷了，我去藏地也沒有用了，不能利益眾生。」雖然他的智慧很高，但顯現上不懂藏語，所以必須依靠翻譯。幸好當時八十多歲的寶賢譯師還在，他幫助尊者翻譯了不少經論。

⑩為迎請尊者，前往邊境籌備黃金，被外道國王所俘，死在獄中。
⑩阿底峽尊者來到藏地是公元1041年。
⑩也有說因為是菩提光國王祈請的，所以這樣命名。

大圓滿前行廣釋（七）附大圓滿前行實修法

本來阿底峽尊者預計在藏地待三年，後來，居士身分的仲敦巴尊者從拉薩到阿里依止阿底峽尊者，並給尊者講了很多有關桑耶、拉薩等的功德，還請尊者到各地弘揚佛法。依靠他的辯才和智慧，後來阿底峽尊者放棄回國的打算，又在拉薩一帶住了十年（所以藏人對仲敦巴尊者特別感恩）。也就是說，為了利益藏地的眾生，尊者在藏地住了十三年。1054年，尊者於聶塘示現圓寂。

時至今日，聶塘還有很多阿底峽尊者的舍利和加持物，前往聶塘朝拜，能生起菩提心。前幾天，有個道友給我供養了一串熱振寺的念珠。熱振寺是仲敦巴的道場，在《開啟修心門扉》裡面，講了一些仲敦巴尊者在熱振寺的情景，想起來我就想去。下一次去拉薩時，我一定會去這兩個地方。

阿底峽尊者說藏地是餓鬼世界，其實現在也有不少人經常問：「為什麼藏地這麼貧窮？不是人人都信佛嗎？」

要知道，有財富並不一定代表有福報，關鍵看能否行持真正的善法。因為對修行人來講，財產多了，反而心容易散亂。

如今不丹國家就不願意開放，到那裡去住一天，要收一百美金。為什麼他們要這樣呢？就是為了保護自己的傳統文化，不受外來垃圾思想的衝擊。雖然有人認為他們很保守，因為現在世界各國都在開放，但人的價值

觀不同，有人認為有福報一定要有很多錢，有人認為有錢並不一定有福報，關鍵看內心是否擁有智慧，因為金錢與快樂並不能劃等號。不過從真理來講，擁有內在的精神財富，才是最快樂的，也是最重要的。

再者，所謂果報，有異熟果、等流果、士用果、增上果四種。藏地物質生活貧乏，這是以前沒有造相應福德的原因，但藏地的自然環境在當今世界首屈一指，如新鮮的空氣、清澈的甘泉、藍天、白雲等，這也是往昔積累了相應福德的果報。所以，價值觀不同，理解方式就有差異。

分析羨慕世間圓滿的深層原因

有些人之所以對於眼前微薄的財富、地位感到稀奇罕見，原因有三：

一、自己孤陋寡聞、見識短淺。因為沒有見到現實生活中真正富有的人，也不知道古今中外歷史上真正有財富的人。

二、對於現世過於貪著。前幾天我也講了，在20世紀70年代，我家鄉有一輛自行車，一次耍壩子的時候，全鄉的人都去和它合影，好像自己已經有了自行車一樣。當時我們公社還有一輛東風拖拉機，很多人都去和它拍照，感覺就像自己已經開過它。其實，今天的執著就是明天的夢，對現世沒有必要特別執著。

大圓滿前行廣釋（七）附大圓滿前行實修法

三、並沒有一五一十地懂得前面所說無憂樹之果的因果規律，或者只是懂了，卻沒有真正相信。如果對因果深信不疑，即使看到全世界非常有名的領導、明星等富貴之人站在台上，台下有幾百萬人、幾千萬人歡呼，也不會產生羨慕之心。因為自己知道，這是暫時的因緣，只不過這個人依靠方便方法能吸引人注目而已，他死的時候跟普通人一模一樣，要麼火葬、要麼水葬、要麼土葬、要麼天葬，靈魂離開骨肉的身體後，如果沒有善法陪伴，唯有惡業隨身，前途將一片迷茫。這一點，看看很多明星和領導離開世間時的悲慘情景，就會非常清楚。

所以，我們一定要領會華智仁波切這些特別生動的金剛語的意義。

修行人首先應生起無偽的出離心

由於明白了這些道理，很多人常對我說：「您給我加持加持，讓我生起無偽的出離心。」確實，如果我們真正生起了無偽的出離心，對出世間特別嚮往，極端厭惡世間，那麼即使見到現世中那些財富多如龍王、地位高如虛空、威勢屬如霹靂、容貌豔如彩虹而讓人們特別羨慕的人，也一定會認識到這些沒有芝麻皮許恆常性、穩固性的實質，進而必然像膽病患者見到油膩食物一樣，感到噁心、厭煩。

如《正法念處經》云：「色種姓財富，及以諸樂具，一切皆無常，智者不應信。」容貌端嚴、種姓高貴、財富圓滿、身心快樂等世間一切圓滿，都具備不穩固、不可靠等無常特性，所以智者不應該信賴。

前面華智仁波切也引用過他的至尊上師如來芽尊者所說過的話：「我無論看見世間如何高貴、如何權威、如何富裕、如何俊美之人，也不會生起羨慕之心。」因為在他的境界中，就像《百業經》裡面所講的一樣——黃金跟牛糞等同，所以，對世間圓滿沒有一點貪著。

《正法念處經》亦云：「觀金土平等，離愁憂正行，煩惱蛇不齧，彼得無量樂。」真正的智者視金錢和糞土一樣，對世間不會有憂愁，一切都以正知正念而行，世間貪嗔癡等煩惱毒蛇根本不會咬傷他，始終處於特別快樂的狀態中。如果真正生起無偽的出離心，就能做到這樣。儘管我們現在很難做到，但也沒有必要過於貪執世間任何一法，否則特別可憐。

有了出離心的同時，還要不斷積累如夢如幻的資糧。當然，為了今世的受用圓滿，精勤積累資糧，對世間人而言，倒也勉強說得過去，但是沾不上出世間正法的邊。為什麼這樣說呢？因為如果是一位希求解脫果位的真正修行人，就必須像前面三番五次所強調的那樣，做到如丟唾液般拋棄現世的一切貪執，背井離鄉，奔赴異地，唯依靜處，罹患疾病、樂觀對待，遭遇違緣、冷

大圓滿前行廣釋（七）附大圓滿前行實修法

靜處理，死亡臨頭、坦然面對，就像米拉日巴一樣精進修法，因為世間法和出世間法不可能一舉兩得。

此外，若想獲得出世間成就，還需要長期依止善知識，不能待一兩天，什麼東西都沒學到，生起煩惱就離開了。一定要得到善知識的攝受和引導，只有這樣，才能對佛法產生定解，從而活到老修到老。

我們學院有很多高等學校畢業的知識分子，有些還留過學，工作也特別讓人們羨慕，但他們都放下了世間所謂的成功而出家修行。雖然很多人對此不理解，但我認為：如果一個人真正懂得生老病死，以及整個輪迴的過患和痛苦，他就會儘早選擇修行的道路，這是千真萬確、一點都不可惜的。當然，特別貪著世間法，不信因果、前世後世的人不認同，我們也非常理解他們。

修行人應勵力將法融入心，不用擔心衣食資具

一位弟子曾問無等塔波仁波切：「在如今的末法時代，對於一個修持正法的行人來說，很難得到衣食資具。如果沒有錢財，太窮的話，生活就很困難，那我們是修財神法，還是修學攝生術⑩，或者乾脆挨餓走向必然的死亡？到底怎樣做才好呢？」

以前有《父子問答錄》、《弟子問答錄》等很多問

---

⑩藏地確實有這種修法，亦名金丹術。在八幾年的時候，丹巴那邊有一些出家人修持伏藏大師大樂洲的金丹術，可以半個月、一個月不吃飯。

答錄。現在世間人也有很多疑惑，所以在與知識界、政界等人士交往時，我都主動讓他們提出問題，雖然我不一定回答得好，但也有互動的機會。在座的道友，以後無論是在弘揚佛法的時候，還是在日常生活中，還是要盡量與人交往。對我們來講特別簡單的一句話，或特別簡單的一個道理，也許可以解開別人長時困擾內心的疑團。

仁波切告訴他說：「即使修財神法，但如果沒有往昔的布施果報，也很難達到目的，而且內心想如理如法修行的人，為了今生利益去修財神法也是矛盾的（現在很多修行人都特別喜歡財神法。聽說有人傳財神法的目的，就是為了吸引更多的人，多收一點供養。既然能傳財神法，肯定有修法的驗相，那為什麼還要依靠這種方式來獲得錢財呢？有時候我會這樣給他們開玩笑）；攝生術也是同樣，在繁榮興旺的古代，土石水木等營養充足的當時倒是容易修成，而在營養已經殆盡的現代，修攝生術也不可能獲利；走向必然的死亡也不合情理，像如今這樣的暇滿人身將來難以復得，可是如果內心深處真正生起一種『死與不死都無所謂，我決定修行』的觀念，那麼永遠也不會缺衣少食，因為從來沒有出現過修行者被餓死的先例。世尊也曾說，縱然發生一藏升珍珠兌換一藏升麵粉的飢荒，佛陀的追隨者也不會缺衣乏食。」

大圓滿前行廣釋（七）附大圓滿前行實修法

的確，古往今來的修行人，都不會缺衣少食。比如，一個有幾千人的大道場，修行人並沒有為了生活天天都掙錢，但依靠上師三寶的加持，不知不覺會生活資具樣樣齊全。即使表面看來生活過得很清苦，也樂在其中。《大智度論》云：「出家之人，今世雖苦，後世受福得道；在家之人，今世雖樂，後世受苦。」表面看來出家人今世很苦，但後世卻會感受樂的果報；而在家人今生雖然應有盡有，但造善業比較少的原因，後世卻會感受很多痛苦。

當然，出家人在顯現上雖會有一些苦行，但實際上絕對不會遇到特別大的痛苦，或者餓死。也就是說，只要修行造福德，就不會趣入特別糟糕的境地。

所以，真正有智慧的人都願意行持善法，不願意為了生活造惡業。《陀羅尼集經》中云：「寧可貧賤修諸善法，不處富貴而行惡業。」寧可身處貧賤而行持善法，不願身處富貴而造惡業，因為這對生生世世都有利益。

有些人會想：「雖然造惡業，但只要賺到錢就可以。」其實我是不贊同的，作為修行人，哪怕短暫的今生過得差一點，也千萬不能造惡業，這是基本的原則。

強調一切善法必須以菩提心攝持

我們積資淨障，都是為了饒益遍虛空界的一切眾

生。不要說成辦自己現世的利益，即便是為了自利而希求圓滿佛果，也根本不屬於大乘之道。因此，作為大乘佛子，一定要有利益眾生的心，這一點千萬不能忘記。

現在很多人自私自利的心特別重，一直想自己往生，根本不把利益眾生當作一件重要的事。為什麼我們在精進修行佛法的開頭、中間、結尾，都要強調利益眾生呢？就是因為這是大乘佛教的根本，如果這個根本的東西捨棄了，那大乘法的本質就失去了。

雖然剛開始我們不一定有無偽的菩提心，但只要再三觀修，慢慢就可生起來，因為這畢竟是有為法。或者說，雖然剛開始不一定很習慣，但只要再三訓練，慢慢就會成為自然。很多道友剛來學院時，自私自利心都特別重，但後來不管是發心還是做什麼，好多行為都能看出，這個人只要對眾生有利，就願意付出一切。其實，這就是大乘的發心。

所以，無論是積累資糧還是淨除罪障，都必須為一切眾生的利益著想，絕不能摻雜自私自利之心，這一點至關重要。當然，凡夫人一點都不摻雜也不可能，但務必要盡量制止。倘若如此修行，那麼自己的利益以及今生的幸福安樂等，不求也會自然而然獲得，如同點火的時候炊煙自然產生，播種青稞禾秸自然長出一樣。

總之，我們務必要拋棄如毒藥般追求現世自利、自己解脫的這種心，精勤利益眾生，不斷發心為眾生做事

大圓滿前行廣釋（七）附大圓滿前行實修法

情。這樣，自己的修行自然而然就會成辦，很多功德都會生起來。

這幾年我一直在盡己所能地弘揚佛法，學院裡也有很多有水平的人，在技術等方面發心。雖然有人認為他們很可惜，但我並不這樣認為，因為他們在發心過程中，憑自己的智慧直接或間接就能利益很多眾生，所以並不耽誤，我也沒有害他們。

在其他部門發心也是一樣。但不管你在哪個部門，大家一定要記住，都要以三殊勝攝持。比如今天我在醫院發心，剛開始要為眾生發菩提心，中間要以正知正念攝持，下班時還要把今天所做的一切善根，迴向給天邊無盡的眾生。如果沒有這樣的心態，即使天天聞思修行，天天發心做事，天天坐在法座上誇誇其談地講法，連小乘的善根也不一定有。《前行備忘錄》裡面也講：「發心非要，生心乃關要。」如果有真正的大乘心，哪怕天天在一個沒有佛法的地方掃廁所，實際上這也是真正菩薩的行為！

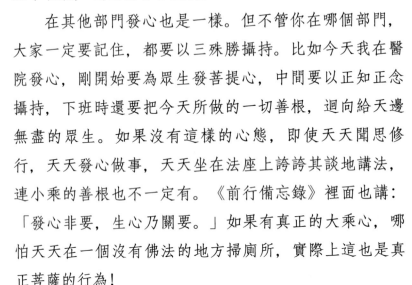

第一百二十四節課

不共加行的「積累資糧」中，前面已經講了供曼茶羅，現在講古薩里。

丁二（古薩里）分三：一、古薩里之義；二、施身修法；三、斷法之含義。

戊一、古薩里之義：

修持古薩里的修法，是為了在很快的時間中斷除四魔、圓滿資糧。

認清四魔

以顯宗觀點宣說

所謂四魔，在《大方等大集經》[109]等顯宗經典中，指蘊魔、煩惱魔、死魔、天子魔。

蘊魔（或陰魔）：指色受想行識五蘊，因為眾生接受它後會產生執著，所以叫魔。第一色蘊，四大及四大所生的眼根等一切色法，都是痛苦的來源、基礎、依處，所以是魔；第二受蘊，不管是樂受還是苦受等，產生受以後，就不可能獲得自在，所以是魔；第三想蘊，無論是大的分別念還是小的分別念，所有想都會帶來執

---

[109]《大方等大集經》云：「有四種魔：一者陰魔，二者煩惱魔，三者死魔，四者天魔。」

大圓滿前行廣釋（七）附大圓滿前行實修法

著，所以是魔；第四行蘊，因為緣好產生貪執、緣不好產生嗔恨等心相應不相應法，所以是魔；第五識蘊，六識所帶來的一切相狀、感受、分別，能給眾生帶來痛苦，所以是魔。

煩惱魔：包括三毒、五毒在內的八萬四千煩惱。

死魔：從粗大的角度來講，眾生的相續最後滅盡時，都有極大的痛苦；從細微的角度來講，萬事萬物都是剎那無常變化的，都是痛苦的本性，因此叫死亡魔。

天子魔（或天魔）：對解脫和遍知果位製造障礙的魔王。一般來講，魔王波旬⑩看見有人希求解脫和遍知果位，就心生不悅，經常對眾生放射貪嗔癡慢疑五種毒箭，讓眾生相續中產生貪心、嗔心、癡心等煩惱。

總之，所謂魔，能奪走眾生的解脫慧命，毀壞道法、功德。如《大智度論》云：「奪慧命、壞道法功德善本，是故名為魔。」

以密宗觀點宣說

在密宗當中，四魔指有礙魔、無礙魔、歡喜魔、傲慢魔。

有礙魔：指在修行過程中出現的地水火風四大災難，和生老病死苦，以及在五根前顯現的各種障礙解脫之法。

無礙魔：指心裡產生的貪嗔癡等各種煩惱，它們雖然

沒有一個真實的形體，卻能在無積累資糧形中障礙道法。

歡喜魔：指在修行過程中，心裡覺得自己的修行最好，因為經常能跟本尊一起說話；自己的上師最好，因為上師天天都加持我；以及認為自己是世界上最美的人，自己穿的衣服最好，自己吃的東西最香，自己的禪房最殊勝……凡是緣修行驗相產生歡喜心、執著心，就叫歡喜魔。真正通達一切平等的修行人，對這些都不會執著。比如，夢中出現各種各樣的境界，也不會特別歡喜；有時出現許多不好的現象，也不會特別垂頭喪氣。

一般來講，不管是修密法還是顯宗法，在出現境界時，都要在自然狀態中平然安住，這樣，很多戲論和障礙自然而然消於法界。對一位經驗豐富的修行人來說，這是他的基本行為。如果修行人在修行過程中經常患得患失，處於希（希求、希望）、憂（憂愁、擔憂）當中，比如我心情特別好，事情特別順利，經常做好夢，就覺得「修行快成功了！三寶的加持真不可思議，我特別感激上師老人家，佛陀、蓮花生大士多麼慈悲啊！世界上哪有這麼好的，我一定要永遠學下去」；而在一點點小事上碰壁後，就特別傷心：「怎麼三寶沒有加持？上師怎麼不管我？」這些都是修行不穩固的標誌。

傲慢魔：指自認為我和我所存在，也就是我執。這個特別堅固的我執，一直在背後對修行、解脫製造種種違緣，只有將它斷除後，才能真正修持而獲得圓滿解脫。

大圓滿前行廣釋（七）附大圓滿前行實修法

古薩里與曼荼羅合修，能很快圓滿資糧

通過以上介紹，相信大家都認識到了四魔的危害性，也想通過修斷法古薩里來斷除。

我記得在《前行備忘錄》裡面，阿瓊堪布將曼荼羅和斷法結合起來修持，在每晚的夢境中都能見到充滿新舊屍體與各種飛禽猛獸的大尸陀林，而且他還能按照斷法捨施身體。

後來他將這些夢境告訴了上師，上師問：「到這樣的尸陀林，金剛手菩薩也會害怕，難道你不害怕？」阿瓊堪布說：「沒有什麼害怕的，因為所謂的『我』或心性就像虛空一樣。」上師開玩笑地說：「不要說大話了，難道你比金剛手菩薩還厲害？」並給他講了一些教言。所以，古薩里跟曼荼羅結合起來修持，非常有必要。

第一百二十四節課

其實，這裡所說的積累古薩里資糧捨施身體的略修法，在《大圓滿心性休息》和《三處三善引導文》中，無垢光尊者是把它和上師瑜伽結合在一起講的，所以作為上師瑜伽的支分也不矛盾。而且，修上師瑜伽的目的就是為了斷除我執，而供施自己的身體，確實是斷除我執的殊勝方便方法，因此一點都不相違。但在這裡，按照華智仁波切的上師如來芽尊者的言教傳統，加在曼荼羅的後面講。

其實，從智悲光尊者到堪布阿瓊之間，都將古薩里和曼荼羅放在一起修，因為智悲光尊者在《功德藏》等

教言中，一直這樣要求。那為什麼要這樣要求呢？一方面，以自私自利心供養曼茶羅，積累資糧不一定非常成功。另一方面，在修曼茶羅時，要觀想將包括四大部洲、須彌山以及我和我所（如身體、受用、善根等）在內的所有世間圓滿供養上師三寶，並將所修功德迴向給一切眾生，而觀想自己的身體變成甘露上供上師三寶、下施六道眾生，也正符合這個要求。所以，兩者結合起來修行會非常圓滿、非常成功！

何為古薩里

所謂的古薩里，是乞丐的意思⑪，比如居於深山捨棄今生的瑜伽行者等，得不到用來積累資糧的其他受用，而依靠觀想來供施自己的身體，是這樣一種修法。

實際上，人們辛辛苦苦、勤勤懇懇所積累珍惜的一切其他物質，也無非是為了維護、保養自己的這個身體，為此每個眾生必然珍愛自己的身體勝過其他一切受用。很多人都說，我對某某東西特別執著，但是和他對身體的執著比較起來也不算什麼，相信大家都有這種感受。所以，如果真正能供養身體，其他就沒有什麼捨不得的，也就是說，只要對身體不執著，就不會執著房子、轎車、耳環、手鐲、項鏈等身外之物。

---

⑪喬美仁波切在《山法集》裡講：「所謂古薩里，除三想（吃飯、解大小便、睡覺）外無其他世間俗事，唯一心修禪定者。」

大圓滿前行廣釋（七）附大圓滿前行實修法

因此，為了斷除對自己身體的愛執而進行供施身體，與供施其他物質相比較，顯然功德更大、利益更巨。如頌云：「供施馬象成百倍，供施妻兒成千倍，供施身體十萬倍。」意思是，上供下施大象、駿馬（當今時代，可能包括車輛在內）的功德是供施一般財物的百倍，供施自己的妻子、兒女的功德是供施一般財物的千倍，供施自己的身體的功德是供施一般財物的十萬倍。

可能有人會問：「不是獲得聖地時才能供施自己的身體嗎？凡夫人怎麼能供施呢？」

雖然在《入行論》、《山法集》等論典中說：在沒有成為一地菩薩之前，不能將自己的身體一塊一塊地割下來布施給眾生，因為這是一地菩薩以上聖者的境界——如釋迦牟尼佛在因地時，以自己的身體餵養老虎等；但觀想是開許的，而且同樣得到布施身體的功德。因此，我們不要以自己是凡夫人為藉口，而不修古薩里法。因為這是前輩大德特別開許的，也要求在沒有登地時串習。

為什麼這樣要求呢？因為，凡夫人對自身的貪著特別強烈，在生病等時，就會特別擔心：「是不是著魔了？會不會有魔障？」甚至還會在嗔恨心的驅使下，對魔眾修誅法，以鏟除而後快。其實，這是很不如法的。在這樣的時候，我們應修斷法，即以信心和菩提心攝持，將如夢如幻的身體，供施給如夢如幻的佛陀和眾生，以圓滿資糧、淨除罪障。這樣魔眾也會離開，自己

身體的疾病也會好，因為緣起規律如是之故，當然極個別前世所造的定業除外。

現在漢地文化特別複雜，可能有人看到這個修法後，會把它當作氣功裡面的簡單修法來對待。其實，這是一個大錯誤，因為這是金剛語。雖然表面上看起來兩個產品是一樣的，但一個是偽品、一個是真品，所以大家一定要以慧眼進行取捨。否則，若把它當作某某雜誌上介紹的治病法，那就沒有懂得它的真正含義和價值。

藏地斷法的創始者瑪吉拉准空行母這樣說過：「無貪施身體，未知為二資，珍愛蘊身體，佛母前懺悔。」她說：我以前因為種種原因，沒有懂得無有貪執地布施自己的身體，實際上是積累資糧的最殊勝竅訣，而一直珍愛、貪著自己五蘊組合的身體，這是修行過程中的一大錯誤，如今我在般若佛母前，以最了義的三輪體空的方式進行懺悔。

以前我們也不知道積累資糧最殊勝的方法是捨身，從今以後一定要布施身體。如果捨不得就得不到，捨了才能得。其實，斷法派以《般若經》為宗，所以顯宗裡也有特別殊勝的竅訣。

戊二、施身修法：

普勸重視施身法

修捨施法非常重要！記得上師如意寶住世時，每次

大圓滿前行廣釋（七）附大圓滿前行實修法

學院裡面蔓延疾病，老人家都會要求大家共同念捨施法，修古薩里；外出路上出現一些不吉祥的相兆，也會馬上修斷法。而上師的弟子，不管是漢族還是藏族，也無論是過去還是現在，很多人都對斷法特別重視。

作為凡夫人，在修行過程中肯定會遇到各種違緣，我希望大家在感覺中出現「是不是鬼神或非人在對我作障礙」，以及在身體不太好時，或在大仙和鬼神比較多的地方，一定要修這樣的護身法。當然，也可直接安住於空性當中。這種護身法跟其他護身法不同，其他是保護自己、驅逐鬼神，這個法門是布施自己最珍貴的身體，迎請鬼神前來享用。所以，若能如法修行這裡所講的斷法，對自他都是特別殊勝的因緣。

可能有人很害怕，擔心自己會被吃掉，自己馬上會死等。實際上並不會這樣，因為很多修行人通過這種方式，都得到了極大的利益。其實這和做人一樣，若拼命維護自己，整天跟人吵架，更加沒有安全感；若自己無所謂，隨順別人，為別人服務，反而不會有困難、違緣。

真假斷法與天葬

現在有些漢族喇嘛、覺姆，經常跑到尸陀林去拿天靈蓋（或托巴），其實這是不能隨便拿的。若沒有竅訣，光是拿人頭骨當碗用也不一定有用。包括對尸陀林，可能以後要專門講一下。前段時間我在香港中文大學，當

時有一位南京的博士講「西藏的天葬」，有些內容也不是很適合，比如使用天靈蓋，用人骨吹號，用人皮修斷法等。其實，阿瓊堪布在《前行備忘錄》裡面講過，所謂的瑜伽斷法者，並不是留長頭髮、吹人腿骨的人，而應從內心斷除我執。

當然，天葬對環保很有好處。不然，若像甘孜縣旁邊的尸陀林，人死了放在河邊，瑜伽士把身上的肉一塊一塊地砍下來，骨頭一塊一塊地砸碎扔在河裡，下游的人也不知是什麼感覺。還有，若像漢地大城市一樣火化，每天都濃煙滾滾，也污染空氣，而且直接間接都入於人的口和鼻腔——這和鷹鷲吃肉也沒有多大差別，只不過換了一種方式罷了。而天葬，鷹鷲吃完後就飛走了，除了衣服以外，什麼都沒留下。確實，對環保有好處。

如果真正懂得天葬，就可以通過這種方式積累很多資糧。在藏地，很多人都願意天葬，很多都在遺囑中要求。在西方有些國家，人的頭蓋骨都堆成山。如果我們學院的天葬台也這樣，十年後肯定會堆積如山。若在上面寫上名字，到時轉一轉也能觀無常。

真實觀修施身法

至於修行的方法，我基本上給大家念一下，這沒有什麼不懂的，除了這些金剛語以外，也不能增加自己的分別念。《觀經》亦云：「作是觀者，名為正觀；若他

大圓滿前行廣釋（七）附大圓滿前行實修法

觀者，名為邪觀。」因此，按照下文所講的那樣去觀修就可以了。

如果自己具有嫻熟的觀想能力，就可以首先觀想自己的神識騰空而起，一剎那間變成忿怒佛母。倘若不具備這種能力，就在自己心間將自己心識的本體觀想為瑪吉黑怒母，她作起舞的站式，右手揮動彎刀於空中，左手持充滿血的托巴於胸前，右耳旁有一個黑色豬面發出叫聲，總之她具足所有忿怒裝束。

當口誦「啪的」時，觀想自己的神識經過中脈道從梵淨穴完全出來後，自己的身體當下變成一具屍體，而猛然栽倒在地。這具屍體並不是現在身體的這副模樣，而是極為龐大、又肥又壯、滑膩潤澤的形象，大小等同於三千大千世界，觀成這樣一個屍首。

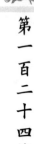

接著將自己（指神識）觀想為瑪吉黑怒母，右手用彎刀向自己那具屍體的白毫間一指，結果它的天靈蓋即刻斷掉。那個托巴也不像現在這樣，它的大小也等同於三千大千世界。再觀想忿怒母左手拿起那個托巴，放在大如須彌山的三個人頭支起的灶上，額頭朝向自己；右手又用彎刀挑起屍體放在托巴裡。之後在托巴上方的虛空中，觀想一個甘露自性的白色倒立「杭(ꍹ)」字，托巴下方觀想一個烈火自性的紅色「短啊(ᕠ)」，在念誦「嗡啊吽……」的同時，觀想從「短啊(ᕠ)」中燃起熊熊烈火溫暖了托巴內的屍體，使它溶解成甘露自性而沸沸騰

金剛忿怒母

401

騰，盈盈充滿整個托巴，使得一切骯髒污穢的不淨物變成水泡、浮膜的形態而向外溢出。氣體接觸「杭(ᰀ)」字，結果「杭(ᰀ)」字也變熱，源源不斷降下的紅、白甘露混為一體，最後「杭」字完全化為光，與托巴內的甘露融為一體。

接著我從字面上簡單介紹下面的頌文，這些頌文非常重要，《喇榮課誦集》裡面有。其觀修方法前面已經講了，下面一邊如上觀想，一邊念誦下文的頌詞：

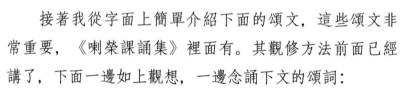

帕的 離 吉 怎 窩 韋 拉 德 炯

帕的　捨棄愛身執著毀天魔

（捨棄耽愛身體的執著，就是摧毀天魔。）

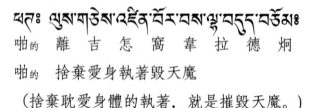

思 倉 波 夠 內 揚 拉 吞

心識由梵穴出於空中

（觀想自己的心識從梵淨穴出去，入於虛空當中。）

徹 達 格 德 炯 杵 瑪 傑

成忿怒母摧毀死主魔

（人們特別害怕死亡，但自己的心識變成忿怒母後，就沒有死亡了，即成為忿怒母後，就摧毀了死主

魔。）

གཡས་ནོན་མོངས་བདུད་བཚོམ་གྱི་གུག་གིས༔

意 拗 蒙 德 炯 哲 哥 給

右持彎刀摧毀煩惱魔

（忿怒母右持彎刀，表示摧毀煩惱魔。）

གཟུགས་ཕུང་པོའི་བདུད་བཚོམ་ཐོད་པ་ཁྲེག༔

則 碰 布 德 炯 托 巴 追

斬斷托巴摧毀色蘊魔

（忿怒母右手用彎刀向屍體白毫間一指，天靈蓋即刻斷掉，表示摧毀色蘊為主的蘊魔。）

གཡོན་ལས་ཕྲིན་ཆུལ་གྱིས་ཧྲཱུྃ་པོགས༔

雲 雷 些 策吉班達 透

左手以事業印持托巴

སྐུ་གསུམ་གྱི་མི་མགོའི་སྐྱེད་པུར་བཞག༔

格 色戒莫 故 吉 波 壓

置於三身人頭之灶上

（再觀想忿怒母左手拿起那個托巴，放在大如須彌山的三個人頭支起的灶上，額頭朝向自己。）

ནང་སྲིད་གསུམ་གང་བའི་བམ་རོ་དེ༔

囊 冬 色 剛衛 瓦肉得

彼中屍身充滿三千大界

（右手又用彎刀挑起屍體放在托巴裡，屍身有三千大千世界那麼大。）

403

大圓滿前行廣釋（七）附大圓滿前行實修法

ཨ་ཐུང་དང་ནི་ཡིག་གིས་བདུད་རྩིར་བརྟུ༔

阿通　當杭耶　給　德　則　耶

短啊杭字所融成甘露

（念「嗡啊吽……」，同時觀想「短啊(Λ)」燃火將屍體熔化成甘露，氣體接觸上方虛空中的「杭(ཧཱྃ)」字後，「杭(ཧཱྃ)」字源源不斷降下紅白甘露，最後「杭(ཧཱྃ)」也化光與托巴內的甘露融為一體。）

འབྲུ་གསུམ་གྱི་ནུས་པས་སྦྱངས་སྤེལ་བསྒྱུར༔

哲　色　戒　內　貝央　貝　傑

以嗡啊吽咒力淨增轉

（自己念誦「嗡啊吽……」時，觀想以「嗡(ༀ)」字淨除色香味等一切過患，以「啊(ཨཱ)」字讓甘露增多，以「吽(ཧཱྃ)」字轉變成一切所求的事物。也就是成為散布一切所願之雲的無漏智慧甘露的遊舞與自性。）

上供素齋

接著在自己前面的虛空中，觀想有一個柔軟舒適的寶座，上面安坐著大恩根本上師，上師的上方是根本傳承上師，中間是本尊聖眾。

再觀想在托巴口對面的虛空中，有吉祥怙主七十五尊等智慧護法神，和業力所成的護法神，以及地方神、土地神等。在他們下方的大地上，八萬種魔眾、十五種

小兒惡鬼等魔眾為主客的三界六道一切眾生，就像日光下的塵埃一樣匯集。

接著觀想：上方所有的根本傳承上師、佛菩薩，均用具有金剛管的舌頭吸引甘露的精華來享用（這是諸佛菩薩的特殊享用方法，在《聞解脫》和一些本尊修法裡面有），以此使自己圓滿了資糧，淨除了罪障，所失毀的誓言也得以清淨，獲得了共同殊勝成就。

隨後再觀想中間的四續部、六續部本尊等所有尊眾，以各自特有標幟，也就是具有空心的金剛、法輪、珍寶、蓮花、金剛十字架等舌頭，吸引甘露之精華來享用，以此使自己圓滿了資糧，淨除了罪障，所失毀的誓言也得以清淨，獲得了共同殊勝成就。

又觀想空行勇士護法吉祥怙主七十五尊等，以具有日光空管的舌頭吸入甘露精華而享用，以此使自己圓滿了資糧，清淨了業障，遣除了一切修持菩提勝法的違緣障礙，增上了一切順緣所欲的善妙資糧。

這就是上供素齋。

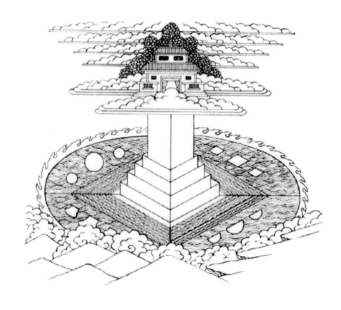

第一百二十五節課

今天，「積累資糧」的內容，就全部講完了。

下施素齋

如果具有嫻熟的觀想能力，就將自己觀想成瑪吉黑怒母，從心間化出白、藍、黃、紅、綠五色事業空行母，成百上千、不可勝數，好似日光照射下彌漫的微塵一般，她們將智慧顱器中裝滿的無漏精華甘露，施給三界六道的每一個眾生，使他們心滿意足。

如果不具備這樣純熟的觀想能力，就將自己觀成忿怒母，左手將托巴中熬好的甘露灑給三界六道一切眾生，普降甘露雨，使所有眾生痛快暢飲之後心滿意足。

這就是下施素齋。

上供花齋

接下來觀想從沸騰的甘露蒸氣中，散發出沐足水、鮮花、熏香、酥油燈、香水、神饈、樂器、八吉祥徽、輪王七寶、幡傘、寶幢、華蓋、千輻金輪、右旋海螺等不可思議的供雲，將這一切的一切均敬獻上供對境，以此圓滿自他一切眾生的資糧，清淨無始以來所造的一切業障。（現在很多人特別喜歡做一些不好的動畫，不如做這樣的供雲，不但沒有過失，還有非常大的功德。）

這是上供花齋。

大圓滿前行廣釋（七）附大圓滿前行實修法

下施花齋

再觀想從中如雨般降下六道所有眾生各自所需求的一切資具，如房子、金錢，以及巧克力、健力寶、紅牛等，使他們全部歡欣喜悅、稱心如意。

尤其是自己從無始以來到現在，必定以各種身分欠下了許許多多債，比如因殺生而短命的債、因奪財而貧窮的債、因毆打而多病的債，上者救護自己的債、下者恭敬自己的債（上師等位居上位者當小心）、中者友愛自己的債（世間人感情出問題時往往會說：我這一輩子對得起你，只不過上輩子欠你的；有些人則欠別人的人情），高官之時多住房屋的債、卑微之時租借田地的債，欠親友近鄰的債、欠子孫牲畜的債，享用他人飲食的債（前世今生享用別人很多飯食還沒有還，今生要通過觀修斷法的方式來還）、穿著衣服所欠的債（如天天穿別人的衣服，自己的衣服一直鎖在箱子裡，以前我們學校就有這樣的），債債相聯盤根錯節的債、擠取動物乳汁的債、役使牛馬等馱運的債、開墾荒地所欠的債、消費使用財物的債等宿債。

此時此刻，觀想一切男女冤家債主手拿容器前來討壽、討命、討骨、討肉等，猶如債主索債般蜂擁而集，他們各自所求的都不相同，不管他們求什麼，都滿足他們的願望，求食施食，求衣施衣，求財施財，求樂園施樂園，求乘騎施乘騎，求住房施住房，求親友施親友，如雨般降下取之不盡、用之不竭的寶藏，從而了結了宿

緣、償清了宿債、化解了宿怨、清淨了罪障，那些冤家債主也全部心滿意足，皆大歡喜。（當然，在現實生活中，也不能借別人很多錢，念一個斷法就了結了。否則別人找你還時，你說我早就已經還了，也是不行的。）

再者，對於那些語言無力、勢力薄弱，以及跛、盲、聾、啞等為苦所迫的所有六道的可憐眾生，給他們各自所求的事物——無依無怙者面前作為他們的依怙，無有友軍者面前作為他們的友軍，無有親朋者面前作為他們的親朋，無近鄰者面前作為他們的近鄰等；賜予病者康復的靈丹妙藥，賜予亡者起死回生的甘露，賜予跛者神足，賜予盲人智慧眼，賜予聾人無漏耳，賜予啞人智慧舌等。他們受用後心滿意足，遠離了六道各自的一切業感、痛苦、習氣。（通過我們的觀想，也不一定這個世界馬上變得清淨。但這樣觀修，確實能積累資糧，也能遣除各種邪魔外道對我們所造的障礙，以及輪迴中的各種痛苦和習氣。）

最後，所有男眾均獲得聖者觀世音的果位⑫，所有女眾均獲得聖者度母的果位，從而徹底根除了三界輪迴。這是下施花齋。

直到觀想得一清二楚為止，期間一直盡力念誦：

ༀ་ཨཿ་ཧཱུྃ
嗡啊吽

---

⑫在藏傳佛教中，觀世音菩薩顯現為男性。

再接著念下文（《喇榮課誦集》裡也有，大家應經常念誦）：

ཕཎ༔ ཡར་མཆོད་ཡུལ་མགྲོན་གྱི་ཐུགས་དམ་བསྐང་༔

啪的　牙求　耶　諄戒　特　大　剛

啪的　上供滿足對境貴客意

ཚོགས་རྫོགས་ནས་མཆོག་ཐུན་དངོས་གྲུབ་ཐོབ༔

湊奏內秋吞慪哲透

圓滿資糧獲勝共悉地

（以上供素齋和花齋，滿足上師三寶、諸佛菩薩、空行護法等貴客的心意，從而圓滿資糧，獲得殊勝和共同的悉地。）

མར་འཁོར་བའི་མགྲོན་མཉེས་ལན་ཆགས་བྱང་༔

瑪　扣　衛　諄　妮　藍　恰香

下施令眾歡喜清宿債

བྱད་པར་དུ་གནོད་བྱེད་བགེགས་རིགས་ཚིམ༔

恰巴　德耨　謝給　熱　側

尤令作害魔種悉飽足

（以下施素齋和花齋，令六道輪迴的一切眾生歡喜，尤其令作害自己的魔眾悉皆飽足，從而清淨宿債。）

ནད་གདོན་དང་བར་ཆད་དབྱིངས་སུ་ཞི༔

那　敦　當　瓦恰　揚　色耶

息滅病魔障礙消法界

རྐྱེན་ངན་དང་བདག་འཛིན་རྡུལ་དུ་བརླག༔

晉　安　當　達　怎　德的　拉

410

摧毀一切惡緣及我執

（通過上供下施，息滅病魔，讓障礙消於法界，摧毀一切惡緣和我執。）

མཐར་མཆོད་བྱ་དང་མཆོད་ཡུལ་མ་ལུས་ཀུནঃ

塔　秋　夏當　秋　耶瑪利　根

一切能供所供及供境

གཉིས་རྟོགས་པ་ཆེན་པོར་མ་བཅོས་ཨূঃ

悉　奏　巴　欽波　瑪救　阿

本性無改大圓滿中啊

念誦完畢後，不緣一切能供（或能施）、所供（或所施）及供境（或施境），在三輪體空或無有改造、無有勤作的大圓滿本性——法界唯一明點中安住（在念完三次「啊」後安住）。出定後按平時威儀而行。

遵循傳承，觀修素齋和花齋

在所有斷法論典中，本來宣說了素、葷、花、黑四齋[113]，但這裡只是列舉了素齋及花齋，而沒有提及葷齋與黑齋，因為遵循如來芽尊者的言教之故。雖然在第一世敦珠法王和大樂洲等伏藏師所著的斷法論典裡，有葷齋與黑齋的修法，但我們平時修的時候，也只修前面兩個，上師如意寶的傳承也是這樣。

---

[113]一般來講，上午素齋，中午花齋，下午葷齋和黑齋。

下面簡單介紹一下葷齋與黑齋：所謂葷齋，分上供葷齋、下施葷齋兩種，但上供下施的都是肉食，因為有些聖尊和眾生喜歡肉食，所以這樣觀修；而黑齋，只是對病魔、怨敵、妖魔鬼怪作布施的一種觀修方法。

堅決遠離邪斷法

當今時代，有些自詡為斷法者的人認為，所謂的斷法，就是通過殘殺、砍剁、毆打、驅逐等手段，徹底消滅那些凶神惡煞的一種粗暴事業。所以他們覺得，必須要像閻羅獄卒一樣威風凜凜、盛氣凌人，才能讓作害病人等的病魔、鬼神等膽戰心驚、逃之夭夭。因此，他們披頭散髮，持著大大的手鼓，吹著長長的人骨號，擺出一副氣勢洶洶、怒不可遏的姿態，始終都是怒氣沖沖、殺氣騰騰，看起來特別凶殘、恐怖。

在對病人等實施斷法的過程中，他們在嗔恨心驅使下，一邊念著「啪的」，一邊做出各種特別凶惡的暴力行為——瞪著碗大的雙眼怒目而視，咬牙切齒，同時握緊雙拳、連捶帶打，甚至將病人身上穿的衣服也撕得破破爛爛。他們自以為這樣便可以降伏鬼神，孰不知這種做法實在是大錯特錯。

瑪吉拉准空行母也說：「對於從無始時以來，以惡業為因，被惡緣之風所吹，接連不斷處在迷亂顯現之中不斷感受痛苦，死後也將立即墮入地獄、餓鬼、旁生三

惡趣深淵的那些凶猛殘暴的可憐鬼神，我是以大悲的鐵鉤勾召它們，以自己的溫熱血肉布施它們，以慈悲菩提心轉化它們的心，並將它們攝受為自己的眷屬。可是未來那些『偉大斷法者』卻認為，斷法就是殘殺、驅逐、毆打我以大悲鐵鉤勾召的凶神惡煞，這完全是邪斷法，也是魔教興盛的標誌。」

她還預言將來會出現九種黑斷法等邪斷法，因為這些斷法都是離開慈悲菩提心，而通過殘暴行為降伏鬼神的邪法。這種做法雖然可以降伏一兩個勢單力薄的鬼魔，但如果遇到一些凶猛殘暴的鬼神，反而會賠上自己的性命，這一點依靠我們日常生活中親眼目睹的許多實例也足可以證明。

確實，有些自認為很厲害的斷法者，一點修證也沒有，甚至連慈悲菩提心都不具足，但他卻敢以嗔恨心對作害病人等的鬼神進行降伏。有些人膽子特別大，獨自一人前往屍陀林等特別凶險的地方，修斷法降伏所有鬼神。這不但救不了別人，過兩天自己也發瘋、生病而死。

因此，大家一定要有取捨的智慧。尤其是橫死的人，如果自己沒有穩固的定解和一定的修行能力，盡量少接觸。若要接觸，也要依靠上師的加持和儀軌，因為橫死一般都有鬼神從中作祟。

當我們出現生病、做噩夢等違緣時，也千萬不要對

作害自己的鬼神等生嗔恨心，更不要依靠各種降伏儀軌，以撒黑芝麻、念降伏咒等來降伏。學院的道友依靠上師如意寶等聖者的加持，應該不會有這種現象，但一些不懂佛法的地方卻經常出現，此舉不但傷害眾生，也害了自己。

如果我們相信因果，就會了知非人的干擾並非無緣無故，有些因前世各種各樣的惡緣，有些因即生當中一些暫時的因緣，但它們都非常可憐！

我雖然修得不好，但依靠這些法本的加持，在對待病魔等魔障方面，從來沒有想過去降伏它們，盡量修斷法布施自己的身體，效果卻非常好！雖然自己會有自私自利心，但也沒有必要把關係「弄僵」了，否則以後更不好說。再加上作害自己的鬼神等，無始生死以來都當過我們的親屬，因此一定要以慈悲菩提心來對待，否則就不是大乘佛子。

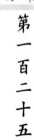

特別是對修行正法的人來說，很難以了知他們所得到的降魔、祛病的加持等能力，是真正的道相功德，還是鬼魔附體的魔障，因為大多數鬼使神差、走火入魔、鬼神附體的人，表面上也具有神通、神變、威力、加持等。所以很多人的心都被他們轉變，人們也認為他們很有能力、很能幹，如漢地個別氣功師和藏地個別邪師。

但從長遠來看，他們的言行舉止肯定與正法越來越相違，對上師三寶的信心、對眾生的慈悲心等越來越

弱。肆無忌憚地享用信財、欺騙他人等，到了最後，邪法的相會全部顯露出來，甚至連芝麻許的善心也蕩然無存，結果自己得到的，就是背著重如須彌山的信財異熟債。而且得到的蠅頭小利，對今生也起不到什麼作用，到頭來連維生的衣食也無處尋得，或者即使得到也捨不得吃、捨不得穿，以致凍死餓死。正如前面所說，這些人死後也一定會轉生到孤獨地獄等惡趣當中，如藏地的黑馬喇嘛等一樣，感受難忍的苦果。

因此，我非常希望大家，無論是居士還是出家人，千萬不要打著佛教的旗號來欺騙信眾，也不能用佛教來進行詐騙。

現在很多不信佛教的人，常打著佛教的旗號，裝作修行人，給別人宣說各種各樣的邪法，這是害人害己的可怕行為，大家一定要警惕！當然，就像糞土不可能改變黃金的質地一樣，佛法的真理永遠也不會被邪說改變，如果人們長期堅持聞思修行真正的佛法，騙子的市場就會越來越小，以至於消失。

總之，我們活在這個世間上，千萬不要邪命養活，否則，今生來世都會感受痛苦

戊三、斷法之含義：

認清所斷之魔

斷法所要降伏的妖魔鬼怪，其實並不在外界，而在

內心，也即並非外在特別可怕、有頭有尾的凶惡鬼神，而是內心的我執。實際上，這才是最嚴重、最可怕的魔鬼——斷法的所斷對境。

外境錯覺顯現為鬼神的形象，乃至讓我們感受痛苦和快樂，也都是由沒有根除我執、我所執的傲慢而產生的。

瑪吉拉准空行母說：「有礙無礙魔，喜樂傲慢魔，其根為慢魔。」所謂有礙魔，就是在我們平時生活中顯現的鬼神、地水火風、疾病等災難。所謂無礙魔，就是我們內心的貪嗔癡等八萬四千煩惱，雖然它們沒有形體，但卻具有極大的危害性。所謂喜樂魔，就是自認為自己的修行、上師等各方面都是最好的，從而生起歡喜的執著。所以，不要天天對自己的修行驗相沾沾自喜、到處宣揚，否則容易著魔。藏地俗話也說：「笑得太開心的小孩，很快就會哭起來。」所以，我們對上師、佛法的信心等，也沒有必要到各個地方都宣揚，自己了知就可以了。所謂傲慢魔，就是我執，比如覺得自己如何如何了不起等。但四魔的根本，就是內心的我執傲慢魔。這在《前行備忘錄》裡面也講過。

空行母還這樣說過：「眾魔為意識，凶魔乃我執，野魔即分別，斷彼稱斷者。」為什麼說「眾魔為意識」呢？因為眾生的意識無窮無盡，一會兒產生這個分別念，一會兒產生那個分別念；而且有時意識特別可怕，

實際上根本沒有任何違緣和障礙，它卻天馬行空地胡思亂想，比如「一切人和事都是魔王的化現，包括上師和道友」、「你看柱子上面的文殊菩薩拿著寶劍要砍斷我的頭，這不是魔王是什麼」，因此，分別意識就是特別可怕、多不勝數的魔。而凶魔就是我執，野魔就是分別。若我們斷了這些魔，就是真正的斷法者。

所以，所謂的斷法者，並不一定非要手裡拿著一個手鼓，咚咚咚地搖。當然，我們也不能對這些行為生邪見，認為這樣做完全是邪法。比如尸陀林裡的天葬師，該念修的斷法儀軌還是要如法念修，而且智悲光尊者等高僧大德也專門撰著了這方面的儀軌。

但我們大家，尤其是持別解脫戒的出家人，也沒有必要無論到哪裡天天手裡都拿著托巴和人骨號，顯得怪怪的，讓人特別害怕。雖然這是密宗裡面的特殊行為，但也要秘密而行，要懂得它的甚深意義。有些人特別喜歡到尸陀林裡去拍照，有些人認為擁有人骨很好，去年我看到很多居士搶著買一串人骨念珠，有人出三千，有人出五千……這沒有必要。

米拉日巴尊者也曾對岩羅剎女說過：「比你更厲之魔是我執，比你更多之魔是意識，比你更縱之魔是分別。」意思是，比你更厲害的魔是我執，比你更多的魔是意識，比你更放縱的魔是分別。可見，我執才是真正的大魔。

大圓滿前行廣釋（七）附大圓滿前行實修法

以斷法將之斷除

關於斷法的分類，瑪吉拉准空行母說過：「漫遊險山外斷法，棄身施食內斷法，唯一根除義斷法，具此三斷乃瑜伽。」

所謂外斷法，就是漫遊險山，如尸陀林、特別危險的地方，並在那裡修法。所謂內斷法，就是以四齋的方式，將自己的身體供施上師三寶和六道眾生。所謂義斷法，就是唯一根除或斷除所有無明迷現的根本——我執。具足這三種斷法的人，就是真正的瑜伽士。所以，最根本的就是要斷除我執，否則，即使住在尸陀林和其他危險地方，但到晚上看到野狗，看到骨架起來行走等，也沒辦法住下去。

在沒有斷除我執之前，外境迷亂顯現的魔，殺也殺不了，打也打不倒，壓也壓不住，趕也趕不走。就像火沒有熄滅之前，煙無法滅盡一樣，在沒有根除內心的傲慢魔之前，由它的功用所產生的外境迷亂顯現的鬼神，也不可能消失。誠如岩羅剎女對米拉日巴尊者所說：「未了魔乃心之根，似我之魔不可數，你雖勸逐我不去。」意思是，如果沒有了知魔就是自己心的根本，像我這樣的魔多得不可勝數，你雖然勸我出去，或驅趕我，但我也不會走。

至尊米拉日巴也說：「執魔為魔遭損害，知魔為心獲解脫，證魔為空即斷法。此魔羅剎男女相，未證之時

乃為魔，製造障礙作損害，若證悟魔即本尊，一切悉地從汝生。」意思是說，執著魔是魔，一定會遭受損害；知道魔是自心的幻化，所有恐怖和危害都會自然而然解脫；證悟魔是空性，這就是所謂的斷法。這些現男女相的魔、羅剎，在沒有證悟空性之時就是所謂的魔，它們也會製造各種障礙而作損害；如果一旦證悟「魔除自心以外一無所有」，就會了知魔是本尊，那時魔不但不會作害，一切悉地都會從魔中產生。

在平時生活中，我們經常會出現「是不是有魔障」、「是不是有鬼神作害」等分別念，此時應向往昔噶當派和寧瑪派的大德學習，好好運用這種機會，一定要認識自己分別念的體性——本體空性、自性光明、大悲周遍，那時魔眾就變成了真正的智慧本尊。

其實，認識心的本性，對身心乃至修行都有很大利益。比如，眼前這個花，若認識它的本性是空性，對修行就有很大利益；若出現一些顛倒分別念，把它看成特別可怕的一種景象，對身心都會產生負面影響。特別是人在生病時，經常會出現一些迷亂現象，（以前我認識一位不信因果的人，雖然我們經常給他講一些魔眾干擾的事，但他始終不信。後來他生了一場大病，出現了很多鬼神，從此他不但信魔還信佛。）此時一定要祈禱上師三寶，並了知是自心的光明，安住在這樣的境界中，那時所有迷亂全部會消失。即使在健康時沒有這些現象，也要先有準備，並常觀自己的心。

大圓滿前行廣釋（七）附大圓滿前行實修法

切切不可錯用心

所謂的斷法，是指徹底根除內心執魔的分別念，而不是殘殺、毆打、驅逐、鎮壓、消滅外魔。因此，我們一定要弄明白的是，所斷的魔不在外界，而在內心。

作為修斷法和般若空性的修行人，不能天天都在執魔的狀態中。有些人將道友全部看作壞人或魔鬼，對所有人都有邪知邪見，這是非常不好的習慣，應該經常觀清淨心。《大圓滿前行》的前面有兩種發心方法，一種是廣大意樂菩提心之發心，一種是廣大方便秘密真言之發心，第二種發心要求將上師、道友、道場、時間以及所聽之法全部觀為清淨。華智仁波切還說：「我們務必明確的是，之所以這樣觀想，是因為這些原本就是這般清淨的，並不是本不清淨而觀成清淨。」這樣觀想只是遠離執為不淨的顛倒分別念，還原一切萬法清淨、光明的本來面目而已。現在很多人的思維方式與正法有非常遙遠的距離，因此，需要依靠遠勝顯宗的密宗甚深方便方法。

一般來說，大多數其他宗教都將一切事業的利齒、粗暴的威力、矛頭箭鋒指向外面，對外面的怨敵魔障展示降伏事業。有的甚至把自己教徒以外的一切宗教徒都視為仇敵，予以打殺欺壓，尤其是為了維護自我，保護自己的宗教，一切異己、特別是傷害過自己的都要消滅。可是我們佛教並非如此，誠如米拉日巴尊者所說：

「我們這個教派的宗旨，就是徹底根除我執、拋棄世間八法，令四魔無機可乘、乃至無地自容。」所以，我們是將所有眾生、包括傷害自己的鬼神和怨敵，都視為善知識，以自己的身體布施給它們。

其實，這樣做，所有違緣、障礙反而自然消失。如果緊緊保護自我，一根汗毛都不讓損傷，攻擊、傷害反而會越來越多。因此，我們在修行過程中出現一些違緣時，一定要運用這個非常甚深的竅訣：任你說、任你打、任你罵……在這方面，大家一定要想世尊為眾生捨棄過多少次身體，這種偉大、高尚的精神在整個世界上無與倫比，它就是大乘佛教的威力所在。

所以，一切修行就是反觀自心，將所有的能力、威力、精力，全部用在根除我執上。喊一百遍「救我、護我」，不如誦一次「吃我、攜我」的好；向一百位本尊或護法神祈求救護，不如將身體施捨給一百個鬼神或妖魔為食的好；身上帶一百多個護輪或護身符，不如修一遍捨施儀軌的好。因為前者只會使我執越來越重，而後者，卻在致力於根除我執。

如瑪吉拉准空行母說：「病人交付於鬼魔，送者託付於怨敵，口誦百遍救護我，不如一遍食攜我，此乃佛母我法軌。」她的方法與世間的做法完全相反：不但不降伏危害病人的病魔，還把病人直接交付給它們；不但不安排人護送，還直接託付於怨恨的敵人。口誦百遍救

大圓滿前行廣釋（七）附大圓滿前行實修法

護我，不如一遍食攜我，這就是佛母我斷法的儀軌、傳統、宗旨。當然，這也是瑪吉拉准的偉大所在——完全捨棄我執。

如果大家真能放得下，在修行過程中如此行持的話，所有違緣自然而然就會消失。可是我們因為修得不好，別人稍微說我、打我、害我，我執就出來了。

很多修斷法的人，平時都沒有我執。但到底斷除我執沒有，在別人誹謗時，或半夜三更居住在尸陀林等鬼神出沒的地方，就能見分曉。

不過，在斷我執方面，修斷法的效果非常好。因此，大家平時要多念修這些儀軌，尤其出現身體不好等違緣時，更要好好念修。否則，就會像有些人一樣：「我特別不順，怎麼辦哪！昨天爸爸生病了，晚上我又做噩夢，早上起來心情就不舒服，今天媽媽工作又不順利，我為什麼那麼倒霉啊……」

或許有人會問：「到底斷除我執有什麼好處？」我們可以這樣回答：斷除我執乃成功之母。因為在歷史上，很多斷除我執的修行人，不但壽命極長，事業也極其廣大。所以，斷除我執並非消極、失敗之舉。當然，這是從觀現世量的角度來講的。其實，我應該將這個教言放在微博上，因為自己心裡確實有一點感覺。

如果斷除了內在執魔的根本，那麼一切現相都會顯得清淨，也就出現了所謂的「魔類成為護法神，護法換

面成化身」。當然，這是從淨見量來講的。因為斷除我執後，身心永遠輕鬆、快樂，利益眾生的心也純真無染，所以別人誹謗、傷害都無所謂，甚至作害的鬼神、病魔也會供養三門、承諾誓言，而成為自己的護法神，護法神也會換面成為釋迦牟尼佛那樣的化身，就像蓮花生大士等令人羨慕不已的大乘修行者的傳記中所記載的一樣。

雖然我們還沒有達到這種境界，但也要仰慕，不要出現一點點違緣、傷害，就好像在感受撕心裂肺的痛苦一樣。其實，這就是我執太重的原因。若我執斷了，成千上萬魔眾對你都不會有任何損害，當然個別大德故意示現以及前世的業緣成熟除外。因此，大家在修行過程中，一定要接受並運用這個珍貴的竅訣。否則，語言再多也蒼白無力。因為，只有通過修行才能真正明白——原來大乘佛法就是這樣。

謹防修煉出偏，害人害己

如今有些不懂此理而自詡為斷法者的人認為，外境中存在實有的鬼神，並且恆時處於不離執魔的境界中，結果一切顯現真的成了妖魔鬼怪，自己整天心神不定、忐忑不安，也常常對別人說「山上有魔，山下有魔」、「這是鬼，那是魔」、「那是妖精，我看見了並且捉住了它，因為它反抗得厲害，最後就將它殺了」、「你身

大圓滿前行廣釋（七）附大圓滿前行實修法

上潛伏著一個魔，被我趕走了，但它走時回頭看了你一眼，眼神感覺有點不對，你還是修一下金剛橛和大白傘蓋，不然會有違緣」……這些絕對是妄言騙人、胡說八道、信口雌黃。

這種情況在學院很少，但我聽說極個別人也有些神神道道，比如：「我看到你身上有什麼什麼附體」、「我昨晚做了一個夢，你家裡應該有個什麼什麼」……在菩提學會，有些居士也在不同場合中，經常這樣講。包括有些大學教授也特別愛講鬼神，如果他們這樣，那下面的本科生、研究生、博士生就很不妙。所以，希望廣大出家僧尼和在家居士一定要嚴格要求自己，並提高警惕。

經常喜歡講鬼神的人，鬼神們得知之後，便會纏著他們，他們走到哪裡，鬼神便跟到哪裡，如影隨形般不離左右。並且進入那些心胸狹窄、容易控制的女人等相續中，口口聲聲地說：「我是神」、「我是鬼」、「我是死人」、「我是你的老父親」、「我是你的老母親」等。更有甚者還說：「我是本尊」、「我是護法神」、「我是單堅」等，並且妄言授記、胡說神通。鬼神欺上師，上師騙施主，就像世間俗話所說：「父被子欺，子被敵騙。」

這種情況，藏漢兩地都有。有些人剛開始時，經常做些奇怪的夢，後來慢慢變成附體，之後這個人就會

424

說：「我的附體跟我說什麼什麼，我說話的時候，它經常控制我……」我認為，如果自己有這種特殊業感，最好求助於上師，並修斷法和懺悔。若消除了我執和魔執，這樣的現象就不會有。如果跟其他人講，一傳十、十傳百，最後大家都會把你當成魔一樣看待，誰見了都害怕。

但有些人不但自己受騙，還以此欺騙他人，這才是最可怕的事。上師與施主、上師與弟子、學生與老師等人與人之間若一直互相欺騙，那整個世界就沒有什麼可靠的了，如此一來，五濁惡世的徵象真的已經現前了。正如鄔金蓮花生大士曾授記：「濁世男心入男魔，女人心中入女魔，孩童心入獨角鬼，僧人心中入冤魔，每藏人心入一魔。」當時蓮花生大士看到藏地很多不好的情況，就特意以誇張的方式來說，以讓大家警覺。而現在，真可謂言符其實。

其實，魔眾確實是有。雖然無神論說沒有，但最後也不得不承認，因為很多資料中都有鬼神的記載，但因大眾不信，只好名曰「奧秘」、「秘密」等。不過，即使有餓鬼、妖魔，也都是錯亂分別念的顯現，不要執著，否則越耽著越可怕。

作為修行人，一定要有清淨的行為。以前在學院當中，法王如意寶特別開許了一兩個空行母和瑜伽士說神通，除此之外，任何僧人一律不准說，包括夢境等。其

大圓滿前行廣釋（七）附大圓滿前行實修法

425

實不說好一點，不然這個世界看起來特別可怕，雖然有些人以鬼眼能看到一些特殊景象。在藏地有一種「圓光」的觀察方法，也能看到一些肉眼看不到的東西。但有些人根本看不到，卻敢胡說八道，不知他們「不說上人法妄語」的根本戒還有沒有？因此，為了不影響自己的修行，還是不說為佳。

蓮花生大士還說：「將獨角鬼視為天尊的時候，也就真正到了藏人受苦的時代。」這種預言的時間，看來現在⑭已經來臨了。也有人認為是授記「文革」，因為在那個可怕的年代，除了普通百姓之外，還有一些聞思修行多年的人，受魔力加持，大肆誹謗佛法、摧毀三寶所依，就像發瘋了一樣。

總之，我們絕不能將表面似乎顯現的外在迷亂的鬼神魔障形象，看成是真真實實存在，而要在一切時間、地點、威儀當中，將這一切觀為如夢如幻的遊舞來修煉自心。其實，暫時現似能害所害的鬼神、病人，也都是由往昔惡業錯覺的因所致，從而結成了能害與所害的關係，實際上並不存在。因此，對它們千萬不能有親疏、愛憎之心，而要平等觀修慈悲菩提心，

徹底根除貪愛自己的我執，將生身性命毫不吝惜地施給鬼神作為食物，息滅它們相續中的瞋恨、粗暴，誠心誠意地講些能使它們相續趨向正法的法要並發願，最

第一百二十五節課

---

⑭指華智仁波切住世的時期，尊者於1889年圓寂。

終將執著自他能害所害、聖現魔現，自他的患得患失、貪愛憎恨、賢劣苦樂等一切分別念斬草除根（即安住在大圓滿的境界中，可參閱《法界寶藏論》）。

這一段話我非常有感觸！每當我遭受病魔的危害而患感冒等疾病，或受魔障的干擾而做噩夢等時，要麼修斷法，要麼念觀音心咒迴向。自己始終會想：「我以前傷害過它們，它們現在以病魔等形象作害，這是理所當然的。」我還會給它們宣講正法，如：「諸惡莫作，諸善奉行，自淨其意，是諸佛教。」「一切有為法，如夢幻泡影，如露亦如電，應作如是觀。」並為自他發清淨的願。最後，盡量在遠離聖好、魔壞，嗔它、愛自等二取分別的大圓滿境界中安住。

如頌云：「無聖無魔見之要，無散無執修之要，無取無捨行之要，無希無憂果之要。」所謂見解的要點，既沒有魔也沒有聖；所謂修行的要點，既不要散亂也不要執著；所謂行為的要點，既不要取也不要捨；所謂證果的要點，既沒有希望也沒有擔憂。這就是大圓滿的最高境界。

表面看來，好像跟一個特別壞或不信因果的人差不多，實際上並非如此，差別相當大。但要趨入這樣的境界，先要打好出離心和菩提心的基礎。一旦大徹大悟，一切能害所害均是法性等性，那時就斷絕了內心傲慢魔的根本，也現前了究竟義斷法。

大圓滿前行廣釋（七）附大圓滿前行實修法

下面是這一品的總結偈：

雖具無我見然我執重，雖斷二執然仍起希憂，

我與如我我見眾有情，願證無我實相祈加持。

華智仁波切謙虛地說：通過多年聞思，雖然具有無我的見解，但因沒有長期修行，我執還特別重；依靠上師的加持，雖然斷除了魔與我的執著，但因沒有長期修行，仍然有各種希望和擔憂。所以，虔誠祈願上師三寶加持，我與如我一樣具有我見的無數有情，都能盡快證悟無我的實相。

【積累資糧──供曼茶羅與古薩里之引導終】

第一百二十五節課

428

《前行廣釋》思考題

『發殊勝菩提心』

第105節課

400、布施分為幾種？其中財布施又有哪些分類？各自的定義是什麼？

401、普通布施時，需要注意哪些問題？明白這些道理，對你有何幫助？

402、如果有錢卻不願意布施，這能讓自己越來越富裕嗎？為什麼？請說明理由。

403、凡夫人為什麼不能作極大布施？在這種情況下，自己應當如何發願？

第106節課

404、講聞佛法有何功德？在這個過程中，應當注意哪些事項？

405、阿底峽尊者對傳法者有哪些嚴格要求？這說明什麼問題？

406、修行與傳法哪個更重要？對於不同的人，有哪些不同標準？既然要求這麼高，我們平時是否就不該傳法了？對此應如何圓融理解？

407、什麼是無畏布施？假如你以前殺過眾生，今

大圓滿前行廣釋（七）附大圓滿前行實修法

後打算如何從行動上懺悔？

第107節課

408、你輕視小惡嗎？重視小善嗎？你如何在實際行動中體現這種取捨？今後如何改善？

409、你如何以眾理勸說自己修安忍？哪幾條道理對你修安忍最有力量？你在修安忍上有何心得？

410、判斷正法是否入心，有哪些驗相與標誌？

411、什麼是修行的無誤要點？你如何理解這些要點？自己做得如何？能否始終把握好這些要點而踏實修行？

第108節課

412、什麼是噶當四依？

413、為什麼說世間法、出世間法不可兼得？請從不同角度詳細分析。如果說二者不能兩全，那在家人是不是就沒有修行機會了？為什麼？

414、既然世出世間法不能兼得，那怎麼理解六祖說的「佛法不離世間覺」？

415、誹謗大乘有哪些過失？怎樣懺悔誹謗大乘的罪業？

《前行廣釋》思考題

第109節課

416、什麼叫擐甲精進？什麼叫加行精進？什麼叫不滿精進？

417、很多人總認為自己是凡夫，不能像佛菩薩那樣利益眾生，是很正常的。這是缺少一種什麼精進？應當如何正確認識自己的力量？

418、人生真的如同被驅往屠場的牛嗎？你對此有哪些深刻體會？

419、有些上師很了不起，是不是就不需要修法了？為什麼？

第110節課

420、你每天都修靜慮嗎？如果修的話，請談一談它對你日常生活的改變，比如面對壓力的能力方面、煩惱減輕方面、信心增上方面……

421、你對財富有什麼樣的觀點？它在你心裡占什麼樣的位置？從修持靜慮的角度，它是否成為你的障礙？你是如何克服的？

422、對你來講，修持靜慮的障礙主要是哪些？請一一寫到紙上，思維它們的過患，然後祈禱上師三寶逐漸遣除，並發願成就真實的靜慮。

大圓滿前行廣釋（七）附大圓滿前行實修法

423、什麼是凡夫行靜慮？什麼是義分別靜慮？二者的區別在什麼地方？

424、什麼是緣真如靜慮？它與前兩者的區別是什麼？

425、什麼是毗盧七法？你對禪修時用毗盧七法，以及排濁氣有何體會？

426、你對長期聞思修有哪些認識和決心？

427、法布施是如何具足六度的？請觀察自己在講課或聽課時，是否有六度的功德。如果有欠缺，請發一些善願，並真實地作一些調整。

第112節課

428、財布施如何具足六度？

429、請仔細閱讀幾位尊者對六度的解釋，並談談自己的體會。

430、你是否重視皈依與發心？

431、在你的心裡，菩提心的重要性體現在什麼地方？

《前行廣釋》思考題

第113節課

432、什麼是真道相？什麼是假道相？依靠這裡講的道理，判斷一下自己是否有些進步。

433、什麼是「斷除增益」？你是如何理解的？

434、請仔細思維「歸納精華要義而修」的道理，選擇自己一生要修持的法要，並修持到底。

435、吉公仁波切所講的「同一種暖相」是什麼？你是如何理解的？請試著用它觀察自己的相續，促進修行。

『念修金剛薩埵』

第114節課

436、四種對治力是哪些？請一一解釋。

437、仔細思維「厭患對治力」和「返回對治力」，認真憶念自己的罪業，體會這兩種對治力在心上的作用。

438、修行中沒有感應的原因是什麼？

439、你重視百字明嗎？請通過教證講一下它的種種功德。

第115節課

440、金剛薩埵修法，是只有藏地才有嗎？請用漢文《大藏經》的教證說明。

441、為什麼罪業只要懺悔就能清淨？請用比喻及公案說明。

大圓滿前行廣釋（七）附大圓滿前行實修法

442、厭患對治力與返回對治力的關要，分別是什麼？請用教證說明。並談一談自己的體會。

第116節課

443、請說一說你對金剛薩埵是「顯而無自性」的理解。

444、在修厭患對治力時，所懺的罪業都有哪些？盡量地羅列出來。對照自相續，將罪業一一懺悔。

第117節課

445、百字明應該怎麼觀修？請具體說明。

446、你的念誦質量如何？請嘗試在念誦過程中禁語。

447、什麼是「於人塾上淨己障」？你對此有何體會？

448、請仔細分析自利與利他的關係，並以此指導實踐，漸漸捨棄私欲之心。

第118節課

449、百字明到底有什麼功德？請引用教證加以闡述。你對此若能產生信心，今後有何打算？

450、什麼是破誓言者？與之共處有哪些危害？請舉例一一說明。

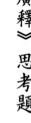

《前行廣釋》思考題

451、假如失毀了密宗誓言，懺悔期限方面有什麼要求？各自應當如何懺悔？

452、通過學習「念修金剛薩埵」這一章節，你最大的收穫是什麼？

『積累資糧』

第119節課

453、你是否能發願每天念二十一遍百字明？

454、菩薩也要積累資糧嗎？為什麼？請用教證說明。

455、請談一談在你的修行中，福德資糧的重要性。缺少福德時，一般都表現為什麼狀況？

456、曼茶羅的修法有哪兩種？曼茶盤及供堆的分類有哪些？

第120節課

457、供曼茶羅有何必要？請詳細說明。

458、所修曼茶羅與所供曼茶羅，哪個是修的，哪個是供的？各自應當如何觀修？

459、供養時對供桌、供物等有什麼要求？

460、供曼茶羅時，從頭到尾的順序是怎樣的？

大圓滿前行廣釋（七）附大圓滿前行實修法

第121節課

461、什麼是三身曼茶羅？請分別作解釋。

462、請看一看《堪布阿瓊仁波切密傳》以及《前行備忘錄》中與供曼茶羅相關的段落。

463、喬美仁波切的三種供法是什麼？分別是如何觀修的？

第122節課

464、在供養時，怎樣才能遠離吝嗇、愚癡，以信心如法供養呢？

465、做神饌、食子有什麼要求？應怎樣以供水來圓滿資糧？

466、為什麼要強調以清淨心作供養？如何以清淨心作供養？請複述兩則相關公案。

467、如果沒有福德，為什麼世出世間的成就都不能獲得，而且上師三寶、財神、護法神也無能為力？

第123節課

468、以公案、教證說明，值遇殊勝福田，以清淨心作微小供養可積大福德。

469、請分析羨慕世間圓滿的深層原因，並說明修行人生起無偽出離心的重要性。

470、修行人不應擔心衣食資具，而應將心放在修

《前行廣釋》思考題

行上，對嗎？為什麼一切善行必須以菩提心攝持？

第124節課

471、應怎樣認清四魔？為什麼古薩里與曼茶羅合修，能很快圓滿資糧？何為古薩里？

472、為什麼要普遍勸請重視施身法？真假斷法有何差別？天葬有何意義？如何真實觀修施身法？

第125節課

473、請分別說明，下施素齋、上供花齋、下施花齋應如何修持？怎樣才能遠離邪斷法？

474、請從多方面詳細闡述斷法的含義，並結合社會和個人的現狀，談一談自己學習這部分後的收穫。

大圓滿前行廣釋（七）附大圓滿前行實修法

《前行廣釋》思考題

前行實修法

全知無垢光尊者　著

索達吉堪布　傳講

戊三、懺悔支：

前行：皈依、發心。

正行：在佛像、佛經、佛塔等三寶所依面前合掌，觀想從無始以來到現在自己能憶起、不能憶起所積累的一切罪業，諸如不恭敬父母，誹謗上師、阿闍黎，輕毀道友及其他眾生，造十不善罪、五無間罪、近五無間罪，損耗三寶之財，存有吝嗇、慳吝之心……這一切罪業於舌尖上集成黑團，以猛厲的追悔心懺悔。

再觀想：剎那間三寶所依發出無量的光，照射到舌尖上的黑團，就像太陽照在雪上，雪馬上融化了一樣，自己的罪業全部清淨無餘。

然後，以對治力發誓：今後再也不造這些罪業。念誦百字明、《三十五佛懺悔文》等經續中的懺罪文。

最後，於懺悔對境、所懺之罪、能懺之人皆不緣中安住。

後行：於如夢如幻的境界中迴向善根。

第六十八修法終

戊四、隨喜支：

前行：皈依、發心。

正行：觀想諸佛為利益一切眾生轉無上法輪等善法，諸菩薩在六道中顯示不同身相來饒益無量眾生之善法，世間凡夫所行隨福德分、隨解脫分之善法，以及自己過去曾做、如今正在做（比如正在聽課）、未來必定做（比如等一會兒念《普賢行願品》迴向）的一切善法，我都誠心誠意隨喜，從一件善事乃至一切善根而觀修。

最後在無緣中安住，沒有任何執著。

【提示語】：

若能這樣實地修持，逐漸會出現許多驗相。比如，外驗相的話，夢到自己穿白衣服、佛菩薩賜予加持，白天也感到非常快樂；內驗相的話，信心、出離心等日益增長，包括平時為人處世也十分得體，跟任何人接觸都不會痛苦。

一般修行比較好的人，做什麼事情都不覺得痛苦，讓他發心也很開心，讓他修行也很開心，有吃的也可以、沒吃的也可以，修行越好，對生活越沒有過多要求。不會這個看不慣、那個看不慣，始終覺得這個是壞人、那個是惡人，似乎沒有一個好人，在任何環境中都很不滿。修行好的人絕不會如此，即使把他關在監獄

前行實修法

裡，他也仍然很快樂，可以借此「閉關」修行。

後行：於如夢如幻的境界中迴向善根。

第六十九修法終

戊五、請轉法輪支：

前行：皈依、發心。

正行：於三寶所依面前，觀想利他事業廣大的諸佛、菩薩、上師、善知識，他們沒有說法，自己如往昔梵天、帝釋請佛轉法輪一樣，幻化無數身體供養右旋海螺、法輪、寶珠等，請求他們轉法輪。諸佛、菩薩、上師等應允後，開始宣說佛法，降下法雨。

念誦《普賢行願品》等中的偈頌。（如：所有禮讚供養福，請佛住世轉法輪。）

【提示語】：

右旋海螺，在古代是非常難得的。一般來講，右旋海螺裡居住的，不是一般的生命，應該是一地菩薩以上。所以，不管在任何地方用右旋海螺，此地都會特別吉祥，出現種種瑞相。

但現在，海邊經常發現一些右旋海螺，好多居士都拿來供養，可能是一地菩薩比較多吧。以前，這在藏地特別難找，上師如意寶去印度時一直找，當時也沒有找

到。後來聽說印度某個城市裡有，一個法師將其供養給上師如意寶，上師顯得特別歡喜，告訴大家：「凡是轉生於右旋海螺中的眾生，應該是一地菩薩以上。」

所以，我們若能在佛堂裡供一個右旋海螺，功德還是很大的。

此外，用右旋海螺祈請法師講法，也是非常有必要的。有些法師必須要祈請，不然的話，因為他對世間的各種行為生起厭離心，以種種原因，不願意傳法。有些上師要天天去求，經常是今天不傳、明天不傳，弟子每天都拿個右旋海螺，在門口上一直跪著。

但我們學院的法師不是這樣，因為一些「高壓政策」，法師們必須要傳法。如果沒有這樣逼迫，有些法師可能也會以「太累」、「身體不好」等各種理由，不一定會自覺傳法。

其實，不管怎麼樣，轉法輪對眾生是最有利益的。因此，作為菩薩，有能力傳法的話，還是應該盡量傳。

後行：於無緣中迴向善根。

第七十修法終

戊六、請不涅槃支：

前行：皈依、發心。

正行：觀想這個世界與其他世界的佛菩薩、上師利

442

眾事業圓滿後，準備趣入涅槃，這個時候，我於彼等前如往昔的珍達居士請佛不入涅槃一樣，幻化出無數身體而祈請。結果乃至輪迴未空之前，他們已長久住世，利益眾生。

按照經論中所說念誦。（如：諸佛若欲示涅槃，我悉至誠而勸請，唯願久住剎塵劫，利樂一切諸眾生。）

【提示語】：

如果有機會，可以親自到上師面前祈請。但也許有些上師不高興：「我還沒有準備死，你天天讓我不死，什麼意思啊！」如果這樣不太方便，你可以天天念這些偈頌，三寶的加持不可思議，很多高僧大德準備進入涅槃時，我們念一個偈頌，他就想開了，就不涅槃了，住世很長時間。

以前許多大德看到末法眾生的行為不如法，或者對弟子生起厭離心，以種種原因示現涅槃的特別多。所以，祈請很重要，功德也特別大。

後行：於無緣中迴向善根。

第七十一修法終

戊七、迴向支：

前行：皈依、發心。

正行：觀想從頂禮支到迴向支為主自他三世所積累的一切善根，皆為眾生成佛而作迴向。

念誦諸聖者所造經續中的偈頌。（如：文殊師利勇猛智，普賢慧行亦復然，我今迴向諸善根，隨彼一切常修學。三世諸佛所稱歎，如是最勝諸大願，我今迴向諸善根，為得普賢殊勝行。或：所有禮讚供養福，請佛住世轉法輪，隨喜懺悔諸善根，迴向眾生及佛道。）

於諸法無自性中安住片刻。

後行：迴向善根。

第七十二修法終

己二、正行：

前行：皈依、發心。

正行：於三寶所依前合掌，觀想我為一切眾生發殊勝菩提心，直至無一眾生存在於輪迴中之間，精進修學廣大菩薩行。

（當然，輪迴中一個眾生都沒有，這倒是不可能的，但我們發心時要這樣想，說明了菩提心的廣大微妙之處。

在座的人當中，有些以前受過菩薩戒，有些可能沒受過。如果你受過，按照儀軌的要求，每天最好受六次菩薩戒，這個做不到也要受三次，最少也應一天一次。

受的時候，並沒有要求在上師面前，而是在三寶所依面前。你

前行實修法

444

們佛堂裡若有佛像、佛經、佛塔，就可以在這面前受戒；沒有的話，則可觀想三寶所依，比如觀想一尊佛像、一座佛塔，以及《般若攝頌》、《入行論》、《大幻化網》、《真實名經》、《上師心滴》等經續。

觀想完了以後，再正式發心。如果沒有發心，那你永遠都是凡夫人，而一旦發了菩提心，從此就成為菩薩了。）

接著，念誦三遍此金剛語：

བདག་མིང་འདི་ཞེས་བྱ་བ་དུས་འདི་ནས་བྱང་ཆུབ་ལ་མཆིས་ཀྱི་བར་དུ་བླ་མ་རྡོ་རྗེ་འཛིན་པ་ཆེན་པོ་རྣམས་ལ་སྐྱབས་སུ་མཆིའོ། གང་གཤིས་རྣམས་ཀྱི་མཆོག་སངས་རྒྱས་བཅོམ་ལྡན་འདས་རྣམས་ལ་སྐྱབས་སུ་མཆིའོ། ཞི་བ་འདོད་ཆགས་དང་བྲལ་བ་རྣམས་ཀྱི་མཆོག་དམ་པའི་ཆོས་རྣམས་ལ་སྐྱབས་སུ་མཆིའོ། ཆོས་རྣམས་ཀྱི་མཆོག་འཕགས་པ་ཕྱིར་མི་ལྡོག་པའི་དགེ་འདུན་རྣམས་ལ་སྐྱབས་སུ་མཆིའོ། བདག་བྱང་ཆུབ་སེམས་དཔར་རྗེས་སུ་གཟུང་དུ་གསོལ། བླ་མ་རྡོ་རྗེ་འཛིན་པ་ཆེན་པོ་རྣམས་དང་། སངས་རྒྱས་བཅོམ་ལྡན་འདས་རྣམས་དང་ཆེན་པོ་ལ་བཞུགས་པའི་བྱང་ཆུབ་སེམས་དཔའ་ཆེན་པོ་རྣམས་བདག་ལ་དགོངས་སུ་གསོལ། ཇི་ལྟར་སྔོན་གྱི་སངས་རྒྱས་བཅོམ་ལྡན་འདས་རྣམས་དང་། ཆེན་པོ་ལ་བཞུགས་པའི་བྱང་ཆུབ་སེམས་དཔའ་རྣམས་ཀྱིས་སེམས་ཅན་ཐམས་ཅད་ཀྱི་དོན་དུ་བྱང་ཆུབ་མཆོག་ཏུ་ཐུགས་བསྐྱེད་པ་དེ་བཞིན་དུ་བདག་མིང་འདི་ཞེས་བགྱི་བས་ཀྱང་དུས་འདི་ནས་བཟུང་སྟེ་སྙིང་པོ་བྱང་ཆུབ་ལ་མཆིས་ཀྱི་བར་དུ་སེམས་ཅན་ཐམས་ཅད་ཀྱི་དོན་དུ་བྱང་ཆུབ་ཆེན་པོར་སེམས་བསྐྱེད་པར་བགྱིའོ། སེམས་ཅན་མ་བསྒྲལ་བ་རྣམས་བསྒྲལ་བར་བགྱིའོ། མ་གྲོལ་བ་རྣམས་དགྲོལ་བར་བགྱིའོ། དབུགས་མ་ཕྱུང་རྣམས་དབུགས་དབྱུང་བར་བགྱིའོ། ཡོངས་སུ་མྱ་ངན་ལས་འདའ་བ་རྣམས་ཡོངས་སུ་མྱ་ངན་ལས་འདའ་བར་བགྱིའོ།།

「我某某（法名或俗名）從今乃至菩提果之間，皈依

諸大金剛持上師，皈依二足至尊諸佛出有壞，皈依離貪寂滅至尊正法，皈依諸眾之至尊不退轉聖者僧眾，祈求攝受我為菩薩。

祈禱諸大金剛持上師、諸佛出有壞、住地諸大菩薩垂念我：如往昔諸佛出有壞、住地大菩薩為一切眾生而發殊勝菩提心，我某某（法名或俗名）也自此乃至菩提果之間，為一切眾生而發廣大菩提心。未救度者救度之，未解脫者令解脫，未得安慰者安慰之，未得涅槃者令得涅槃。」

（以後在修行過程中，你們若失壞了菩薩戒，也應先通過七支供好好懺悔、積累資糧，然後在佛像、佛塔、佛經面前，一邊觀想一邊重新受戒。否則，如果要尋找一個上師，在上師面前發露懺悔，可能有一定的困難。所以，這樣受菩薩戒有不共的優勢，在三寶所依面前可以自己受。

不捨棄眾生，是菩薩戒的根本。如果我們沒有捨棄眾生，就沒有毀壞菩薩戒，這樣的話，自己就可以算是菩薩。）

諸大智者一致承認，勝義菩提心，是由有相修持力而得，不需要觀待儀軌。而以上所講相當於是儀軌，所以，依靠這個，勝義菩提心不一定生得起來，只能生起世俗菩提心。

念誦三遍後，觀想自己成為菩薩，成為人天等世間之應供處，阻塞由業力墮入惡趣之門，從安樂之善趣至安樂之善趣，成辦廣大利他事業，成為諸佛之子，速獲

前行實修法

446

菩提。因此，應當抬高自心（生起佛慢等），生起歡喜。

【提示語】：

這種修法，一天念一遍是很好的。如果不能念，一個月念一遍，甚至一年念一遍，也是非常需要的。

後行：迴向善根。

第七十三修法終

丙三（思維學處）分二：一、思維願菩提心學處；二、思維行菩提心學處。

丁一（思維願菩提心學處）分三：一、修自他平等菩提心；二、修自他相換菩提心；三、修自輕他重菩提心。

戊一、修自他平等菩提心：

前行：皈依、發心。

正行：觀想為一切眾生而修自他平等菩提心：雖然所有眾生與我一樣都希求安樂、不願遭受痛苦，恆時唯一嚮往幸福快樂，卻不知棄惡行善，以至於恆時感受痛苦，這些眾生多麼可憐、多麼悲哀！

願不具安樂之眾生獲得安樂（慈），被痛苦逼迫之眾生遠離痛苦（悲），享受安樂的眾生恆時不離幸福

（喜），有親疏貪嗔的眾生無有貪嗔、一視同仁（捨），一切眾生皆趨入解脫道，恆時行持善法。願我與一切眾生迅速獲得圓滿正等覺果位。

如是以猛烈心觀修。後於諸法何者亦不成之空性中放鬆片刻。

【提示語】：

關於菩提心的修法，現在國外許多心理研究機構比較關注。前段時間，我也給一些大學生講了，國外的這些機構專門做過一些試驗，他們先測試某個人的性格，比如特別暴躁、粗魯、狂妄，然後讓他修大慈大悲的菩提心，為期是一個禮拜，或半個月，或一個月。再進行測試時，他的性格跟以前完全不同，變得溫順起來了。這就是菩提心的力量。

所以，你們也應經常修一下菩提心。不說長期，哪怕每天修二三十分鐘，性格也會有極大改變。當然，若能長期修的話，很多修行境界肯定會自然而然現前。否則，不修菩提心，就直接進入密法的最高境界，除了極個別利根者以外，這無疑不太現實。

前行實修法

我以前講《入菩薩行論》時，曾要求大家每天修三十分鐘菩提心。聽說有些人一直堅持不斷，至今五六年了還在修，而有些人剛開始修了兩三天，然後就拋之腦後了。很多凡夫人的行為就是這樣，造惡容易行善

難，不注意的話，以後會非常可憐！

後行：以三輪體空作迴向。

第七十四修法終

戊二、修自他相換菩提心：

前行：皈依、發心。

正行：觀想面前有一位能令自己生起悲心的有情，比如重症患者、地獄眾生，意念自己的一切安樂、善妙身體、受用以及善根，如脫衣服般全部取出施與他，令他享受幸福安樂；而他的所有痛苦，取來自己代受，他的痛苦與自己的快樂相互交換，就像換衣服一樣。

這樣的觀修純熟時，再配以呼吸法修持：呼氣時，觀想自己的安樂、善根施與眾生；吸氣時，觀想眾生的痛苦自己取受。

如是從一個眾生到一切眾生之間，輪番修持施受法，以最大的精進日夜勤修。

【提示語】：

前行實修法

這個特別重要！剛開始你可能沒什麼感覺，但慢慢修了一段時間後，自己完全能做得到。

所謂的我執，其實是一種顛倒、錯誤的執著。現在

大圓滿前行廣釋（七）附大圓滿前行實修法

有些科學家在試驗時，發現人的迷亂心特別強。比如讓一個人把橡膠手，使勁觀想成自己的手，當他逐漸產生我執時，用菜刀來砍斷這隻假手，這個人就會產生劇烈的痛苦，大叫起來。

既然對無情法都可以產生我執，那將一切眾生都觀為「我」，這應該也沒問題。這樣修到了一定時候，當眾生遭受痛苦時，你自然會流下眼淚，心裡特別疼。而如果你菩提心修得不好，眾生怎麼被砍殺，你都會覺得無所謂，甚至還願意參與其中。所以，我們一定要長期地修行，修自他交換。

後行：迴向善根。

第七十五修法終

戊三、修自輕他重菩提心：

前行：皈依、發心。

正行：以如獨子之母慈愛兒子般觀修。觀想面前有一位能令自己容易生起悲心的有情，心裡無法堪忍他在受苦，自己取而代之，並將自己的安樂等善妙施與他，使其獲得安樂。

（一般來講，母親對獨子的執著，比對自己的執著還厲害，她寧可自己生病，也不願意孩子生病。同樣，我們在眾生受苦與自己受苦中選擇的話，寧願自己受苦，也不能讓眾生受苦。）

前行實修法

又暗想：「我住於輪迴中也好，病也好，死也好，無論遭到任何損失都可忍受，但怎麼也無法忍受此等眾生漂泊於輪迴中受苦。」對眾生生起強烈的慈愛心。

（有些人可能因為學過《入菩薩行論》等大乘佛法，菩提心非常強，只要能弘揚佛法、利益眾生，自己再怎麼累、再怎麼苦，也不在乎。這顆心真的非常非常珍貴。）

從一有情至一切眾生皆如是觀修。所有眾生的希望，都寄託在我的身上，無論是損害我還是饒益我的眾生，以自己所見所聞的眾生為主直至遍布虛空界的一切眾生，皆以殊勝菩提心對待。

【提示語】：

我們不要認為眾生跟自己沒關係。當然，如果你修行特別差，自私自利心非常強，實在不願修大乘菩提心，那佛陀來了也沒辦法。但作為真正的修行人，即使對眾生無法完全做到自他平等、自他交換、自輕他重，至少也要在有生之年不害眾生，在力所能及的範圍內幫助眾生，哪怕走路時看見一個人有困難，也應該去扶他一把。如果你有因緣，還可將佛法灌入他的心田，讓他暫時離開輪迴的痛苦，究竟獲得無餘涅槃。這方面，我們隨時都要發心。

如果你能力實在不夠，應該合掌默默祈禱：「願諸佛菩薩和傳承上師經常垂念我、加持我，讓我這樣剛強

大圓滿前行廣釋（七）附大圓滿前行實修法

難化的性格，馬上柔和起來。您加持的甘露，降臨在我乾涸的心田，讓它開始滋潤起來，菩提心的苗芽迅速開花結果……」隨時隨地這樣發願的話，心的力量極其強大，諸佛菩薩的加持也真實不虛，因緣具足時，即使我們是地地道道的凡夫俗子，也可以很快變成大乘菩薩。

　　一旦我們有了這種能力，真正生起了菩提心，言行舉止逐漸會有特別大的變化，此時饒益眾生也不會很困難，今生來世都會快樂，前途肯定是光明的。

前行實修法

蓮花塔

菩提塔

轉法輪塔

神變塔

八大佛塔

天降塔

和合塔

尊勝塔

涅槃塔